1. 基于社会主义核心价值观的新工科专业教师团队建设研究，2024年教育部产学合作协同育人项目（项目编号：231101375060637）；
2. 校级教学改革研究项目，“马克思主义基本原理”课培养学生辩证思维能力的实践教学研究（项目编号：WYJY202431）；
3. 校级科研创新平台“新时代马克思主义研究中心”项目（项目编号：KYP202201）

新时代高校学生就业心理研究

张青 著

中国纺织出版社有限公司

内 容 提 要

随着社会经济的快速发展和就业市场竞争日益激烈，高校毕业生面临着前所未有的就业压力和挑战。他们不仅需要具备扎实的专业知识和技能，还需要具备良好的心理素质和适应能力，以应对不断变化的就业环境和职场需求。本书从多个维度深入探讨高校学生就业心理问题，内容涵盖了就业现状及成因分析、心理障碍及应对策略、心理咨询与辅导、职业生涯规划、职业适应、跨文化就业、创业精神培养、职业认同与职业幸福感、职业道德、职业发展智力、职业沟通以及职业发展支持系统等方面，并提供针对性的理论分析、实证研究和实践指导。本书可作为高校学生就业心理研究和指导参考书。

图书在版编目（CIP）数据

新时代高校学生就业心理研究 / 张青著 .-- 北京：中国纺织出版社有限公司，2024.10.--ISBN 978-7-5229-2280-5

Ⅰ.G647.38

中国国家版本馆 CIP 数据核字第 2024BL3339 号

责任编辑：段子君　　责任校对：高　涵　　责任印制：储志伟

中国纺织出版社有限公司出版发行
地址：北京市朝阳区百子湾东里 A407 号楼　邮政编码：100124
销售电话：010—67004422　传真：010—87155801
http://www.c-textilep.com
中国纺织出版社天猫旗舰店
官方微博 http://weibo.com/2119887771
武汉乐生印刷有限公司印刷　各地新华书店经销
2024年10月第1版　2025年1月第1次印刷
开本：710×1000　1/16　印张：13.5
字数：240千字　定价：78.00元

前言

高校学生就业心理研究是当今社会关注的焦点之一，因为随着社会的发展，就业形势日益严峻，高校毕业生面临着巨大的就业压力和挑战。这一领域的研究旨在深入了解高校学生在就业过程中所面临的心理困境、压力来源以及应对策略，从而为他们提供更好的就业指导和心理支持。许多学生在毕业前会产生焦虑、恐惧、迷茫等情绪，他们可能担心自己的专业不符合市场需求，找不到理想的工作，也可能担心面临激烈的竞争而无法脱颖而出。因此，研究者需要深入了解这些心理困境的根源，并探讨如何帮助学生建立积极的心态和应对压力的能力。从毕业到就业，学生需要面对新环境、新角色和新挑战，他们可能会经历情绪波动、自我怀疑、适应困难等问题。因此，研究者需要探讨如何帮助学生顺利过渡到职场，建立良好的人际关系、适应新的工作要求，并保持良好的心理状态。

本书旨在深入探讨高校学生就业心理，并进行有针对性的理论分析、实证研究和实践指导。随着社会经济的快速发展和就业市场的竞争日益激烈，高校毕业生面临着前所未有的就业压力和挑战。他们不仅需要具备扎实的专业知识和技能，还需要具备良好的心理素质和适应能力，以应对不断变化的就业环境和职场需求。在这样的背景下，本书将从多个维度探讨高校学生就业心理问题，内容涵盖了就业现状及成因分析、心理障碍及应对策略、心理咨询与辅导、职业生涯规划、职业适应、跨文化就业、创业精神培养、职业认同与职业幸福感、职业道德、职业发展智力、职业沟通以及职业发展支持系统等方面。

在写作本书的过程中，笔者借鉴了许多前辈的研究成果，在此表示衷心的感谢。由于本书需要探究的层面比较深，笔者对一些相关问题的研究不透彻，加之写作时间仓促，书中难免存在一定的不妥和疏漏之处，恳请前辈、同行以及广大读者斧正。

张青

2024年8月

目 录

第一章 高校学生就业现状及成因分析

第一节 高校学生就业形势概述

一、高校学生就业面临的现实挑战

（一）社会层面

中国高校学生的就业现状在近年来变得越来越复杂，受到多种社会和经济因素的影响。随着我国高校毕业生数量的不断增加，毕业生们面临的就业形势越来越严峻，这主要是因为国内外经济增长放缓、互联网平台对实体经济的冲击以及各地区经济发展水平的巨大差异。

经济增长速度的减缓对高校毕业生的就业产生了直接影响。国内外经济增长速度放缓意味着企业的扩张速度减缓，提供给新毕业生的就业机会减少。此外，经济放缓也影响企业的投资和招聘计划，使企业更为谨慎，从而减少了新岗位的创设。这使高校毕业生在寻找工作时面临更大的竞争和压力。

网络平台的发展对实体经济造成了冲击，进而影响了就业市场。网络平台的兴起改变了传统行业的经营方式，使一些实体企业面临前所未有的竞争压力。实体经济的萎缩直接影响了高校毕业生的就业，因为许多毕业生倾向于在传统行业中寻找工作机会。而互联网平台的快速发展导致部分传统企业转向线上经营，减少了线下岗位，从而影响高校毕业生的就业。

中国各城市的经济发展差异也是影响高校毕业生就业的一个重要因素。由于各地区经济发展水平的不平衡，许多毕业生倾向于选择经济发达的城市就业，这导致了人才的集中和流动不均衡。在一些经济快速发展的城市，如北京、上海、深圳，毕业生就业机会相对较多，但竞争也更激烈。而在经济发展较为缓慢的城市，毕业生们则更难找到合适的工作，这些城市也面临人才短缺的问题。

这种人才流失的现象对不同城市的经济发展造成了进一步的影响。经济发达的城市吸引了大量人才，使这些城市的经济发展更加迅速。然而，经济发展缓慢的城市则由于人才流失，导致经济发展停滞或放缓，这进一步加剧了城市之间的经济差距。同时，这种人才流失现象也使一些城市的岗位出现供需不平衡的状况，部分城市出现了岗位过剩而无人应聘的尴尬局面。

（二）企业层面

中国高校学生的就业现状在近年来面临诸多挑战，其中企业所面临的问题是关键原因之一。由于经济体制的转变和政策引导，企业必须适应社会的发展变化，这导致企业在招聘和管理方面的策略发生了改变，从而直接影响高校毕业生的就业状况。

我国的经济体制转变导致许多中小型企业难以适应。随着经济改革的深入，一些传统行业开始转向现代化，许多企业需要投入大量资源来转型升级。然而，中小型企业由于资源有限，难以跟上时代的步伐，导致其逐渐被淘汰。在这个过程中，许多中小型企业倒闭，直接导致了大量就业岗位的消失，增加了高校毕业生的就业压力。

由于经济转型和政策变化，企业的招聘标准也发生了变化。在过去，企业可能更倾向于招聘年轻的大学毕业生，但随着市场竞争加剧和人才需求的变化，许多企业开始更注重招聘有工作经验的人才。这对刚刚毕业的大学生来说是一个重大打击，因为他们缺乏相关的工作经验，竞争力较弱。这种情况下，许多毕业生发现自己在就业市场上处于劣势，难以找到合适的工作。

与此同时，近年来实体经济的就业岗位逐渐减少，给高校毕业生带来了额外的压力。随着互联网经济的崛起，许多传统行业的企业面临挑战，许多岗位被转移到线上，导致实体经济的就业机会减少。此外，随着自动化和智能化技术的普及，一些工作被机器所替代，这进一步减少了实体经济中的就业机会。这些变化对高校毕业生产生了巨大影响，许多毕业生不得不面对更加激烈的竞争。

在这样的社会背景下，大企业的招聘门槛越来越高，这意味着毕业生需要拥有更多的技能和经验才能被录用。然而，小企业的招聘门槛虽然较低，但由于待遇和发展前景有限，很多毕业生不愿意选择这些岗位。这种就业市场的两极分化使高校毕业生在寻找工作时面临更大的挑战。

（三）高校层面

高校学生就业现状的复杂性不仅源于经济和企业的问题，还与高校自身的体制和管理有关。

高校在过去几十年里经历了大规模扩招，这一现象在一定程度上改变了高校的定位。许多高校在追求做大做强的过程中，忽视了对专业设置、人才培养模式、课程设置和市场需求的细致思考。盲目扩招导致高校从以往的精英教育转变为大众教育，致使教学质量和人才培养的效果受到了负面影响。专业设计和课程设置的不合理是一个突出问题。许多高校没有根据市场需求和产业趋势来设置专业，导致学生所学内容与就业市场需求脱节。此外，缺乏实操机会也不利于学生实践能力的培养，直接影响他们在就业市场的竞争力。这种情况下，学生在面试时往往会因为经验不足或技能缺失而“碰壁”，降低了就业成功率。

虽然高校已经开始意识到就业问题的重要性，并逐步建立了相关的就业指导体系，但实际执行过程中仍存在许多问题。高校在就业指导方面的投入不足，具体表现在经费短缺、指导人员不到位以及机制不健全等方面。许多高校的就业指导工作流于形式，缺乏系统性和针对性，无法有效帮助学生应对就业市场的挑战。

部分高校在就业指导方面缺乏积极的推动力。这种缺乏重视的态度不仅体现在资源投入上，也反映在就业指导机制的缺失上。即便是一些高校设立了就业指导中心，但其工作往往局限于表面形式，没有深入开展真正有效的指导。这种状况使高校学生在毕业后面临就业问题时难以获得有效的帮助。

高校的就业指导工作还面临着指导教师专业性不足的问题。许多高校没有系统的职业生涯课程，或者即便开设了这类课程，通常也在学生毕业前的一学期才开始。这样短暂的课程很难提供有效的指导。此外，指导教师的数量不足也是一个突出问题，许多高校没有足够的教师来提供全面的就业指导。

就业指导教师缺乏积极性和主动性也影响了就业指导工作的效果。长期以来，由于计划分配制度的影响，指导教师往往缺乏对就业问题的深入了解，加之其专业素质不高，无法为学生提供切实有效的就业指导。这种情况下，学生在求职过程中难以获得有针对性的建议，影响了他们的就业成功率。

（四）学生层面

中国高校学生就业现状的挑战不仅源于社会和经济因素，也与学生自身的问题息息相关。在探索高校学生就业问题时，必须深入分析学生在校期间的学习和发展状况，以及他们在求职过程中的行为和思维方式。

高校学生就业难的一个重要原因是专业技能和素质的不足。虽然学生在校期间有机会学习理论知识，但实际参与实践活动的机会相对有限。这种情况导致学生在毕业时缺乏实际操作经验，无法将所学知识转化为实际技能。

学生在校期间很少参加实践类活动，如社团活动、社会劳动等。这导致他们在与企业招聘需求接轨时显得格格不入。专业技能的不熟练不仅体现在技术层面，还包括人际交往和沟通能力的不足。在现代职场环境中，人际交往和沟通能力对于职业发展至关重要，但许多学生在这方面存在明显短板。

另一种常见的现象是，许多学生在求职过程中过于追求高薪工作，而没有充分考虑自身的实际能力和专业方向。许多学生在选择职业时，将薪酬作为主要考虑因素，而忽略了自身的技能水平和职业发展的长远规划。这种好高骛远的思想不仅影响了他们的就业机会，也可能导致他们在职场中难以找到适合自己的位置。

由于过于注重高薪，许多学生选择热门行业或热门城市，这导致就业市场上的竞争更加激烈。而这些学生往往忽视了自身专业领域的机会，这可能导致他们在求职过程中遇到更多挑战。此外，这种追求高薪的趋势可能导致一些学生放弃实习和基层岗位的机会，从而进一步阻碍了他们的实际工作经验的积累。

许多学生在校期间没有形成明确的职业发展规划，这也是影响就业的一个重要因素。学生们往往对自己的职业方向缺乏清晰的认知，导致他们在求职过程中显得迷茫。缺乏职业发展的规划意识使学生在选择职业时盲目跟风，未能考虑自己的兴趣、专业背景和长远发展。

这种缺乏规划的现象不仅影响学生的就业选择，还可能导致他们在职场中难以适应工作环境。职业发展规划的缺乏使学生在面对职业挑战时显得不够灵活，而这在不断变化的就业市场是一大劣势。学生们需要在校期间获得更多的职业指导，帮助他们形成清晰的职业目标，并制订合理的职业发展路线。

二、高校学生就业的有效支持策略

（一）加强国家政策的支持

为了进一步促进高校学生的就业，政府、学校、企业等各方需要共同努力，确保大学生在步入社会时能够获得充分的支持和指导。在这个过程中，国家政策的支持是关键，市场结构的调整也至关重要。

在政策方面，政府应当积极制订支持高校学生就业和创业的法律法规，以确保就业保障计划的顺利实施。通过这些法律法规，可以为高校毕业生提供稳定的就业环境。例如，政府可以制订相关政策，确保高校学生在毕业后能够获得就业保障，同时还要设立创业支持机制，鼓励有创业意向的学生投身于创业活动。

对于创业，政府可以提供多种形式的支持，包括资金、培训和政策优惠等。对于有意建立经济实体、转化科技成果的学生，政府应当给予适当的资金支持，并在条件允许的地区提供小额贷款和担保。这些措施将为学生的创业之路提供强有力的支撑，使他们在创业初期能够减少财务压力，集中精力在事业的发展上。

在就业市场方面，需要解决市场结构的矛盾。高校可以通过引导毕业生面向基层就业，促进区域平衡发展。具体来说，通过参与大学生志愿服务计划、毕业生进村、农村支教特岗计划等项目，毕业生不仅能够获得实践经验，还可以为基层地区的发展作出贡献。政府应当为参与这些项目的学生提供生活补贴和户档迁转等政策，以保障他们的权益。

政府和高校还需要加强就业政策的宣传活动，以帮助学生了解市场需求和就业形势。通过科学的就业指导，学校可以根据市场需求调整课程和专业设置，确保学生获得与市场需求匹配的知识和技能。同时，建立就业信息预警机制、大学生就业指数系统以及社会服务体系，可以帮助高校更好地管理和监督毕业生的就业情况。

在就业指导方面，高校应当提供专业化的服务，帮助学生在求职过程中获得实用的技能和资源，包括简历撰写、面试技巧培训、职业生涯规划等。此外，学校还可以与企业建立合作关系，提供实习和就业机会，帮助学生在求职前获得实际经验。高校还应当鼓励学生参与校园招聘会、职业讲座等活动，增进他们对就业市场的了解。

（二）优化高校的就业指导

优化高校的就业指导是提高高校毕业生就业率的关键策略之一。在当今不断变化的经济环境中，高校需要转变传统的教育模式，提供更具针对性和实用性的就业指导，以确保每一位学生都能找到适合自己的职业道路。这一策略的实施需要从多方面入手，包括学科专业调整、就业指导课程体系建设、职业生涯规划与就业服务等。

高校应当以社会需求为导向，将毕业生的就业情况作为衡量人才培养质量的关键指标之一。通过这一措施，高校可以推动人才培养的各个环节的改革，以确保教育内容与市场需求相符。在专业设置方面，高校需要定期评估社会需求，及时调整学科专业结构，增设新的专业，发展交叉学科、边缘学科等领域。这一过程不仅能提供更多的就业可能性，还能增强高校的竞争力，打造出具有特色的品牌专业。

高校需要确保就业指导工作有充足的人力、物力和财力支持。就业指导不仅仅是帮助学生找到工作，还应包括职业生涯规划、职业技能培训、面试技巧指导等多方面内容。因此，高校应当加快就业指导课程体系的建设，确保每个学生都有机会接受全面的职业指导。同时，就业指导应当贯穿整个学生生涯，帮助学生逐渐形成正确的择业观与价值观。这可以通过开展定期的就业讲座、职业生涯规划课程、模拟面试等活动来实现。

为了更好地引导学生，高校可以与企业、行业协会等合作，建立就业服务网络平台，为学生提供更多的实习和就业机会，帮助他们在进入职场前获得实际经验。同时，企业也可以通过这一合作关系参与高校的人才培养过程，确保学生在学习期间获得与实际工作相关的技能和知识。这种合作关系有助于缩小高校教育与职场需求之间的差距，增加毕业生的就业机会。

高校还应注重学生的就业心态和择业观的培养。就业指导不仅仅是帮助学生找到一份工作，更是帮助学生认清自身的条件，客观定位岗位与职业，确保学生能够务实地选择工作，充分发挥自身的优势。通过就业指导，高校应当帮助学生树立正确的就业观念，避免盲目追求高薪或热门行业，而是根据自身的兴趣和能力选择适合的职业道路。这种务实的择业观有助于降低毕业生的就业压力，增加他们在职场上的成功机会。

（三）高校与企业的深度合作

高校毕业生的就业问题一直是教育界和社会关注的焦点。为了彻底改变毕业生的就业难现状，高校与企业的深度合作成为一种有效的策略。通过校企合作，高校可以为学生提供更多的实践机会，企业可以获得培养定向人才的机会，从而实现双赢。为了达到这一目标，高校需要秉持“走出去、引进来”的原则，加强与企业的合作，建立校企合作的平台，拓宽学生的就业渠道。

高校可以与企业建立长期合作关系，签订合作合同，共同制订订单式的人才培养方案。这样一来，企业可以根据自身的需求提出人才培养的要求，高校则可以根据企业的反馈，调整课程设置和教学方式。订单式的培养方案可以有效缩短学生从学校到职场的过渡期，使毕业生能够更快地适应工作环境，减少就业难的问题。

校企合作可以为学生提供更多的实践学习和顶岗实习的机会。在高校与企业建立合作平台后，学生在校期间可以定期到企业进行实习和实践，亲身体验工作流程和企业文化。这种实践学习不仅可以帮助学生提高实践能力，还可以增强他们的社会适应能力。通过顶岗实习，学生可以将所学的知识应用于实际工作，进一步提升自身的技能，为未来的就业作好准备。

在这种合作模式下，高校可以针对不同企业的需求，制订相应的课程和教学计划。例如，企业需要技术型人才，那么高校可以加强实践课程，增加实习的比重，确保学生能够掌握企业所需的技能；如果企业需要管理型人才，那么高校可以在教学中加入更多的管理实践案例，培养学生的管理能力。这种针对性的人才培养方式可以提高学生的就业竞争力，减少毕业生的就业压力。

校企合作还可以为企业提供人才储备，通过长期合作，企业可以提前接触到高校的优秀学生，观察他们的表现，选择合适的人才。对学生而言，顶岗实习阶段表现优秀的学生往往能够在毕业前获得企业的认可，实习结束后直接获得就业机会。这种模式既减少了企业招聘的成本，又为学生提供了稳定的就业机会。

校企合作还有助于高校与企业的共同发展。高校可以通过与企业的合作，了解市场需求，及时调整人才培养方向，增强自身的竞争力。企业则可以通过合作获得持续的人才供应，确保自身的持续发展。通过这种合作，高校和企业能够共同打造一个互利共赢的生态系统，为学生的就业和企业的发展奠定坚实的基础。

（四）强化学生的就业竞争力

为了提高高校毕业生的就业竞争力，学生需要在多方面不断提升自己。虽然外部环境的变化和政策的支持可以提供帮助，但实现成功就业的关键在于学生自身的努力和综合素质的提升。在当前的新经济体系下，专业知识固然重要，但越来越多的雇主更加关注学生的综合素质，包括职业素养、道德品质和身心健康等方面。因此，强化学生的就业竞争力需要从多方面入手。

专业知识与技能是学生就业的基础。高校毕业生需要确保他们在学校期间获得扎实的专业知识，并不断提升自己的专业技能。学生可以通过参加专业培训、竞赛和实习等方式来强化他们的知识基础。此外，高校应当提供更多的实践机会，帮助学生将理论与实践相结合，提高实际操作能力。

学生需要提升综合素质，包括人际交往、沟通技能和团队合作能力。现代职场要求员工具备良好的沟通能力，能够在团队中合作，并与不同部门的同事进行有效的交流。高校毕业生可以通过参加社团、志愿活动和团队项目来锻炼他们的人际交往能力。此外，高校可以开设相关课程，教授沟通技巧和团队合作的重要性。

创新能力和创业精神也是提高就业竞争力的重要方面。学生需要培养敢于开拓和创新的精神，积极寻找解决问题的新方法。高校可以鼓励学生参加创业比赛和创新项目，提供创业培训和指导。通过参与这些活动，学生可以培养创新思维，增强解决问题的能力，为将来的职场生涯奠定基础。

职业素养和道德品质也是提高就业竞争力的重要因素。雇主希望员工具有高水平的职业道德和责任感。学生需要学习并遵守职业道德，培养强烈的责任感和工作热情。高校可以通过职业教育课程、道德教育和职业指导来帮助学生树立正确的职业价值观。同时，学生需要保持身心健康，确保他们在面对职场压力时能够保持积极的态度。

为了强化学生的就业竞争力，高校还应提供多种就业服务和资源。就业指导办公室可以帮助学生制订职业生涯规划，提供求职技巧培训和面试指导。高校可以邀请企业代表进行职业讲座，帮助学生了解当前的就业市场和行业趋势。此外，高校可以建立校友网络，鼓励毕业生与在校生交流，分享职业经验和求职建议。

第二节　高校学生就业观念的演变

一、地方高校大学毕业生对就业形势及前景认识的变化

近年来，随着高等教育的大众化和就业市场的竞争日益激烈，地方高校大学毕业生对就业形势及前景的认识发生了显著变化。调查显示，绝大多数地方高校的大学毕业生都对当前就业形势的严峻性有清醒的认识，但他们对未来就业的信心和乐观态度表现出积极的变化。

通过调查发现，地方高校的大学毕业生中，有89%的人认识到当前的就业形势十分严峻，这反映了大学生对现实环境的清晰认知。就业市场的竞争越来越激烈，除了因为大学毕业生人数的不断增多之外，还有许多其他因素的影响。例如，下岗职工的再就业问题，以及农村剩余劳动力向大中城市转移的趋势，都会影响社会上可供就业的岗位数量。此外，学校教育与社会实际人才需求之间存在脱节，理论教学与实践教学联系不够紧密，这导致许多毕业生缺乏实战经验和社会经验，从而增加了就业的难度。

然而，尽管就业形势严峻，地方高校的大学毕业生在就业心态上却表现出可喜的变化。调查显示，绝大多数毕业生能够正确面对就业的压力和挑战，并且对自己的就业前途充满信心。其中，有90%的毕业生对未来成功就业持乐观态度，这反映了他们积极的心态和对自身能力的信任。即使在面对就业困难时，学生们也展示出坚强的韧性和应对压力的能力。这种积极的心态对他们的职业生涯发展非常重要。

调查还显示，尽管就业市场竞争激烈，80%的地方高校毕业生对就业前景持乐观态度，只有20%的人持悲观或不清楚的态度。这种乐观的情绪可能源于学生对自身能力的认可，以及对未来发展机会的期待。许多毕业生意识到，尽管就业市场存在挑战，但通过不断提升自身能力和积累经验，仍然可以在激烈的竞争中找到适合自己的工作。同时，学校和家庭对毕业生的支持也在一定程度上帮助他们保持积极的心态。

在就业观念的演变过程中，地方高校的大学毕业生还展现出更多的开放性和灵活性。他们不再只追求传统的高薪职业，而是更多地考虑自身兴趣和发展前景。

这种观念的变化使毕业生在择业过程中更加灵活，愿意尝试不同领域的工作，从而获得更多的就业机会。此外，大学生在求职过程中也更加注重实践经验，通过实习和志愿者工作来提升自身竞争力，这种积极的态度有助于缓解就业压力。

地方高校大学毕业生对就业形势及前景的认识发生了积极的变化。尽管就业形势严峻，绝大多数毕业生能够保持乐观的态度，对自己的就业前途充满信心。这种心态的变化不仅有助于他们在就业市场中取得成功，也反映了大学生在面对困难时表现出的韧性和积极的应对能力。通过不断提升自身能力、积累实践经验，以及保持乐观的心态，地方高校大学毕业生将在未来的就业道路上取得更好的发展。

二、地方高校大学毕业生对就业环境和待遇的态度观念变化

近年来，随着社会经济环境的变化以及高校教育理念的转变，地方高校大学毕业生对就业环境和待遇的态度发生了显著变化。通过对毕业生的调查，我们可以看到，更多的大学毕业生开始倾向于基层就业，并且对初次就业的经济待遇持较理性的态度。

从对基层就业的态度上看，地方高校的大学毕业生展现出了更加开放和积极的心态。调查数据显示，有11%的大学生表示“决心到基层就业”，而73%的大学生表示“有可能到基层就业”，这表明绝大多数毕业生愿意考虑到基层就业。只有16%的大学生表示“暂时没有考虑”或“不会考虑到基层就业”，这相较于过去几年的态度有了明显的转变。以前，大学生普遍受“人往高处走，水往低处流”的观念束缚，许多毕业生更倾向于在经济发达地区、大城市或东部地区就业，而不愿意到基层、农村或中小城市就业。这种观念导致了一定程度的就业地域不均衡，造成一些地区的人才短缺。

然而，随着就业市场的变化以及社会多元化的发展，大学生对基层就业的看法变得更加实际和合理。地方高校大学毕业生更愿意到基层就业，认为这是职业生涯的一个重要起点。基层就业不仅可以提供更多的实践经验和成长机会，而且可以帮助毕业生积累人脉和工作经验。这种开放的态度有助于缓解就业压力，促进人才在不同地区的合理流动。值得一提的是，许多地方政府和企业也开始提供更多的基层就业机会，并采取一系列的激励措施，以吸引更多的大学毕业生。

在就业环境和待遇的选择上，地方高校大学毕业生也表现出更理智的态度。调查显示，在最初就业所选取的经济待遇方面，大学生在求职过程中更加关注实际需求，而不是一味追求高薪工作。他们更加理解，初次就业的重要性在于积累经验、提升能力，而不是单纯以经济待遇为导向。这种理智的态度使大学生在择业过程中更加灵活，也更加愿意尝试不同的工作环境。

三、地方高校大学毕业生面对“就业难”问题在态度上的变化

近年来，随着就业市场的变化以及高校毕业生数量的增多，“就业难”问题逐渐成为许多地方高校大学毕业生需要面对的现实。然而，与过去相比，当前大学毕业生在就业观念和态度上出现了积极的变化，他们更加理性、务实地看待就业问题。

面对“就业难”的严峻形势，大学毕业生已经表现出更成熟的择业态度。当前的大学毕业生在面对就业挑战时，能够保持冷静和理性。这种态度的变化与过去大学毕业生择业时的急躁与焦虑形成鲜明对比。在过去，许多大学生在毕业后期待立刻找到理想的高薪工作，但当就业市场不如预期时，他们往往会感到焦虑和不安。然而，随着就业市场的变化，大学生意识到，求职是一个过程，需要时间和耐心。因此，他们更加愿意先就业，再根据实际工作经验和自身兴趣进行择业，这种心态有助于缓解就业压力。

大学毕业生在面对就业时，已经逐渐克服了以往的负面情绪和不良心态。调查显示，许多大学毕业生已经放下了“天之骄子”的架子，更加谦逊地看待每一个就业机会。在过去，许多大学生在择业时容易出现攀比、嫉妒等情绪，他们往往会将自己与同龄人进行比较，进而导致焦虑和消极情绪。而现在，大学生更加注重自身能力的提升，愿意通过实际工作经验来证明自己。这种变化有助于减轻毕业生的心理负担，让他们在就业过程中更加从容。

大学毕业生在面对“就业难”问题时，表现出更加积极和主动的态度。他们不再消极等待机会，而是积极主动地寻找就业机会。在求职过程中，他们愿意接受各种挑战，甚至不怕吃苦、辛劳。这样的心态变化反映了大学生对现实的认识更加清晰，并且具备了更强的抗压能力。在就业市场竞争激烈的环境下，积极主动的态度将为大学生带来更多的机会和可能性。

大学生在就业观念上更加理性、务实。他们不再盲目追求高薪或大公司，而是更加注重工作环境和职业发展前景。这种观念的变化体现在大学生对就业机会的开放态度上，他们愿意尝试不同领域的工作，从中找到最适合自己的职业方向。保持这种开放的态度，大学生可以获得更多的工作经验和职业发展机会。

第三节 高校学生就业的社会影响因素

一、社会经济状况和行业发展直接影响就业质量和数量

社会经济状况和行业发展的变化直接影响高校学生的就业质量和数量。经济的兴衰起伏、产业结构的调整以及技术的创新升级，都会对就业市场产生深远的影响，进而影响高校毕业生的就业机会与质量。

宏观经济状况是影响就业市场的关键因素之一。当经济处于增长阶段，企业的生产和投资活动活跃，市场需求旺盛，从而带动就业机会的增加。反之，当经济下滑或面临衰退，企业的投资减少，市场需求疲软，直接导致就业机会的减少。例如，2008年全球金融危机期间，许多国家的经济出现严重衰退，企业大量裁员，导致高校毕业生的就业市场极为严峻。在这样的情况下，毕业生不仅就业机会减少，而且就业质量也受到影响，许多毕业生不得不选择薪酬较低或不符合专业背景的工作。

行业的发展和产业结构的变化也对高校学生的就业产生重大影响。随着科技的不断进步，传统行业可能会面临挑战，而新兴产业则可能快速崛起。例如，互联网和科技行业的快速发展，为高校毕业生提供了大量就业机会，而传统制造业则面临自动化和机器人技术的冲击，可能导致就业机会的减少。这种产业结构的变化要求高校学生在求职时具备更高的适应能力和多元化的技能。为了应对这种变化，高校学生需要不断学习新技术，掌握多种技能，以便在就业市场中保持竞争力。

社会的政策环境和政府的就业政策也对高校学生就业产生直接影响。政府在制订就业政策时，通常会根据社会经济状况和行业发展的需求，制订相应的支持措施。例如，政府可能会推出鼓励创业的政策，支持小微企业的发展，以提供更多的就业机会。同时，政府可能会通过教育改革，调整高校专业设置，以适应市场需求。这些政策的实施可以直接影响高校学生的就业质量和数量。

除了宏观经济因素，社会文化和价值观的变化也对高校学生就业产生影响。社会对于不同职业的看法、家庭和学校对于就业的指导，都可能影响高校学生的择业观。例如，传统上，社会可能更看重白领工作和高薪职业，而忽视基层和蓝

领工作。然而，随着就业市场的多元化和基层工作的重要性逐渐被认识到，社会对不同职业的看法也在逐渐改变。这种文化和价值观的变化可能影响高校学生对不同就业机会的接受程度，进而影响就业市场的供需关系。

二、社会的发展方向影响职业选择的多样性

社会的发展方向对高校学生的职业选择有着深刻的影响。随着社会的不断进步和多样化，职业选择的范围不断扩展，种类不断增多。这种多样性反映了社会发展的动态与趋势，为高校学生提供了更多的职业选择和机会。

技术的快速发展带来了许多新兴行业和职业。例如，随着人工智能、数据科学、区块链、虚拟现实等技术的不断突破，许多过去不存在的职业应运而生。互联网行业的发展为高校学生带来了网络工程师、数据分析师、人工智能研究员等新职业。而这些新兴职业的出现也促使高校调整课程设置，为学生提供与新技术相关的教育和培训。高校学生在选择职业时，受益于这些技术进步所带来的多样性。他们可以根据自身的兴趣和能力，选择符合未来趋势的职业。

社会的发展方向也影响了产业结构的变化，进而影响职业的多样性。传统行业在面对科技进步和市场变化时，往往会经历转型和升级。比如，制造业正逐渐从传统的流水线生产模式转向智能制造和自动化生产，这种转型使具备高级技术和创新能力的工程师成为市场需求的重要角色。而同时，随着人们对健康和环境的关注度增加，医疗保健、环保科技等行业也在迅速崛起。这种产业结构的多样性让高校学生在择业时可以探索不同领域，根据自身兴趣和技能特长作出选择。

社会文化的多样性和包容性也是影响职业选择的重要因素。随着社会不断朝着更加多元和包容的方向发展，人们对不同职业的看法也在改变。过去，许多人认为医生、律师、工程师等职业是最值得追求的，但如今，越来越多的人开始认识到艺术、设计、教育、社工等职业的重要性。这种文化多样性带来了更多职业选择的可能性，也让高校学生在选择职业时能够考虑更加广泛的领域。

政策导向也是影响高校学生职业选择的关键因素之一。政府在制定经济发展政策时，通常会考虑社会发展的方向和市场需求。例如，政府可能会鼓励绿色能源、科技创新、智能制造等产业的发展，这些政策的导向会直接影响高校学生对职业的选择。此外，政府也可能推出促进就业的政策，如支持创业、鼓励小微企业、提供就业培训等，这些政策为高校学生的职业选择提供了更多的支持和保障。

经济全球化的发展也增加了职业选择的多样性。许多企业开始在全球范围内招聘人才，跨国公司、国际组织、全球性 NGO 等为高校学生提供了国际化的职业机会。同时，这也促使高校学生具备国际视野和跨文化沟通能力，这进一步拓宽了他们的职业选择范围。

三、社会对某些职业和行业的认知和态度影响毕业生的就业选择

社会对某些职业和行业的认知和态度直接影响高校毕业生的就业选择。这种影响源自文化传统、媒体报道、社会风气等多种因素，这些因素塑造了公众对不同职业和行业的看法，进而影响高校毕业生在择业时的决策。

在传统社会中，往往有一套明确的职业等级观念，某些职业被视为“高尚”，而其他职业则被视为“低贱”或“次等”。这种观念会影响毕业生的就业偏好，使他们倾向于选择被社会普遍认同的职业。比如，在许多国家，医生、律师、工程师等职业一直被视为高收入、高地位的象征，而服务业、制造业等职业可能被视为低技能、低收入的工作。社会的这种观念会导致高校毕业生在择业时产生偏见，甚至可能放弃自己喜欢或适合的职业，只因为它们在社会中被认为“低人一等”。

媒体对职业和行业的报道也会影响高校毕业生的就业选择。媒体在塑造社会认知方面发挥着重要作用。媒体可能会着重报道某些职业的成功故事，凸显其光鲜的一面，忽略了其他职业的贡献。这种选择性报道可能会使高校毕业生对某些职业产生不切实际的期望，认为这些职业更有发展前途或更能获得社会认可。例如，媒体可能会大力宣传科技行业的成功案例，强调创业公司的高薪，但很少提及行业中的竞争压力和不确定性。这种报道方式会引导毕业生向这些热门行业聚集，而忽视其他同样重要的行业。

社会风气和潮流也会对高校毕业生的就业选择产生影响。在经济全球化和数字化的时代，社会潮流变得更加多样化，变化更加快速。某些行业可能因为一时的流行而吸引了大量关注，进而影响高校毕业生的就业选择。例如，近年来，互联网和科技行业的蓬勃发展使很多高校毕业生希望进入这些领域，但这可能导致其他传统行业的人才短缺。此外，社会上崇尚成功和财富的风气可能让毕业生在择业时更加看重收入和地位，而忽视了职业的社会价值和个人兴趣。

社会对某些职业的态度还可能受到历史和政治因素的影响。例如，某些国家可能因为历史原因对特定行业或职业持有负面看法，这会影响高校毕业生的就业选择。在这种情况下，毕业生可能会避免选择这些职业，即使它们在现代社会中具有重要意义。社会的政治环境也可能影响职业的认知，例如，在一些国家，政府对特定行业的支持或限制会影响毕业生的就业选择。

四、社会对教育的普及程度和大学生数量增加可能导致就业市场竞争加剧

社会对教育的普及程度和大学生数量的增加可能导致就业市场竞争加剧，这对高校学生的就业选择和职业发展产生了深远影响。教育的普及程度决定了高等

教育的可及性，而大学生数量的增加则直接影响了劳动力市场的供求关系。

教育的普及程度在很大程度上决定了进入高等教育的人口规模。随着全球各国不断加强教育投入，教育的普及程度显著提高，越来越多的年轻人得以进入高校接受高等教育。这是社会进步的重要标志，也是经济发展的基础。然而，教育的普及也带来了更多的大学生，这意味着劳动力市场上的高学历人才在不断增加。随着高校毕业生数量的增加，社会对这些毕业生的需求是否能同步增长是一个关键问题。

大学生数量的增加直接导致了就业市场的竞争加剧。当越来越多的高校毕业生涌入劳动力市场时，就业机会的增长可能无法与之相匹配。尤其是在经济增速放缓或产业转型的时期，许多行业可能无法吸收大量的新毕业生。这种供过于求的情况导致就业市场的竞争愈加激烈，毕业生在求职过程中面临更多挑战。这种竞争压力可能会导致毕业生在择业时更加谨慎，甚至可能降低职业选择的灵活性。

就业市场竞争的加剧对高校学生的就业心理和择业态度产生了影响。面对激烈的竞争，许多毕业生可能会感到压力，甚至产生焦虑和不安的情绪。竞争激烈的就业市场也可能促使毕业生更加重视职业的稳定性和收入，这可能导致他们选择较为保守的职业道路，而不敢冒险尝试新的领域。此外，竞争激烈的市场环境可能导致毕业生在求职时面临更多的门槛，例如用人单位可能对求职者提出更高的技能和经验要求，这进一步增加了毕业生的就业压力。

大学生数量的增加也可能使教育系统和社会产生连锁反应。为了应对大量的学生入学需求，高校可能需要扩招或调整课程设置，这可能导致教育质量下降，影响毕业生的能力和素质。高校毕业生的能力不足或技能不匹配可能进一步加剧就业市场的竞争，因为用人单位更难找到符合要求的人才。这种教育与就业市场需求脱节的情况对毕业生和社会都是不利的。

为了应对就业市场竞争加剧的挑战，社会和高校可以采取多种措施。首先，社会需要通过经济政策和产业扶持，促进就业机会的增长，确保劳动力市场能够吸收不断增加的高校毕业生。其次，高校需要调整教育模式，确保学生获得与劳动力市场需求相符的技能和知识。最后，高校可以加强职业规划和就业指导，帮助学生更好地应对就业市场的竞争压力。

高校学生在面对竞争激烈的就业市场时，需要保持积极的心态，培养自身的核心竞争力。他们可以通过提升技能、积累实践经验、拓展人脉等方式，为自己在就业市场中争取优势。此外，毕业生可以探索多样化的职业选择，不要拘泥于传统的职业路径，而是根据自己的兴趣和能力，寻求新的机会。

第二章 高校学生就业心理障碍及应对策略

第一节 就业焦虑与应对

一、当代大学生就业焦虑心理的成因

（一）职业选择困难

职业选择是当代大学生面临的一个关键问题，直接关系到他们未来的职业发展和人生轨迹。然而，当代社会的多元化和复杂性，使大学生在选择职业时面临诸多困难和挑战。这种职业选择困难不仅会增加大学生的焦虑，还会影响他们的心理健康和自我价值感。

当代社会的职业多样性和复杂性给大学生的职业选择带来了不确定性。随着经济全球化和科技的快速发展，许多传统职业在不断变化，新的职业不断涌现。这种变化使大学生在选择职业时面临更多选择，但也因此产生了更大的困惑。他们常常感到无从下手，不知道自己应该选择哪个领域，不知道哪个行业有更好的发展前景。这种不确定感会引发焦虑，进而影响他们在职业选择上的决策。

大学生在职业选择时可能面临来自社会和家庭的压力。许多大学生在选择职业时受家庭和社会的期望所影响。父母可能希望子女选择稳定、高收入的职业，而社会舆论可能推崇某些热门行业。这种来自外界的压力会使大学生在职业选择时感到束缚，难以遵循自己的兴趣和价值观。这种矛盾可能导致大学生在职业选择上感到迷茫，增加他们的焦虑。

大学生自身的自我认知和信心水平也会影响职业选择的困难程度。许多大学生在选择职业时，可能会受到一些刻板印象的影响，认为自己太年轻、缺乏经验、学历不够高等。这种自我怀疑会削弱他们的信心，阻碍他们在职业选择上的决策。他们可能因为担心无法满足工作要求，或者认为自己不具备竞争力而感到焦虑。缺乏自信心会让他们在求职过程中更加犹豫，不敢尝试新的机会。

职业选择困难还与大学生对自我兴趣和优势的认知不足有关。许多大学生在大学期间没有充分探索自己的兴趣和能力，导致他们在职业选择时没有明确的方向。他们可能缺乏职业规划和生涯指导，不知道如何找到适合自己的职业。这种迷茫会加剧他们的焦虑，因为他们在求职过程中无法明确自己的目标，也无法展示自己的优势。

求职过程中面临的挑战和压力也会加剧大学生的职业选择困难。在竞争激烈的就业市场上，大学生需要面对各种挑战，包括简历筛选、笔试、面试等。他们可能在这些过程中遇到挫折，或者因为多次失败而失去信心。这种求职过程中的压力会让他们在职业选择时更加焦虑，担心自己无法找到合适的工作。

（二）就业环境日趋激烈

社会经济环境因素是当代大学生就业焦虑心理的主要成因之一。在当今经济增长放缓的大背景下，就业市场的供需关系日益紧张，这对求职的大学生造成了巨大的压力。尤其在一些二线城市，竞争激烈，许多毕业生面临更加困难的就业形势。这种环境带来的压力不仅源于竞争本身，还来自社会保障体系的不完善以及就业岗位待遇不高等因素。

经济增长的放缓直接导致就业机会的减少。随着国内经济从高速增长转向高质量发展，企业在招聘时更加谨慎，往往选择有经验的员工。对初出茅庐的大学生而言，这意味着更少的机会与更多的竞争。即使是一些相对容易进入的岗位，也因为经济的不稳定而变得不那么稳定。这种供需关系的紧张让大学生感受到明显的就业压力，许多毕业生在求职过程中会遭遇多次失败，这加剧了他们的焦虑。

二线城市的就业竞争更加激烈。在许多二线城市，大学生就业市场的饱和度已经很高，这意味着许多毕业生可能需要与上百个竞争者来争夺一个职位。这种激烈的竞争环境会让许多大学生感到无所适从，他们可能会开始怀疑自己的能力，甚至质疑自己所学的专业是否有用。在这种情况下，焦虑和不安的情绪不断增长，最终影响他们的求职表现。

工资待遇不高也是导致就业焦虑的重要原因之一。在一些城市，就业岗位的工资水平较低，甚至无法满足毕业生的生活需求。这使大学生在求职时更加关注待遇，可能会因为薪资问题而焦虑。低工资意味着毕业生需要面对更大的经济压力，而他们在刚进入职场时通常没有足够的积蓄来应对这些挑战。这种经济上的不确定性会使大学生对未来感到焦虑，担心自己无法维持稳定的生活。

社会保障的不完善也是导致就业焦虑的重要因素之一。在一些地区，社会保障体系尚不健全，大学生在进入职场后可能面临医疗、养老等方面的问题。这种不完善的社会保障体系会让毕业生没有安全感，担心自己在遭遇意外或疾病时得不到足够的支持。这种担忧不仅增加了他们的焦虑，还会让他们在求职时更加谨慎，生怕做出错误的选择。

除了上述因素，社会对不同职业的认知也影响大学生的就业心理。在许多情况下，社会对一些职业的看法可能会让大学生感到自己所学的专业不受重视，或者认为某些职业不够体面。这种社会观念的影响会导致大学生在职业选择上产生焦虑情绪，担心自己无法获得社会的认可。

（三）就业准备不足

教育因素是导致当代大学生就业焦虑的重要原因之一。传统的教育体系主要关注学科知识的传授，常常忽视了对学生综合素质和职业能力的培养。这种教育模式在过去或许适用，但随着社会的发展和就业市场的变化，这种单一的教学方式已经难以满足现代社会的需求。

在传统的教育理念中，教师往往专注于教授学生理论知识，考试成绩成为衡量学生能力的主要标准。然而，这种教育方式没有充分考虑学生在现实生活和工作中的实际需求。许多大学生在毕业后进入职场时，发现自己在理论知识方面可能表现不错，但在实践能力和职业技能上严重不足。他们可能不具备基本的沟通技巧、团队协作能力、问题解决能力等，这些都是在就业过程中非常重要的素质。

由于教育体系的不足，大学生在求职过程中面临的挑战和困难加剧了他们的焦虑心理。很多学生在大学期间没有机会参与实习、实践活动，缺乏实际工作经验。这种情况下，他们在面对真实的工作环境时，往往感到无所适从，不知道如何应对工作中的问题。同时，他们在求职时也可能遇到面试不通过、简历不合适等挫折，这些都与教育体系对职业能力培养的忽视有关。

除了实践能力的不足，职业规划也是一个问题。许多大学生在求职时没有明确的职业目标，因为他们在大学期间没有接受过系统的职业规划指导。他们可能对自己的兴趣和优势认识不清，也不知道自己的专业能在就业市场上带来什么样的机会。这种不明确的职业规划导致大学生在求职时感到迷茫和焦虑，无法作出明智的选择。

（四）家庭期望过高

家庭期望是导致当代大学生就业焦虑的重要原因之一。在中国传统文化中，家庭对孩子的期待往往与社会地位、经济收入以及职业成就相关。因此，父母对大学生的期望可能非常高，期望他们能在求学和求职过程中取得优异的成绩，并在未来的职业生涯中有所建树。然而，这种高期望带来的压力，常常成为大学生就业焦虑的主要源头之一。

家庭期望对大学生就业焦虑的影响通常体现在许多方面。首先，在职业选择上，很多家庭希望子女能够选择收入高、地位高的职业，比如医生、律师、工程师等。这种职业选择的偏好可能会限制大学生的职业发展方向，使他们在选择职业时感觉受到约束。当大学生的兴趣和家庭期望不一致时，他们可能会感到迷茫，进而导致焦虑。

其次，家庭期望还可能导致大学生对自我价值的误解。很多家长会将子女的成功与自己的面子联系在一起，他们希望子女的成功能反映出自己的成功。当大学生没有达到家庭的期望时，他们可能会觉得自己让父母失望，产生自卑感和挫败感，进一步增加了他们的心理压力。

在就业过程中，家庭对成功的定义可能与现实相去甚远。许多家长希望子女能够找到高薪的工作，稳定的职位，然而现实的就业市场往往充满了不确定性和竞争。特别是在当前经济环境下，大学生面临的就业形势更加严峻，这与家庭期望的理想状态形成了巨大反差。这样的反差会让大学生感到压力，觉得自己无法满足家庭期望，从而产生焦虑。

家庭可能会在求职过程中给予大学生过多的干预和压力，进而影响他们的就业心态。一些家长可能会过度关注子女的求职进展，频繁询问他们的面试情况、工作安排等，这些压力会加剧大学生的焦虑。当家庭对孩子的职业发展施加过多压力时，大学生可能会感到无法自主决策，丧失对自己人生的掌控感，导致更大的焦虑和不安。

二、当代大学生就业焦虑心理的应对策略

（一）寻求心理辅导，提高心理韧性

寻求心理辅导和提高心理韧性是当代大学生应对就业焦虑的重要策略之一。随着社会竞争的加剧，越来越多的大学生在求职过程中面临巨大压力，焦虑情绪日益严重。心理辅导作为一种专业的心理支持方式，可以帮助大学生找到焦虑的根源，并提供有效的应对方法。此外，心理韧性训练和心理调适策略也有助于提升大学生在就业压力下的自我适应能力，进而缓解焦虑。

心理辅导是一种有效的专业支持途径。大学生在求职过程中，可能会因多种原因感到焦虑和压力，如对未来的不确定感、职业选择困难、社会和家庭的期望等。心理辅导可以帮助他们找到这些焦虑的根源，并提供应对这些问题的建议。大学生可以在学校的心理咨询中心寻求帮助，那里有专业的心理咨询师，可以提供个体化的辅导和支持。在心理辅导过程中，大学生可以与咨询师讨论自己的焦虑情绪，学习如何管理这些情绪，并探索潜在的解决方案。

心理韧性是指一个人在面对挑战和困境时，能够保持积极态度、适应变化并成功应对的能力。对大学生来说，提高心理韧性是应对就业焦虑的重要方法。他们可以通过心理韧性训练，学习如何在压力下保持镇定和冷静，并通过积极的思维方式应对挑战。心理韧性训练可以帮助大学生培养自信心，增强他们面对不确定性的适应能力。

大学生可以通过阅读相关书籍来提高心理韧性。许多书籍和文章专注于心理健康、压力管理和韧性培养，提供了实用的建议和方法。通过阅读这些资料，大学生可以学习如何在面对就业压力时保持乐观、健康的心理状态。同时，阅读可以帮助他们找到共鸣，意识到焦虑是普遍的，自己不必独自面对。

与心理咨询师交流也是提高心理韧性的一种有效方式。通过与心理专业人士的沟通，大学生可以得到支持和理解，学会如何更好地应对焦虑和压力。这种交流可以提供一个安全的空间，让大学生表达自己的感受，并获得积极的反馈和指导。

日常生活中的积极心理调适策略也可以帮助大学生提高心理韧性。首先，乐观面对生活是一种重要的策略。大学生可以通过培养积极的心态，减少焦虑情绪的产生。可以尝试感恩练习，记录每天的积极事件，以此来保持积极的心境。其次，寻求社会支持也是一种有效的方法。大学生可以与家人、朋友和同学分享自己的焦虑，获得他们的支持和鼓励。与他人交流可以帮助他们减轻压力，并增强信心。

增强自我控制能力也是提高心理韧性的重要方面。大学生可以通过设定目标，规划时间，培养自律来增强自我控制能力。这些技能可以帮助他们更好地管理就业过程中的压力，避免过度焦虑。同时，他们可以学习如何放松，尝试冥想、深呼吸等放松技巧，以减轻焦虑。

（二）保持乐观，增加自信心

保持乐观和增加自信心是当代大学生应对就业焦虑心理的重要策略。在竞争激烈的就业市场中，许多大学生常常感到不确定和自我怀疑，这种情绪会导致焦虑并影响求职的效果。因此，培养积极的心态和自信心至关重要。这不仅有助于他们在求职过程中保持动力，还能帮助他们更好地面对就业过程中的挑战和困难。

自信心是求职成功的重要基础。大学生在进入就业市场时，应当正确认识自己的能力和价值，明确自身的优势，并在求职过程中充分展现这些优势。要建立自信心，大学生可以从多个方面入手。提高自身的综合素质是关键。通过参加专业培训、扩展知识储备、培养实践技能，大学生可以不断提升自己，从而增加自信。这不仅有助于他们在面试和工作中表现出色，还能让他们在竞争中脱颖而出。

保持积极乐观的心态也是缓解就业焦虑的有效方法。求职过程充满挑战，许多大学生会遇到失败和挫折，这时保持乐观心态尤为重要。在这种情况下，大学生应当意识到，失败是求职过程中不可避免的一部分，而成功通常来自不断尝试和不断学习。因此，他们应该用积极的态度面对失败，并从中吸取教训，逐步增强自信心。

大学生在求职过程中应当树立正确的职业观念。传统的职业观念可能会给求职者带来压力，如觉得必须找到高薪工作或在大城市工作。然而，现实情况是，就业市场多元化，许多职业和地点都可以成为成功的起点。因此，大学生应当放宽视野，考虑不同的就业选择，如跨专业就业、异地就业等。这种开放的心态有助于减轻就业焦虑，并抓住更多的机会。

大学生还可以通过更换地域、参加培训、积累实习经验、继续深造等方式提升就业能力。更换地域可以让他们接触到新的就业市场，并开阔眼界；参加培训则可以帮助他们掌握新的技能，提升竞争力；积累实习经验有助于他们了解职场环境，培养实用技能；继续深造可以为他们提供更高的学历和更多的知识，为求职提供更多可能性。

在求职过程中，大学生还应学会保持良好的心态，积极寻找解决问题的方法。例如，建立一个强大的支持网络，与家人、朋友和导师保持联系，分享求职经历和感受，这有助于缓解压力。参与社交活动、加入职业协会和参与志愿服务等方式也可以拓宽他们的社交圈子，增加就业机会。

（三）积极社交，扩大人际交往圈

积极社交和扩大人际交往圈是应对当代大学生就业焦虑心理的关键策略之一。求职过程中的焦虑往往来自对未知的恐惧和不确定性，而通过积极社交，大学生可以获得更多的就业信息和资源，建立有益的职业关系，从而减少焦虑并增强求职信心。

在大学期间，学生应该积极参与各种社交活动，不仅包括学术上的社交，如加入社团、参加学术会议、参与研讨会等，还包括娱乐和休闲活动，如运动、音乐、艺术等。通过多元化的社交活动，大学生可以结识来自不同专业、不同背景的人，这将拓宽他们的视野，帮助他们更好地了解就业市场的动态和机会。

积极社交的另一个重要方面是建立职业网络。这可以通过与教授、校友、学长学姐建立联系，参加招聘会、职业展览，以及加入专业协会和职业社团等方式实现。通过与在行业中有经验的人建立联系，大学生可以获得有关就业趋势、职业发展和职场文化的宝贵见解。这不仅有助于大学生明确职业方向，还可以为求职过程中的自信提供支持。

在社交过程中，大学生还应培养沟通技巧和人际关系技能。良好的沟通能力是求职成功的重要基础。通过社交活动，大学生可以锻炼与不同类型的人相处的能力，学习如何有效沟通、表达和合作。这种技能不仅对求职有帮助，还将在他们的职业生涯中发挥重要作用。

扩大人际交往圈还可以为大学生提供情感支持和心理慰藉。求职过程中的挫折和挑战可能导致焦虑和沮丧，而通过建立良好的社交网络，大学生可以找到倾诉和支持的渠道，与他人分享自己的感受，获得鼓励和建议。这个社交网络可以包括家人、朋友、同学、导师，以及在社交活动中结识的其他人。通过这个网络，大学生可以减轻就业压力，找到解决问题的方法。

值得一提的是，社交不应仅限于线上，还应包括线下活动。线上社交平台，如微博和微信等，为大学生提供了便捷的沟通渠道，但线下活动，如社交聚会、招聘会等，能够带来更直接、更深层次的互动。通过线下社交，大学生可以更好地了解就业市场的真实情况，并建立更牢固的职业网络。

积极社交和扩大人际交往圈的最终目的是让大学生更好地应对就业焦虑，并在求职过程中找到更多机会。通过积极参与社交活动，建立职业网络，培养沟通技巧和人际关系技能，大学生可以获得更多就业信息，提升自信心，并在求职过程中表现出色。同时，这种积极社交的态度和能力也将为他们的职业生涯打下坚实的基础，使他们在未来的发展中取得成功。总之，大学生应当意识到社交的重要性，并积极行动，建立广泛而有益的人际关系网络。

第二节　就业压力与心理调适

一、当前大学生就业心理压力的主要表现

（一）社会适应性差，缺乏自信心

大学生在毕业后面临着就业的巨大压力，这一压力源于他们社会适应能力的

不足和自信心的缺失。很多高校学生在校期间，往往处于一种相对封闭和受保护的环境中，他们的日常生活主要围绕着学习和校园活动展开，很少与现实社会接触。这样的环境使他们对社会和未来职业的认知十分有限。当他们真正需要进入社会，面对就业问题时，往往会感到无所适从，甚至产生恐惧。

这种社会适应性差的表现形式多种多样。一方面，大学生在应聘或实习的过程中，常常因为缺乏社会经验而感到焦虑。他们可能在面对招聘面试官或公司领导时显得紧张，无法自如地表达自己。这不仅影响了他们在面试中的表现，还可能导致他们错失宝贵的就业机会。另一方面，大学生在就业过程中遇到挫折时，容易将其视为个人能力的不足，从而进一步削弱自信心。例如，在求职过程中，大学生可能会经历数次面试失败，或在工作岗位上遇到挑战而感到无助。这些挫折可能会让他们对自己的能力产生质疑，进而产生自我贬抑的心理。

大学生在就业时缺乏明确的职业方向也是一个重要问题。由于在校期间对社会和职业的了解不够深入，他们往往对自己的职业生涯规划缺乏清晰的思路。这种不确定性会导致他们在就业选择上感到困惑，难以确定适合自己的职业道路。一旦他们在就业过程中发现自己所选择的方向与实际情况不符，或者感到不满足，他们可能会进一步陷入焦虑和恐惧。

（二）攀比心理严重，眼高手低

大学生在就业过程中往往会面临心理压力，而攀比心理严重、眼高手低是其中一个显著表现。这种心理在大学校园内普遍存在，导致许多学生在求职和择业时，难以客观评估自身能力，容易陷入不切实际的期望，最终对就业产生负面影响。

攀比心理的形成有多种原因。社交媒体的普及使大学生更容易接触到他人的生活和职业选择。当学生看到同学或朋友在名企工作，或有着令人羡慕的薪资和福利时，他们会自然而然地产生羡慕之情。然而，这种比较并不总是基于全面和真实的信息，往往仅展示了他人生活的“高光时刻”，而忽略了背后的努力和付出。结果，大学生可能会因为无法达到这种理想化的标准，而产生自卑感或焦虑。家长和社会的期望也会对大学生产生影响。在许多家庭中，父母希望孩子能够找到一份稳定且高薪的工作，这种期望无形中给大学生带来了压力。社会上对某些职业的崇拜，如金融、科技、法律等，也让学生在择业时倾向于追求“高大上”的职业，而忽略了自身的兴趣和能力。当这些期望与现实之间存在差距时，大学生会感到困惑和不安。

这种攀比心理导致大学生在就业时容易出现眼高手低的现象。他们可能因为羡慕他人的职业选择，而忽视了自己的实际情况。在求职过程中，他们可能只关注知名企业和高薪职位，而不愿考虑中小企业或基层岗位。然而，知名企业的招聘竞争非常激烈，大学生在没有充分准备的情况下，容易在面试中受挫。此外，一些大学生在就业时没有清晰的职业规划，他们可能因为一时的攀比心理而选择了不适合自己的岗位，导致在工作中遇到挫折。

（三）定位不明确，缺乏职业规划

大学生在就业过程中面临的压力来自多方面，而定位不明确、缺乏职业规划是其中一个重要的原因。这种现象在当前的大学生群体中相当普遍，导致他们在求职过程中无法明确自己的目标，难以突出自身的优势，进而增加了就业的心理压力。

定位不明确往往源于大学生在学业期间缺乏对职业生涯的整体规划。很多学生在选择专业时，往往基于外界因素，如家长的建议、朋友的选择，或者热门职业的诱惑，而不是基于自身的兴趣和长远的职业发展。随着大学课程的推进，这些学生可能发现自己对所学专业缺乏兴趣，或者感到难以投入精力去学习。由于没有明确的职业目标，这些学生在大学期间没有学习的动力，导致学习成绩不理想，无法在就业过程中展现竞争力。

缺乏职业规划的学生通常没有工作所需的必备能力。在大学期间，除了专业课程外，许多学校还提供各种实践和实习机会，旨在帮助学生获取实践经验。然而，缺乏职业规划的学生可能忽视了这些机会，他们往往认为理论学习比实践更重要，或者认为实习机会与自己的专业不相关。这种观念导致他们在毕业时缺乏实际工作经验和技能，与那些在校期间积极参与实践的学生相比，处于劣势。

在求职过程中，定位不明确的大学生面临更大的困境。他们往往无法清晰地表达自己的职业目标，也无法突出自身的优势。在面试中，这些学生可能无法回答关于职业规划的问题，给面试官留下不好的印象。此外，他们的简历和求职信也缺乏针对性，无法有效展示自己的技能和经验。这种盲目的求职方式不仅降低了成功率，还可能让他们错失适合自己的机会。

职业规划的缺失也会加剧大学生的就业心理压力。由于没有明确的职业目标，他们在求职过程中容易感到困惑和焦虑，害怕选择错误的职业道路。此外，随着就业市场的竞争愈发激烈，定位不明确的学生往往更容易感受到来自同龄人的竞争压力，这进一步加剧了他们的心理压力。

二、当前大学生心理压力调适的思路

（一）认清就业形势，保持良好择业心态

大学生在面临就业压力时，认清就业形势并保持良好的择业心态是调适心理压力的重要思路。随着高校扩招，我国高等教育逐渐从精英教育向大众化教育转

变，大学生就业体制也从传统的统招统分转变为自主择业。这一转变带来了更多的就业机会，但同时也增加了竞争和不确定性。面对这一现实，大学生需要从多方面调整心态，建立积极的择业观念。

大学生应该清楚地认识到当前就业形势的严峻性。根据统计，2023年我国高校毕业生人数高达1158万，创历史新高，显示出就业市场的巨大压力。这一数据表明，大学生在求职过程中将面临激烈的竞争，需要具备清晰的定位和理性的择业态度。大学生应该认识到，职业没有高低之分，也没有贵贱之别，关键在于找到适合自己的职业和工作环境。要从自身实际出发，避免眼高手低，理性看待不同职业的价值，不要因为社会的偏见而轻视某些职业。

在应对严峻的就业形势时，大学生需要保持良好的择业心态。虽然竞争激烈，但并不意味着没有机会。大学生应该对自己有清晰的定位，了解自己的兴趣、能力和职业目标，从而制订合理的职业生涯规划。在择业过程中，大学生应坚持脚踏实地，保持积极的心态，不断提升自身技能和知识储备，以增强就业竞争力。同时，大学生不应给自己施加过多压力，要学会适度放松，保持乐观的心态。只有在轻松的状态下，才能在择业过程中作出更好的选择。

大学生在择业时应以发展的、辩证的观点看待不同职业。每个职业都有其独特的价值和意义，重要的是找到与自身价值观和兴趣相符合的工作。无论是进入大公司还是小企业，无论是从事技术类还是管理类工作，大学生都应根据自己的兴趣和能力来选择。同时，大学生应理解，择业是一个渐进的过程，需要不断探索和调整，不必急于求成。在这个过程中，他们可以通过实习、志愿者工作等方式积累经验，了解不同职业的特点，逐步找到自己的职业定位。

为了保持良好的择业心态，大学生还可以寻求支持和帮助。学校和家庭是大学生的重要支持体系，学校可以通过就业辅导和职业规划课程，帮助学生了解就业市场的趋势，制订合理的择业计划。家庭则应给予大学生更多的理解和鼓励，帮助他们保持积极的心态。此外，大学生还可以通过与导师、学长学姐的交流，获取职业发展的建议，避免在择业过程中走入误区。

（二）提高自我能力，制订合理的择业目标

在当今竞争激烈的就业市场中，大学生需要找到调适心理压力的有效途径，而提高自我能力并制订合理的择业目标是关键的策略之一。就业本质上是一个动态的、竞争激烈的过程，要想在其中取得成功，大学生必须具备扎实的综合能力，并具备明确的职业方向。通过提升自身能力和制订合理的职业规划，大学生可以更好地应对就业带来的压力。

提高自我能力是大学生应对就业压力的首要任务。在大学期间，学生需要全

面提高自身的综合素质，涵盖专业知识、业务能力、道德品质、心理健康和身体健康等方面。大学生应该对自己设立严格的标准，确保在学业上保持优秀成绩，同时也要注重培养实际工作所需的技能。通过参与实习、志愿者活动、社团活动等，大学生可以积累实际经验，增强解决问题的能力，这些都是应对就业竞争的关键。此外，大学生还应培养良好的道德品质和健康的心理，以确保在职场中保持积极向上的态度。身体健康也是提高自我能力的重要部分，只有保持良好的身体状态，才能在工作中展现出最佳状态。

制订合理的择业目标对大学生来说至关重要。就业是一个复杂的系统过程，大学生需要从自我的实际情况出发，制订适合自己的职业规划。在制订规划时，大学生应该考虑自己的兴趣、能力和职业理想，不要随波逐流或盲目跟从他人。一个合理的职业规划不仅可以帮助大学生明确就业方向，还能避免走弯路，减少求职过程中的挫折感。在就业选择上，大学生应保持开放的态度，不要过分追求高薪或名企，而是根据自身条件选择适合的职业。这样可以帮助他们保持平稳的心态，减轻因择业不当带来的心理压力。

在提高自我能力和制订择业目标的过程中，大学生应注意避免一些常见的误区。首先，大学生不应将就业视为一次性决定，而应视为一个持续发展的过程。即使最初的就业选择不尽如人意，大学生也可以通过不断学习和积累经验来调整职业道路。其次，大学生不应因为他人的成就而产生自卑或焦虑的情绪，每个人都有自己的职业节奏和发展轨迹。通过坚持自我提升和合理规划，大学生可以逐渐找到自己的职业方向。

为了更好地应对就业压力，大学生可以寻求来自学校和家庭的支持。学校可以提供职业咨询和就业辅导，帮助学生明确职业方向，制订合理的择业计划。家庭则应给予大学生更多的理解和鼓励，避免给他们施加过多压力。同时，大学生可以通过与导师、学长学姐的交流，获得职业发展的指导和建议，这样可以帮助他们避免在择业过程中产生过度的心理压力。

（三）理性对待就业压力，提高心理承受能力

就业作为大学生人生的重要转折点，承载着他们对未来的期望和理想。然而，随着竞争的激烈化，许多大学生在求职过程中面临巨大的心理压力。如何理性对待就业压力、提高心理承受能力，成为大学生在这个阶段必须面对和解决的问题。

大学生需要理解就业过程的本质。就业不仅仅是找到一份工作，更是一个逐渐发展和学习的过程。在这个过程中，失败和挫折是不可避免的。当大学生将就业视为一场胜负对决时，每次的失败可能都会对他们的心理造成打击，进而加剧压力。为了打破这种恶性循环，大学生应该理性看待就业过程中的小挫折和小失

败，将其视为学习和成长的机会。

理性看待就业压力的关键在于改变对失败的看法。大学生在求职过程中可能会经历多次面试，被拒绝的经历可能让他们感到沮丧和自我怀疑。然而，这些经历实际上是宝贵的学习机会。通过对失败的经验进行反思和总结，大学生可以找到自身的不足，并针对性地加以改进。例如，他们可以重新审视自己的简历和求职信，看看是否需要调整；也可以从面试反馈中寻找提升的空间。此外，通过与导师、学长学姐的交流，大学生可以获取更多的求职建议，避免重复同样的错误。

提高心理承受能力是应对就业压力的重要策略。大学生可以通过多种方式增强自己的心理韧性。首先，他们可以培养积极的心态，学会在困境中寻找希望。积极的心态可以帮助他们在面对挫折时保持冷静，从容应对。其次，大学生可以通过健康的生活方式来增强心理承受能力。适度的运动、良好的饮食和充足的睡眠都有助于保持身心健康，减少压力。最后，大学生还可以通过心理辅导和社交活动来缓解压力。与朋友和家人的沟通可以帮助他们释放情绪，找到心理上的支持。

为了更好地应对就业压力，大学生需要建立健康的职业观念。他们应该认识到，职业生涯是一个长期的发展过程，不必急于求成。即使一开始的工作不是理想中的选择，大学生也可以通过努力逐渐实现自己的职业目标。在这个过程中，保持耐心和坚持不懈的精神至关重要。同时，大学生应理解，职业选择是多样化的，成功的定义也因人而异。他们不必与他人攀比，而是应该根据自己的兴趣和能力来选择适合的职业。

学校和家庭在帮助大学生应对就业压力方面也起到重要作用。学校可以提供心理辅导和职业咨询服务，帮助大学生应对就业过程中的压力。家庭则应给予大学生更多的理解和支持，避免过多的期待和压力。通过建立良好的支持体系，大学生可以更好地应对就业压力，提高心理承受能力。

第三节　就业信息获取与分析

研究表明，大学生就业信息获取渠道狭窄，就业信息分析能力不足，也是导致大学生产生就业压力的重要因素，因此要充分分析大学生就业信息获取与分析能力现状，多措并举，积极寻求不断提升大学生就业信息获取与分析能力的途径方法。

一、大学生就业信息获取能力的现状分析

（一）学生发展定位的“路径依赖”导致大学生就业信息获取意识缺失

大学生就业信息获取能力的现状在很大程度上受到他们对自身发展的定位和对就业市场的认知的影响。在中国，大学生作为社会阶层中受教育水平较高的群体，他们通常拥有对未来发展的期望和定位。这种自信往往来自他们所接受的高等教育，但在就业形势日益严峻的今天，这种自信可能会导致“路径依赖”，让他们在就业信息的获取上滞后。

大学生进入大学，意味着他们在未来发展上相较于其他普通社会大众有更多的机会和潜力。因此，大学生常常认为自己是“天之骄子”，对自己的发展抱有很高的期望。在过去，受高等教育的大学生在社会中扮演了重要角色，对经济和社会的发展作出了重大贡献。然而，随着高等教育的普及，大学生的数量急剧增加，而就业岗位的数量却没有相应增长，导致就业市场竞争加剧。许多大学生仍然受“路径依赖”影响，认为自己是受过高等教育的知识分子，是未来国家建设和发展的栋梁，因此根本不缺工作机会。这样的想法可能导致他们过度自信，缺乏主动获取就业信息的意识。

这种缺乏就业信息获取意识的现象可能有几个原因。大学生可能对就业市场的变化缺乏充分的认知，认为高等教育可以自动保证他们的就业机会。然而，现实情况是，社会对大学生的期望和大学生的含金量已经发生了变化，大学生的相对就业竞争优势也不如以往。许多学生过于自信，认为高质量的就业机会会自动找到他们，导致他们在主动获取就业信息上存在明显的缺失。这种现象不仅会限制他们寻找高质量的就业机会，还可能导致他们在进入就业市场时错失机会。

大学生对自身发展定位的“路径依赖”导致他们对职业发展的理解狭隘。他们往往只关注传统的高收入、高地位的职业，忽视了其他可能适合他们的就业机会。这种狭隘的认知导致他们在就业信息获取上失去了多样性，而多样性正是他们在竞争激烈的就业市场中脱颖而出的关键。由于缺乏就业信息的获取意识，大学生很可能错过一些重要的信息和机会，无法及时调整自己的职业发展方向，最终在就业市场中陷入困境。

大学生的教育环境和家庭背景也可能对就业信息获取能力产生影响。许多大学生来自强调学业成绩的环境，而忽视了实际职业技能和就业信息的重要性。在这种环境下，大学生可能对就业信息的获取缺乏兴趣和动力，认为只要学业成绩优秀就可以获得良好的就业机会。然而，现实情况是，学业成绩仅是影响就业的

因素的一部分，职业技能和信息获取能力同样至关重要。

为了改善大学生就业信息获取能力的现状，需要从大学生的心态和认知入手，帮助他们认识到就业市场的竞争激烈性，并明确他们在就业市场中的实际定位。学校和教育机构可以提供职业发展指导和就业信息培训，帮助大学生培养主动获取就业信息的意识。此外，大学生应主动扩大自己的视野，关注多样化的职业选择，并积极参与社交活动，建立广泛的人际网络。通过这些努力，大学生可以增强他们的就业信息获取能力，提高在就业市场中的竞争力。

（二）对规律的“认知式微”导致大学生就业信息整理能力不足

大学生就业信息获取能力现状中的“认知式微”现象，特别体现在他们对就业信息整理能力的不足上。所谓“认知式微”，是指大学生在处理和整理就业信息时，缺乏对事物联系规律的深刻认识，导致他们获取和处理就业信息时往往片面且孤立。这种现象直接影响大学生对就业市场的洞察力和就业信息的有效整合能力，从而影响他们的就业质量和机会。

在当今的就业市场中，获取就业信息只是第一步，对这些信息进行整理和处理才是关键。大学生在面对与自身就业相关的单位信息、岗位信息和需求信息时，通常倾向于孤立地看待问题。这样导致所获取的就业信息往往片面而单一，缺乏必要的全面性、针对性和实效性。例如，他们可能只关注某一类岗位，忽视了其他潜在的就业机会，或者只关注某一行业的需求，忽略了其他相关行业的动态。这种信息整理方式带来的后果是，大学生无法全面了解就业市场的规律和趋势，难以找到最适合自己的高质量就业岗位。

造成大学生就业信息整理能力不足的原因，主要在于他们对事物联系规律的认识不够深入。在寻找就业信息时，他们往往只在自己视野范围内进行信息的整理与处理，导致信息整合能力不足。大学生容易忽略就业市场的整体环境和相关联的行业趋势，而仅仅关注自身兴趣或专业领域内的就业信息。这种“只见树木，不见森林”的视角限制了他们的就业机会，使他们在就业市场中的选择面变窄。

这种现象对大学生的职业发展产生了直接影响。如果大学生在寻找就业信息时仅仅依赖有限的渠道，无法有效地整合信息，他们将难以获得高质量的就业机会。就业市场的竞争激烈程度不断加剧，岗位供需关系不平衡，导致大学生必须具备更高的就业信息整理能力，才能在竞争中脱颖而出。若大学生的就业信息整理能力不强，他们将很难在就业市场中实现就业。

为了改进大学生就业信息整理能力的不足，需要加强他们对事物联系规律的认知。学校和教育机构可以通过职业指导课程、就业研讨会等方式，帮助大学生全面了解就业市场的规律和趋势。通过培养学生的综合思维能力和信息整合能力，使大学生可以更好地获取和处理就业信息，避免信息孤岛现象的发生。

大学生需要扩大信息获取的渠道，积极寻求多样化的就业信息来源。他们可以通过参加行业展会、职业讲座、企业参访等活动，拓展自己的视野，了解不同领域的就业机会。此外，大学生还可以利用互联网和社交媒体，加入行业群体，了解最新的就业动态。

（三）批判思维能力的“教育真空”导致大学生就业信息甄别能力不足

批判性思维能力的“教育真空”导致大学生就业信息甄别能力不足，是当前高等教育体系中值得深思的问题。批判性思维是指对已有的知识、思想、理论进行回顾、反思和质疑，发现问题并作出合适的判断。它是一种识别谬误、探索真理的思想工具，也是创新人才的重要特质。然而，在中国的高等教育环境下，批判性思维的培养相对薄弱，导致大学生在就业信息甄别方面能力不足。

在应试教育的体系下，教育的重点往往是知识的传授，而非批判性思维的培养。传统的教学方法倾向于自上而下地向学生灌输知识和理论，而忽略了对学生批判性思维的引导。大学教师往往忙于科研和职称的晋升，难以投入足够的时间和精力在教学创新和批判性思维的培养上。这样的教育模式使学生习惯于被动接受知识，而缺乏质疑和反思的能力。在这种环境下，学生容易形成一种服从权威的心态，认为老师讲的都是对的，习惯性地接受来自教师和教材的信息，而缺少自己的独立思考和判断。

这种“教育真空”对大学生就业信息甄别能力的影响尤为显著。大学生在面对劳动力市场时，如果缺乏批判性思维，就可能一味接受就业市场提供的信息，而不会深入思考其真实性和可靠性。这种盲从的态度可能导致他们在就业选择上出现偏差，甚至误入歧途。例如，大学生可能被一些虚假招聘广告所蒙蔽，或者选择了一些不符合自己职业发展方向的工作，最终导致职业生涯的发展受到负面影响。

大学应该倡导批判性思维，鼓励学生对知识和理论进行反思和质疑。教师也应转变教学方式，更多地采用启发式教学，鼓励学生提出问题，培养他们的批判性思维能力。同时，学校应开设相关课程，专门针对批判性思维的培养，帮助学生形成独立思考问题、解决问题的能力。

大学生自身也需要意识到批判性思维的重要性，主动培养自己的批判性思维能力，可以通过阅读相关书籍、参加讨论会、与教师和同学交流等方式，提升自己的批判性思维水平。在面对就业信息时，大学生应学会质疑和反思，不要盲目相信劳动力市场提供的信息，而要通过多种渠道进行核实和验证。

在就业信息甄别方面，大学生可以借助互联网和社交媒体等多样化的信息渠道，获取更多的就业信息，避免只依赖单一来源。此外，大学生还可以通过实习、兼职等方式，亲身体验不同的工作环境，增加对就业市场的了解，从而提高对就业信息的甄别能力。

二、大学生就业信息分析现状

（一）信息分析技能参差不齐

大学生就业信息分析现状中，信息分析技能的参差不齐是一个引人关注的现象。信息分析技能包括对就业信息的收集、理解、解读、分类、整理以及运用等一系列过程。这些技能的水平直接影响大学生在就业市场中的表现，以及他们能否成功就业。然而，当前大学生在这些方面的能力参差不齐，主要受到多种因素的影响。

教育背景的不同会导致大学生的信息分析技能差异。大学生来自不同的教育体系，接受的教学方法和教育质量各不相同。在传统的应试教育环境下，学生习惯于接收固定的知识，缺乏对信息的分析和解读能力。相反，强调实践和自主学习的教育体系则更容易培养学生的信息分析技能。这种差异在大学生就业信息分析能力上会显著体现出来，一些学生在分析就业信息时显得游刃有余，而另一些则显得举步维艰。

大学生个人兴趣和主动性也会影响其信息分析技能的发展。一些学生对自己的职业生涯有明确的规划，积极主动地收集和分析就业信息。他们会利用各种资源，如图书馆、互联网、职业咨询服务等，深入了解就业市场的动态，及时调整自己的职业方向。这样的学生在信息分析技能方面往往表现出较高的水平。然而，另一些学生对自己的职业发展缺乏清晰的目标，信息分析的主动性不强。他们可能只是被动地接收就业信息，缺乏深入的分析和解读，这导致他们在就业市场上处于不利地位。

信息技术的发展也对大学生的信息分析技能提出了更高的要求。如今，互联网和社交媒体是获取就业信息的重要渠道。然而，这些渠道的信息量庞大且复杂，混杂了大量的“噪声”和虚假信息。大学生需要具备更高的分析和甄别能力，才能从中筛选出有用的信息。然而，许多大学生在这方面的能力不足，容易受到误导，甚至上当受骗。这进一步加剧了信息分析技能的参差不齐。

社会资源和支持体系的不同也影响大学生的信息分析技能。一些大学设有专门的就业指导中心，为学生提供职业规划和就业咨询服务，帮助他们提高信息分析能力。而另一些大学在这方面的投入不足，学生只能依靠个人努力获取就业信息。在这种情况下，信息分析技能的差异会更加明显，学生在就业市场中的竞争力也会因此受到影响。

为了改善这一现状，大学和社会各方面都需要采取措施。大学应加强对学生信息分析技能的培养，开设相关课程，提供就业指导和咨询服务，帮助学生提升分析和解读就业信息的能力。社会各界也应加强对大学生就业的关注，为他们提供更多的实习和实践机会，帮助他们在实际操作中提升信息分析技能。

大学生自身也需要意识到信息分析技能的重要性，主动培养自己的能力。他们可以通过阅读相关书籍、参加就业讲座、与行业专家交流等方式，提高自己的信息分析水平。此外，大学生还可以通过参与团队活动、实习和兼职等方式，培养自己在实际环境中的信息分析技能，从而在就业市场中获得更多的机会。

（二）不同学科的学生可能在就业信息分析能力上有所不同

在大学生就业信息分析现状中，不同学科的学生在就业信息分析能力上可能存在差异。这种差异源于学科特点、教育方法、课程设置等多方面的影响，直接影响大学生在就业市场上的竞争力，以及他们获得高质量就业机会的能力。

学科的专业性和技能要求可能是导致就业信息分析能力差异的主要因素之一。对于技术性较强的学科，如计算机科学、工程学等，学生通常需要具备较强的技术分析能力。他们在学习过程中，习惯于对数据和信息进行详细分析，形成了较强的信息处理能力。因此，这类学生在面对就业信息时，往往能够更准确地理解并解读技术性岗位的需求，找到适合自己的就业机会。然而，对于文科和社科类学科的学生，他们的教育内容可能更多关注理论和知识传授，较少涉及实际应用和信息分析技巧。这类学生在分析就业信息时，可能更加依赖于主观判断和直觉，缺乏深入的信息处理能力。这种差异导致文科和社科类学生在面对复杂多变的就业市场时，可能需要花费更多时间和精力来获取和分析就业信息。

课程设置和教学方法也是影响就业信息分析能力的重要因素。在一些注重实践的学科，如商科和管理学科，课程往往强调案例分析、团队合作和项目实践。这些课程设置培养了学生的实用技能和信息分析能力，使他们在求职过程中能够更好地应对各种复杂情况。相反，一些学科可能更侧重于理论研究，教学方法相对传统，缺乏实践性，这使这类学科的学生在就业信息分析方面可能较为欠缺。

不同学科的学生在就业信息获取渠道上也可能存在差异。一些学科的学生可能更容易获得行业信息，如通过学校的职业咨询中心、校友网络、专业协会等。而另一些学科的学生则可能缺乏这些资源，只能依赖于互联网和社交媒体。这种信息获取渠道的差异会导致学生在就业信息分析能力上的不同。有更多资源和渠道的学生能够更好地获取信息，并将其转化为就业机会，而资源有限的学生则可能在信息分析能力上显得薄弱。

学生个人的职业规划和目标也会影响他们的信息分析能力。有明确职业目标的学生在大学期间会更加积极主动地寻找相关信息，努力提高自己的分析技能。而那些没有明确职业方向的学生，可能对就业信息不够关注，缺乏主动性，导致他们的信息分析能力较弱。这种个人目标和主动性的差异会进一步加剧不同学科学生之间的就业信息分析能力的差异。

（三）实践经验对于提升大学生就业信息分析能力至关重要

实践经验对于提升大学生就业信息分析能力至关重要。通过实践活动，大学生可以将理论知识与实际工作需求相结合，增强对就业市场和行业发展的理解，提升其对就业信息的分析能力。实践经验的积累不仅有助于大学生拓展职业视野，还能够培养他们的综合素质和能力，为就业作好充分准备。

实践经验提供了实际工作的环境，使大学生能够直接参与工作流程。通过实习、社会实践、志愿活动等，学生可以接触到行业内的真实案例和问题，了解各类工作的具体内容和要求。这样的直接接触，有助于学生将所学的理论知识转化为实际技能，同时也能让他们更好地了解就业市场的需求。通过对实际工作的接触，大学生可以获得关于行业发展趋势、企业需求、岗位职责等方面的宝贵信息，这些都是分析就业信息的重要依据。

实践经验可以培养大学生的综合素质和软技能，这些技能在就业信息分析过程中至关重要。学生在实践活动中需要与同事、领导、客户等进行沟通与协作，这有助于培养他们的人际交往能力和团队合作精神。同时，实践经验还可以锻炼学生的创新能力、问题解决能力和领导能力，这些都是就业市场高度重视的素质。拥有丰富实践经验的大学生，在分析就业信息时往往能够更准确地判断企业的需求和岗位的匹配程度，从而更好地进行职业选择。

实践经验可以帮助大学生建立广泛的人脉网络。通过与企业、机构和其他学生的互动，大学生可以拓展自己的人际交往圈，获得更多关于就业市场的信息。这些人脉资源不仅能够为学生提供就业机会，还可以帮助他们了解行业内部的动态和趋势。与行业专业人士的交流，也可以为大学生提供关于职业发展的宝贵建议，这些都对提升就业信息分析能力具有重要作用。

实践经验可以激发大学生的职业兴趣和热情。通过参与不同类型的实践活动，学生可以探索自己的兴趣和专长，从而更明确自己的职业目标。这种明确的职业目标可以指导学生在就业信息分析中作出更准确的判断，选择符合自身兴趣和能力的岗位。实践经验还可以让学生体验到不同职业的工作环境和工作方式，帮助他们更好地规划职业生涯。然而，实践经验的获取并非易事。部分大学生可能因为课程压力、经济原因、实践资源不足等问题，难以获得充分的实践机会。这些限制可能影响他们对就业信息的理解和分析能力的提升。因此，大学和教育机构应当加强实践教育，为学生提供更多的实践机会。学校可以与企业和机构建立合作关系，提供更多的实习岗位和社会实践机会。同时，学校可以组织学生参与各类志愿活动和项目，鼓励他们积极参与实践，提升自身的就业信息分析能力。

第四节 就业技能提升与实践

研究表明，大学生就业压力的来源是多方面的，既有客观因素，也有主观因素。面对多样化的就业市场和复杂多变的就业环境，高校应围绕提升办学质量，加强就业指导、开展就业心理疏导，提升就业技能，加强就业训练等方面，不断缓解大学生的就业压力，引导学生做到压力自我调试，变压力为动力，更好适应职场竞争。

一、明确办学宗旨，突出办学特色

大学生就业技能提升与实践需要从高等院校的办学宗旨和办学特色入手，以更好地满足现代社会和行业对人才的需求。高等院校明确的办学宗旨和特色可以为学生提供明确的学习方向，帮助他们发展与市场需求相匹配的技能，从而提高他们的就业竞争力。

在当前的高等教育环境中，高等院校面临多样化的生源和就业市场的变化，办学宗旨的明确至关重要。它可以引导学校明确自身的定位和目标，决定学校的教育方向。不同类型的学校有不同的办学宗旨，例如，研究型大学可能侧重于科学研究和学术成果，而应用型大学可能更关注实践技能和就业能力。办学宗旨的明确，能够帮助学校在制订课程、提供资源以及组织活动时，更有针对性地为学生提供合适的培养方案。

在竞争激烈的就业市场中，具备独特技能和素质的毕业生更容易脱颖而出。办学特色可以通过多种方式体现，例如，在课程设置上，学校可以增加具有行业特色的课程，培养学生的专业技能和实践能力；在教学方法上，学校可以采用案例教学、项目教学等方式，鼓励学生参与实际问题的解决，增强他们的实用能力；在校园文化上，学校可以倡导创新和创业，激发学生的创造力和自主性。通过突出办学特色，学校能够培养出具有独特竞争力的毕业生，为社会输送高质量人才。

在提升学生就业技能和实践能力方面，学校与行业的合作是关键。学校可以根据办学宗旨和特色，与相关行业和企业建立合作关系，开展定期的实习、实训和合作项目。这样不仅能够为学生提供宝贵的实践机会，还可以让学生直接接触行业的实际需求，了解企业的运作方式。通过这种合作，学生可以更快地适应工作环境，获得实际经验，显著提升就业能力。

当学校明确其宗旨并突出特色时，学生可以根据自身的兴趣和目标，选择适合自己的发展路径。例如，学校可以提供创业支持，帮助学生发展创业技能，开创自己的事业；学校也可以提供国际交流机会，培养学生的国际视野，为他们提供更多的就业选择。这样的多样化选择，既有利于学生的个人发展，也有助于学校在就业市场上树立良好的声誉。

在高等教育市场竞争加剧的环境下，学校的品牌形象对吸引学生和合作伙伴非常重要。通过明确的办学宗旨和特色，学校可以建立独特的教育品牌，吸引更多的优秀生源和行业合作伙伴。品牌形象的塑造，既有助于学校吸引优秀的教职员工和科研项目，也可以为学生提供更广泛的就业机会。

二、优化人才培养模式，提高学生的专业能力

大学生就业技能提升与实践中的另一重要方面是优化人才培养模式，提高学生的专业能力。在当前就业市场竞争日益激烈的情况下，大学生必须具备扎实的专业能力和多样化的实践经验才能在求职过程中脱颖而出。因此，优化人才培养模式、提高学生的专业能力，成为高校培养高素质人才的关键路径。

传统的教学模式往往侧重于理论知识的传授，忽视了实践能力的培养。然而，随着社会需求的变化，企业更加重视实用技能和实际经验。因此，大学需要探索多样化的培养模式，增加实践教学的比重。例如，可以采用案例教学、项目教学和实验教学等方式，让学生在实际操作中学习知识、锻炼技能。此外，学校还可以与企业合作，开展联合教学项目，让学生在真实的商业环境中实践所学。这种培养模式的多样化，有助于学生将理论与实践相结合，提升他们的专业能力。

现代社会的许多问题往往涉及多学科的知识和技能。因此，单一学科的知识已无法满足复杂就业市场的需求。为了优化人才培养模式，学校可以鼓励跨学科教学，培养学生的综合能力。学校可以开设跨学科课程，或组织跨学科团队，让学生参与多领域的项目。通过这种方式，学生可以获得更广泛的知识，拓展他们的视野，并提高他们的创新能力。此外，跨学科融合有助于培养学生的团队合作能力，这也是就业市场所看重的一项重要素质。

专业能力不仅包括专业知识和技能，还包括沟通和合作能力。在实际工作中，许多问题需要团队合作来解决，这就要求学生具备良好的沟通技巧和合作精神。

学校可以通过团队项目、社团活动和合作教学等方式，培养学生的沟通和合作能力。例如，学校可以组织团队项目，让学生在合作中解决问题；可以鼓励学生参加社团活动，培养他们的社交能力和领导力。这种以实践为导向的培养模式，既能提高学生的专业能力，也能增强他们的沟通和合作能力。

在提高学生专业能力的过程中，职业教育和技能培训扮演着重要角色。学校可以与企业合作，开展职业教育课程，帮助学生掌握行业所需的实用技能。例如，学校可以邀请企业专家开设讲座，介绍行业动态和就业机会；可以组织技能培训课程，让学生学习特定的技术和工具。通过职业教育与技能培训，学生可以更好地了解行业需求，提升他们的就业竞争力。

为了优化人才培养模式，提高学生的专业能力，学校需要构建多元化的评价体系。传统的评价方式往往侧重于考试和成绩，这种单一的评价方式难以全面衡量学生的能力。学校可以采用多元化的评价方式，包括课堂表现、项目成果、实习反馈等，让学生在不同的环境中展示自己的能力。此外，学校可以鼓励学生自我评估和同伴互评，帮助他们认识自身的优缺点。这种多元化的评价体系，既能激励学生全面发展，又能为学校改进培养模式提供有益的反馈。

三、加强“校企合作”，强化实践教学环节

在大学生就业技能提升与实践中，加强“校企合作”并强化实践教学环节是至关重要的。这种合作模式不仅能帮助学生在课堂之外获得宝贵的实践经验，也能让企业在人才培养过程中发挥积极作用。通过校企合作，学校和企业可以共同打造以就业为导向的教育体系，为学生的职业生涯发展提供更好的支持。

在传统的大学教育中，课程内容往往侧重于理论知识，缺乏与实际工作相关的技能训练。而通过与企业的合作，学校可以将企业的需求和行业的发展趋势融入课程中，确保课程内容与时俱进。这不仅使学生所学的知识更加贴近实际，还可以帮助他们更快地适应职场。此外，企业专家可以参与课程设计，为学生提供真实案例和实用技能培训，这种教学方式可以显著提高课程的实用性和针对性。

理论知识固然重要，但实践经验在就业市场中具有不可替代的地位。通过与企业合作，学校可以为学生提供更多的实习和实践机会。例如，学校可以与企业共同开发实习项目，让学生在企业环境中获得实际工作经验。企业可以为学生提供指导，帮助他们将所学理论应用到实际工作中。此外，企业还可以为学生提供就业培训和技能指导，让他们为进入职场作好准备。

在就业过程中，人际关系和行业网络起着重要作用。通过校企合作，学生可以与企业员工建立联系，拓展他们的职业人际网络。这种人际网络不仅可以帮助学生了解行业动态和就业机会，还可以为他们提供职业发展建议。学校可以组织

校企联合的交流活动，让学生与企业员工互动，了解行业内的最新趋势。企业也可以通过这些活动，识别潜在的人才，为公司未来的发展储备人才。

通过加强合作，学校和企业可以形成双赢的局面。学校可以根据企业的需求调整教学内容，确保学生具备企业所需的技能。企业则可以通过与学校的合作，获得高质量的人才资源。学校可以邀请企业代表参与学校的职业指导活动，帮助学生更好地了解行业需求。企业也可以参与学校的招聘会，直接与学生交流，提供就业机会。这种互动有助于形成紧密的校企合作关系，为学生的就业提供更多机会。

在与企业合作的过程中，学校可以不断调整教学策略，确保教育体系与行业需求保持一致。学校可以定期与企业沟通，了解企业对人才需求的变化，从而调整教学内容和培养目标。此外，校企合作还可以为学校提供新的教学资源，如企业的技术设备、行业案例和专家讲座等，这些资源可以丰富学校的教育内容，帮助学生更好地应对就业市场的挑战。

第三章　高校学生就业心理咨询与辅导

第一节　就业心理咨询的基本原则

一、保密原则

保密原则是就业心理咨询中的关键原则之一，旨在确保咨询过程中的信息得到充分保护。这一原则的存在不仅保障了来访者的隐私权，还增强了他们在咨询过程中的信任感，进而促使他们更开放地与咨询师分享自己的想法、感受和经历。

保密原则首先强调的是来访者在咨询过程中分享的所有信息都应被严格保密。这包括个人身份、职业经历、心理状态、情感状况，以及咨询过程中讨论的所有内容。只有在来访者明确授权或法律强制要求的情况下，这些信息才能被共享。这种严格的保密措施旨在确保来访者的隐私不受侵犯，鼓励他们放心地表达自己。

保密原则的基础是道德和伦理，它体现了咨询师对来访者的尊重和保护。在就业心理咨询中，来访者可能会谈及一些非常个人或敏感的主题，包括工作压力、人际关系问题、职业选择的困惑等。如果来访者担心这些信息被外界知晓，他们可能会选择隐瞒部分事实，甚至完全避免与咨询师互动。这种担忧会对咨询过程造成严重影响，使咨询师无法充分了解来访者的情况，进而影响咨询的效果。

在实际操作中，保密原则的实施需要建立严格的制度和流程。咨询机构通常会制定保密政策，并要求咨询师签署保密协议。这些政策和协议明确规定了哪些信息需要保密，何时可以共享，以及如何处理保密信息。此外，咨询师需要接受培训，确保他们了解保密原则的重要性，并在工作中严格遵守这些原则。

对来访者而言，保密原则提供了心理安全感。这种安全感有助于他们更加开放地与咨询师沟通，从而使咨询过程更加有效。在就业心理咨询中，来访者可能会谈及与工作相关的敏感话题，如工作中的不满、职业转型的焦虑、与同事或上司的冲突等。保密原则的保障使他们能够毫无顾虑地表达自己的想法和情感。

二、尊重原则

尊重原则是就业心理咨询中的核心指导方针之一，它强调咨询师与来访者之间的关系应基于相互尊重和理解。这一原则在就业心理咨询中发挥着至关重要的作用，因为它直接影响来访者的自我认知、信任感和咨询效果。为了深入探讨尊重原则的重要性及其在实践中的应用，需要理解其基本内涵、所带来的积极影响，以及在具体咨询过程中的操作方式。

尊重原则的核心在于承认每个来访者都是独特的个体，拥有自身的价值观、信念、需求和经验。咨询师应在与来访者的互动中，始终保持开放的态度，避免主观判断或偏见。这意味着咨询师不应将自己的观念强加于来访者，而是应倾听、理解并接受他们的观点。这种开放的态度有助于建立信任关系，使来访者感到被尊重，从而更愿意坦诚分享自己的想法和感受。

在就业心理咨询中，尊重原则的实施需要关注来访者的多样性。这包括性别、年龄、种族、宗教、文化、性取向和社会经济背景等方面的差异。咨询师在与来访者互动时，应该意识到这些差异并表现出尊重。例如，在处理文化差异时，咨询师应该表现出敏感性，并避免使用可能带有偏见或歧视的语言或行为。同时，咨询师应不断学习和了解多样性，确保他们的咨询实践符合不同背景来访者的需求。

尊重原则还体现在咨询师与来访者互动的具体方式上。咨询师应给予来访者充分的表达机会，鼓励他们分享自己的观点，而不应强行打断或引导他们。此外，咨询师应在咨询过程中保持专业态度，避免作出不恰当的评价或判断。尊重原则不仅体现在语言上，还体现在咨询师的行为和态度中。例如，咨询师应确保与来访者保持适当的身体距离，避免不必要的身体接触。

尊重原则对来访者的心理状态和自尊心有积极影响。在就业心理咨询中，来访者可能会分享职业压力、工作不安和职业选择的困惑等问题。通过展现尊重，咨询师可以帮助来访者建立自信心，并鼓励他们积极面对问题。此外，尊重原则还可以帮助来访者更好地理解自身的价值，激发他们追求职业目标的动力。

为了确保尊重原则得到充分实施，咨询师和咨询机构需要制订相关政策和培训计划。咨询师应接受有关多样性、文化敏感性和反歧视的培训，确保他们在咨询过程中能够有效地展现尊重。此外，咨询机构应建立反馈机制，让来访者能够就咨询师的行为和态度提供反馈，从而不断改进咨询质量。

三、非歧视与公正原则

非歧视与公正原则是就业心理咨询中不可或缺的指导原则。这一原则确保每位来访者在咨询过程中都能得到公平对待，并受到同等的尊重。这一原则的关键在于确保咨询过程不受任何形式的偏见、歧视或不公正待遇的影响，而是基于来访者的真实需求和状况，为他们提供公正、平等的服务。

在就业心理咨询中，非歧视与公正原则的重要性不言而喻。就业环境本身可能包含各种潜在的歧视因素，如性别、种族、宗教、年龄、性取向、社会经济地位等。作为心理咨询师，确保所有来访者在咨询过程中得到平等对待，是促进其职业发展的关键。在实践中，这意味着咨询师在面对来访者的不同背景、身份和经验时，不能表现出偏见，而应以开放、公正的态度对待每位来访者。

非歧视原则的实施要求咨询师对多样性和包容性有深刻理解，并且在咨询过程中避免任何形式的歧视行为。例如，咨询师不能根据来访者的性别或种族产生先入之见，也不能因为某人的年龄或社会经济地位而忽视他们的需求。在就业心理咨询中，这一原则尤为重要，因为来访者通常面临职业选择、职业发展和工作环境等方面的困境，如果他们感受到任何形式的歧视，可能会导致他们对自身能力和价值的怀疑，进而影响他们的职业信心。

公正原则与非歧视原则密切相关。它强调咨询师在提供服务时应公平、公正，并避免任何形式的偏袒。在就业心理咨询中，这意味着咨询师应该以同样的标准对待每一位来访者，并确保他们获得相同质量的服务。公正原则还要求咨询师在处理来访者的职业问题时，应根据他们的实际情况和需求，提供客观、中立的建议，而不受外部压力或个人偏见的影响。

在就业心理咨询的实际操作中，非歧视与公正原则的实施需要咨询师具备高度的自觉性和专业性。他们应接受多样性、反歧视和公正服务的培训，以确保他们在咨询过程中能保持公正、平等的态度。咨询师还应积极倾听来访者的需求，确保他们在咨询过程中感到被尊重和公平对待。

四、遵守伦理道德和专业规范原则

遵守伦理道德和专业规范原则是就业心理咨询中的基石之一，确保咨询师在提供服务时遵循严格的道德标准和专业规范。这一原则的核心是确保咨询师以诚实、正直和专业的态度对待来访者，保护他们的权益，并提供高质量的服务。在就业心理咨询中，遵守伦理道德和专业规范原则具有重要意义，它不仅维护了咨询师的信誉和咨询行业的声誉，还确保来访者获得可靠、公正和有效的咨询服务。

遵守伦理道德和专业规范原则首先体现在咨询师的行为和态度上。咨询师应始终保持诚实，避免在咨询过程中作出虚假或误导性陈述。这意味着咨询师不能提供能力范围之外的服务，或向来访者作出不切实际的承诺。此外，咨询师应避免利用来访者的信任谋取个人利益，如接受不正当的礼物或参与与来访者存在利益冲突的活动。遵守伦理道德和专业规范的核心在于维护咨询师的公正性，确保他们的行为不受个人利益的驱动。

在就业心理咨询中，遵守伦理道德和专业规范还包括保密、尊重和非歧视等原则。咨询师应确保来访者的隐私权得到充分保护，不得在未经授权的情况下泄露来访者的个人信息。此外，咨询师应对每位来访者表示尊重，不得基于性别、种族、宗教、年龄、性取向或其他特征进行歧视。这种尊重和包容的态度有助于建立信任关系，确保来访者在咨询过程中感到安全和被尊重。

遵守伦理道德和专业规范原则还涉及咨询师的专业发展和持续学习。咨询师应不断提升自己的专业知识和技能，确保他们能够提供高质量的服务。这意味着咨询师应参加专业培训、研讨会和继续教育课程，以跟上行业发展的步伐。此外，咨询师应积极参与专业组织，遵循行业的伦理道德标准，并接受同行的监督。通过不断学习和发展，咨询师可以确保他们在就业心理咨询中提供优质的服务。

为了确保遵守伦理道德和专业规范原则，咨询机构应制订明确的政策和程序。这些政策应包括咨询师的行为准则、保密政策、冲突处理机制等。此外，咨询机构应建立反馈和投诉机制，允许来访者在遇到伦理问题或专业不当行为时提出意见。通过这些机制，咨询机构可以确保咨询师遵循严格的道德标准，并在必要时采取纠正措施。

遵守伦理道德和专业规范原则对就业心理咨询的效果和可信度具有重要影响。它确保咨询师在提供服务时以专业和道德的方式行事，维护来访者的权益和信任。同时，这一原则还促进了咨询行业的健康发展，确保咨询师的行为符合社会的道德期望。

第二节　就业心理咨询的实施方法

一、开设心理咨询室

开设心理咨询室是提供就业心理咨询服务的基础方法之一，它为咨询师与来访者的互动提供了专业、安全和舒适的环境。心理咨询室的建立不仅关乎物理空间的设计和布局，还涉及一系列与来访者体验和服务质量相关的考虑。为确保就业心理咨询室能够有效满足来访者的需求，提供高质量的咨询服务，需要关注以下关键方面。

心理咨询室的物理环境应当舒适、私密且无干扰。这意味着心理咨询室应设在一个安静的区域，避免外界噪声或干扰因素。室内应配备舒适的座椅和适当的照明设施，营造温馨且友好的氛围。这种环境有助于来访者放松情绪，更容易敞开心扉。此外，为确保保密性，心理咨询室应配备隔音装置，确保谈话内容不会泄露。

心理咨询室的布局应考虑来访者和咨询师的互动需求。咨询师的座位应面对来访者，但距离不应太近，以确保适当的个人空间。室内应当有足够的空间，以便来访者在需要时可以站立或移动。此外，心理咨询室可以设置一些辅助设备，如白板或视频设备，以帮助咨询过程中的解释和演示。同时，心理咨询室应具备基本的安全设施，如应急出口和消防设备，以确保来访者和咨询师的安全。

心理咨询室的专业氛围对于建立来访者的信任感至关重要。室内应悬挂相关的专业认证证书或资格证书，向来访者展示咨询师的专业背景和资质。此外，心理咨询室可以提供一些相关的资源，如就业指南、职业发展书籍等，以展示其专业性和可靠性。咨询室内还应设置适当的装饰品，如艺术品或绿色植物，增强环境的舒适感，同时不应过于浮华，以免分散注意力。

在当今技术驱动的时代，心理咨询室应配备适当的技术设施，以提高咨询的效率和质量。例如，心理咨询室可以配备计算机、视频会议设备和互联网连接，以便提供线上咨询或远程咨询服务。此外，心理咨询室应使用安全的数据存储系统，以确保来访者的个人信息得到妥善保护。这些技术设施的运用可以扩展心理咨询室的服务范围，并提高咨询的灵活性和便利性。

心理咨询室的接待和服务流程也需要精心设计，以确保来访者获得良好的体验。心理咨询室应设置接待区，提供舒适的等待环境，并配备友好且专业的接待人员。此外，心理咨询室应有明确的咨询流程，包括预约、咨询、跟进等环节，确保咨询过程有序进行。咨询室应提供各种咨询方式，包括面对面咨询、电话咨询和线上咨询，以满足不同来访者的需求。

二、使用心理评估工具和职业测试

职业心理咨询是一项复杂而精细的工作，需要结合心理学理论和实际操作技能来帮助求职者或职业人士应对职业挑战、选择职业路径、调整职业心理状态。心理评估工具和职业测试在这一过程中起到至关重要的作用，它们为咨询师提供了求职者的个性、兴趣、能力和价值观等信息，有助于更好地理解求职者的心理状态，进而制订更有效的职业发展策略。

心理评估工具在就业心理咨询中扮演着关键角色。这些工具通常以问卷、调查或测试的形式呈现，旨在评估求职者的心理健康状态、情绪状态、自信心、抗压能力等方面的水平。通过这些评估，咨询师可以更好地了解求职者在就业过程中的心理状态和可能的挑战。例如，情绪状态评估可以帮助咨询师确定求职者是否存在焦虑、抑郁等情绪问题，这可能影响他们的职业选择和面试表现。若发现求职者存在这些问题，咨询师可以有针对性地提供情绪管理和应对策略，帮助他们在就业过程中保持积极心态。

心理评估工具还可以用于评估求职者的自信心和社交能力。这些特质在求职过程中非常重要，因为自信心高的求职者更容易在面试中表现良好，而社交能力强的求职者则更容易建立职业网络。咨询师可以根据评估结果，帮助求职者提高自信心，并提供社交技能训练，以增强他们的职业竞争力。

职业测试是另一类在就业心理咨询中广泛使用的工具。这些测试通常旨在评估求职者的职业兴趣、技能、能力和价值观。通过职业测试，咨询师可以更准确地了解求职者的职业偏好，帮助他们找到合适的职业方向。

常见的职业测试包括职业兴趣测试、技能测试和性格测试。职业兴趣测试通常包括一系列与职业相关的问题，旨在确定求职者在工作中的兴趣和偏好。通过这些测试，咨询师可以帮助求职者找到与其兴趣相符的职业领域，从而提高他们的工作满意度。

技能测试则用于评估求职者的实际工作技能和能力。这些测试包括基本技能测试（如数学和语言能力）和专业技能测试（如编程或会计技能）。通过这些测试，咨询师可以帮助求职者发现自己的强项和弱项，从而为他们提供更加具体的职业发展建议。

性格测试在职业测试中也占有重要地位。这些测试通常基于心理学理论，旨在评估求职者的性格特质，如外向或内向、开放性或保守性等。通过了解求职者的性格特质，咨询师可以帮助他们找到与其性格相匹配的职业环境，从而提高工作效率和满意度。

三、职业辅导与求职支持

职业辅导与求职支持是就业心理咨询的重要组成部分，旨在帮助求职者应对求职过程中的各种挑战，并提供实用的工具和技巧，以提高他们的求职成功率。职业辅导涉及多方面的内容，包括职业规划、简历撰写、面试技巧等，而求职支持则包括提供就业信息、帮助求职者建立职业网络，以及提供持续的心理支持。

职业辅导的第一步是帮助求职者进行职业规划。这一过程包括评估求职者的兴趣、技能、能力和职业目标，然后根据这些信息制订职业路径。在职业规划过程中，咨询师需要与求职者密切合作，深入了解他们的背景和愿望，帮助他们找到最适合的职业方向。

职业规划完成后，咨询师会指导求职者如何撰写有效的简历。简历是求职过程中最重要的文件之一，决定雇主对求职者的第一印象。职业辅导会教授求职者简历的基本结构，包括个人信息、教育背景、工作经历和技能。咨询师还会强调简历的个性化和突出亮点的重要性，以确保求职者的简历在众多候选人中脱颖而出。

职业辅导还包括指导求职信的撰写。求职信是简历的补充，提供了求职者展示自己个性和动机的机会。咨询师会指导求职者如何写一封引人注目的求职信，强调其与目标职位的匹配度，以及他们可以为公司带来的独特价值。

在求职过程中，面试往往是最关键的一环。因此，职业辅导还包括面试技巧的培训和模拟练习。咨询师会教授求职者如何准备面试，包括了解公司文化、研究职位要求，以及准备常见的面试问题。此外，咨询师还会指导求职者如何在面试中展示自信，并处理可能的压力情境。

模拟面试是一种非常有效的训练方法。通过模拟面试，求职者可以在模拟环境中练习面试技巧，获得实际经验，并得到咨询师的反馈。咨询师可以指出求职者的优点和不足，并提供改进的建议。这种练习有助于求职者在真实面试中更加从容自信。

求职支持的一个关键方面是帮助求职者建立职业网络。职业网络是求职过程中的重要资源，可以为求职者提供就业机会、行业信息和职业建议。咨询师会指导求职者如何拓展职业网络，包括参加行业活动、加入职业协会，以及通过社交媒体建立联系。此外，咨询师还会强调保持职业网络活跃的重要性，帮助求职者保持与行业内人士的联系。

在求职过程中，求职者可能会遇到各种挫折和压力。因此，求职支持还包括提供心理支持。咨询师会帮助求职者应对求职过程中的压力和焦虑，提供情感支持，并指导他们如何保持积极的心态。心理支持包括放松技巧、正念训练，以及应对挫折的策略。通过提供这些支持，咨询师可以帮助求职者在求职过程中保持坚强和乐观。

四、跟踪与持续支持

就业心理咨询中的跟踪与持续支持是确保求职者在职业发展过程中保持良好状态并不断进步的重要环节。这个阶段的目标是通过持续的沟通和支持，帮助求职者解决在职业生涯中面临的各种挑战，并确保他们在长期职业发展中取得成功。

在就业心理咨询中，跟踪与持续支持的第一步是建立稳固的沟通渠道。咨询师与求职者之间的持续沟通是确保求职者在职业发展过程中得到支持的重要途径。通常，这种沟通可以通过定期的面谈、电话、电子邮件或即时消息来实现。咨询师应根据求职者的个人偏好，选择最适合的沟通方式。定期的沟通有助于咨询师及时了解求职者的职业状况，倾听他们的反馈，并针对出现的问题提供建议。在这种沟通中，咨询师应保持开放和积极的态度，鼓励求职者分享他们的想法、担忧和成功经验。通过建立稳固的沟通渠道，咨询师可以与求职者建立信任关系，为持续支持打下基础。

跟踪与持续支持的一个关键方面是反馈机制。这一机制允许咨询师评估求职者的职业进展，并根据反馈调整职业发展计划。在反馈过程中，咨询师应关注求职者的职业发展情况，识别他们在职业生涯中的优势和劣势，并提供改进建议。为了确保反馈机制的有效性，咨询师可以采用量化和质化的评估方法。例如，咨询师可以根据求职者的职业目标设定指标，如职业晋升、技能提升、工作满意度等。通过定期评估这些指标，咨询师可以确定求职者是否在朝着职业目标前进，并提供适当的支持。咨询师应鼓励求职者提出反馈意见，了解他们对职业发展计划的看法。求职者的反馈可以帮助咨询师调整咨询策略，以确保他们的需求得到满足。在这一过程中，咨询师应保持开放的心态，接受求职者的意见，并根据反馈不断改进咨询服务。

在职业生涯中，求职者可能会遇到各种变化，包括职业目标的调整、工作环境的变化以及个人生活的变化。在跟踪与持续支持阶段，咨询师的任务是帮助求职者应对这些变化，并调整职业发展规划。当求职者的职业目标发生变化时，咨询师应与他们一起重新评估职业规划，确保新的目标符合他们的兴趣、能力和价值观。例如，如果求职者决定转行，咨询师可以提供相应的职业测试和技能培训建议，帮助他们为新的职业方向作好准备。工作环境的变化可能影响求职者的职业发展。在这种情况下，咨询师应帮助求职者应对新环境，并提供必要的支持。例如，如果求职者在新的工作岗位上遇到适应问题，咨询师可以提供社交技能培训和情绪管理建议，以帮助他们更好地融入新环境。跟踪与持续支持的另一个重要方面是情感支持。在职业生涯中，求职者可能会遇到各种情感挑战，如工作压力、职业倦怠或人际关系问题。咨询师在这一阶段的任务是提供情感支持，帮助求职者保持积极的心态。

情感支持可以通过多种方式提供。咨询师可以教授求职者放松技巧和应对压力的策略，帮助他们缓解工作压力。此外，咨询师还可以提供心理辅导，帮助求职者应对职业倦怠和情感困扰。在提供情感支持时，咨询师应保持同情心和耐心，确保求职者感到被理解和支持。

第三节　就业心理辅导的策略与技巧

一、建立信任关系

建立信任关系是就业心理辅导中最基础也最重要的策略之一。信任关系的建立为辅导过程提供了坚实的基础，让求职者在探索职业道路和应对职业挑战时感到安全、被理解和支持。要建立这种信任关系，咨询师需要在沟通方式、态度、倾听技巧、共情能力以及诚信度等方面下功夫。

在就业心理辅导中，沟通方式决定了辅导的效果。咨询师与求职者之间的沟通应当以真诚和开放为基础，确保双方之间的交流是自由、无障碍的。咨询师应努力营造一种轻松、信任的氛围，使求职者感到可以自由表达自己的想法、感受和疑虑。咨询师的言辞应当诚实且透明，避免过度承诺或提供虚假信息。与求职者的互动中，咨询师应使用积极和鼓励的语言，避免负面或批判性的用词。此外，咨询师应保持开放的态度，倾听求职者的观点，接受他们的反馈，甚至在必要时接受批评。这种沟通方式有助于建立信任，促使求职者对咨询师产生信心。

在建立信任关系的过程中，倾听技巧扮演着至关重要的角色。咨询师应当具备主动倾听的能力，关注求职者所表达的内容以及背后的情感。主动倾听不仅包括听取求职者的语言内容，还包括观察他们的非语言信号，如面部表情、身体姿态和语调。共情是有效倾听的核心。咨询师应当试图从求职者的角度去理解他们的感受和经历。共情并不意味着赞同，而是表示理解和尊重求职者的情感和观点。当咨询师表现出共情时，求职者会感到被理解，这有助于建立更深层次的信任关系。

建立信任关系还需要咨询师保持高水平的诚信度。诚信意味着在与求职者的互动中始终保持诚实，并遵守职业道德。咨询师应明确自己的角色和职责，并确保在辅导过程中保持专业性。这包括对求职者的个人信息保密，确保他们的隐私得到保护。诚信度还包括咨询师在信息传递和建议提供方面的准确性。咨询师应确保所提供的信息是真实和可靠的，避免误导或夸大事实。如果咨询师对某个问题没有答案，他们应坦诚相告，并表示会尽力寻找答案。这种诚实的态度有助于建立求职者对咨询师的信任。

建立信任关系的另一个关键策略是与求职者建立个人化的联结。这意味着咨询师需要了解求职者的背景、兴趣和需求，并在辅导过程中体现出对这些方面的尊重。咨询师可以通过提问和讨论来深入了解求职者的经历，并在提供建议时考虑他们的个人情况。尊重是建立联结的重要元素。咨询师应尊重求职者的观点、价值观和决定，即使这些可能与自己的观点不同。通过尊重求职者，咨询师可以创造一种合作的氛围，使求职者感到他们的意见被重视，从而增强信任感。

建立信任关系不仅是一个初始步骤，更是一个持续的过程。在就业心理辅导中，信任关系的巩固需要时间和持续的互动。咨询师应当提供持续的支持和跟踪，确保求职者在整个职业发展过程中感到被支持。通过定期的沟通和反馈，咨询师可以与求职者建立长期的关系，从而使信任关系得到进一步巩固。

二、提供实用信息与资源

就业心理辅导中的一个关键策略是提供实用信息与资源。这一策略旨在帮助求职者了解就业市场、拓展职业技能、获得就业机会，并在求职过程中作出明智的决策。要实现这一目标，咨询师需要深刻理解求职者的需求和目标，并提供相关的工具和信息。

提供实用信息与资源需要咨询师对职业市场有深入的了解。这包括了解不同行业的现状和趋势，以及哪些职业领域具有较好的发展前景。咨询师应持续关注劳动力市场的变化，掌握最新的就业趋势和需求。这一知识储备是提供实用信息的基础，使咨询师能够为求职者提供准确的职业建议。

基于对职业市场的了解，咨询师可以为求职者提供一系列有用的信息。例如，咨询师可以帮助求职者了解不同行业的职位要求，包括所需的教育背景、技能和经验。同时，咨询师还可以提供有关薪资水平和职业晋升机会的信息，这些都是求职者在选择职业方向时需要考虑的重要因素。此外，咨询师还应当关注不同地区的就业机会，帮助求职者在地域选择上作出最佳决策。

除了提供行业和职业相关的信息，咨询师还可以为求职者提供实用的求职工具和资源。其中最常见的是简历模板、求职信范例，以及面试准备材料。通过提供这些资源，咨询师可以帮助求职者提高求职效率，确保他们在求职过程中具备必要的技能和知识。咨询师还可以提供有关求职网站、职业社交平台的信息，指导求职者如何利用这些平台寻找工作机会。

为了确保求职者具备足够的技能和知识，咨询师还可以提供相关的培训和教育资源。例如，咨询师可以推荐在线课程、研讨会或职业培训机构，帮助求职者提升他们的职业技能。这些资源不仅可以提高求职者的竞争力，还能帮助他们在职业生涯中实现更大的发展。此外，咨询师还可以帮助求职者建立职业网络，这对于他们的职业发展至关重要。

职业网络是求职过程中不可或缺的资源。咨询师可以指导求职者建立和维护职业网络，包括参加行业活动、加入专业协会，以及通过社交媒体与行业内人士建立联系。咨询师还可以提供一些实用的建议，例如如何在职业活动中进行自我介绍，以及如何在社交媒体上有效地展示自己的技能和经验。这些技巧可以帮助求职者在职业市场中建立良好的声誉，并获得更多的就业机会。

在提供实用信息与资源时，咨询师应始终以求职者的需求为核心。这意味着咨询师需要根据求职者的职业目标和个人情况，提供量身定制的建议和资源。咨询师可以通过与求职者的沟通，了解他们的兴趣、技能和目标，从而确保所提供的信息与资源符合他们的需求。此外，咨询师还应确保提供的信息准确无误，避免给求职者带来误导或困惑。

三、与求职者共同制订明确的职业目标，确保目标具体、可衡量、可实现

在就业心理辅导中，与求职者共同制订明确的职业目标是一个关键的策略。这一策略的核心是确保求职者对自己的职业方向有清晰的认知，并且这些目标是具体、可衡量、可实现的。这种明确的目标可以引导求职者制订有效的职业规划，并采取必要的行动来实现这些目标。

与求职者共同制订职业目标的第一步是进行深入的自我评估。这包括评估求职者的兴趣、技能、能力、价值观和职业愿望。咨询师应与求职者展开深入的对话，帮助他们识别自己最关心的职业领域，以及他们在这些领域中的优势与劣势。这个过程的目的是确保职业目标与求职者的个人特点相匹配，从而增加实现目标的可能性。在这个阶段，咨询师可以使用各种职业测试和评估工具，以帮助求职者更好地了解自己。例如，咨询师可以使用性格测试、技能评估和职业兴趣测试，帮助求职者发现他们可能感兴趣的职业方向。同时，咨询师还可以通过询问求职者的职业经历、教育背景和个人兴趣，进一步深入了解他们的职业倾向。

在完成自我评估后，咨询师与求职者可以开始制订职业目标。为了确保这些目标明确、具体且可实现，咨询师可以采用 SMART 原则：Specific（具体的）、Measurable（可衡量的）、Achievable（可实现的）、Relevant（相关的）和 Time-bound（有时间限制的）。

具体的职业目标是指目标明确且细致。咨询师应帮助求职者将职业目标分解为具体的步骤，以便他们可以清楚地知道要达成什么。例如，目标可以包括进入特定行业、获得特定职位，或在一定时间内获得某项专业技能。通过使目标具体化，

求职者更容易理解如何实现这些目标。

可衡量的职业目标是指目标可以通过特定的指标来衡量。咨询师应帮助求职者确定衡量目标的方法，这可能包括时间、数量、质量等。例如，求职者可以设定在六个月内完成一项职业培训，或在一年内获得一定数量的工作经验。通过设定可衡量的目标，求职者可以更容易地评估自己的进展。

可实现的职业目标是指目标在求职者的能力范围内，并且具有现实性。咨询师应确保职业目标符合求职者的技能和能力，避免目标过于激进或不切实际。通过确保目标可实现，求职者可以保持积极性和信心，而不会因为目标难以实现而感到沮丧。

相关的职业目标是指目标与求职者的职业发展方向相关。咨询师应确保职业目标与求职者的职业规划一致，并且符合他们的长期职业愿景。例如，目标可以是获得一份与求职者专业相关的工作，或在某个特定领域获得更多经验。通过确保目标相关，求职者可以保持专注于他们的职业道路。

有时间限制的职业目标是指目标在特定时间内需要完成。咨询师应帮助求职者设定明确的时间框架，以确保求职者具有紧迫感和动力。通过设定时间限制，求职者可以更有效地管理时间，并集中精力完成目标。

在制订明确的职业目标后，咨询师应与求职者制订具体的行动计划。这包括确定实现目标的步骤、所需的资源和潜在的障碍。咨询师可以帮助求职者制订详细的行动计划，并提供必要的指导和支持。在整个过程中，咨询师应持续跟踪求职者的进展，并在需要时提供调整和帮助。

第四节　就业心理辅导案例分析

就业心理辅导案例分析是通过真实案例展示辅导过程，说明辅导策略和技巧在实际场景中的应用。以下是一个就业心理辅导案例，展示了咨询师如何帮助求职者解决就业过程中出现的心理问题，制订职业发展计划，并提升求职技能。

一、案例背景

求职者：小李，22岁，刚从大学毕业，专业是市场营销。小李面临就业压力，因多次面试失败而感到自信不足，对职业前景感到焦虑和迷茫。

二、咨询过程

(一)建立信任关系

咨询师与小李进行了初次面谈，营造了舒适、安全的环境。通过共情和积极倾听，咨询师与小李建立了信任关系，鼓励小李自由表达自己的感受。

(二)评估与诊断

咨询师通过问卷和面谈了解小李的职业目标、兴趣、技能，以及面试失败的原因。小李表示他在面试中容易紧张，导致表现不佳。此外，他对市场营销的具体工作内容缺乏了解，导致职业目标不明确。

(三)明确职业目标

咨询师帮助小李明确职业目标。通过讨论市场营销领域的不同职业选择，咨询师引导小李找到自己感兴趣的方向。最终，小李决定将目标定在品牌营销领域。

(四)技能培训与职业发展

为帮助小李提升技能，咨询师提供了简历撰写、面试技巧等方面的培训。咨询师还指导小李参与模拟面试，通过角色扮演练习克服紧张情绪。咨询师鼓励小李参加相关实习，以获取实践经验，并与业内专业人士建立联系。

(五)心理辅导与情感支持

咨询师帮助小李处理面试失败带来的自信不足和焦虑情绪。通过心理辅导，咨询师指导小李采用放松技巧，如深呼吸和正念冥想，缓解面试前的紧张感。咨询师提供情感支持，帮助小李增强自信，鼓励他保持积极心态。

(六)制订职业发展计划

咨询师与小李共同制订了短期和长期的职业发展计划。短期计划包括改进简历、练习面试技巧、寻找实习机会等。长期计划涉及继续深造、扩展职业网络等。

(七)持续跟踪与反馈

咨询师与小李保持定期联系，跟踪他的求职进展。通过持续反馈，咨询师调整了辅导策略，确保小李的职业发展目标得到实现。

三、案例结论

经过就业心理辅导，小李克服了面试紧张，增强了自信，并明确了职业目标。他成功获得了一份品牌营销的实习工作，开始了自己的职业生涯。

这个案例展示了就业心理辅导的具体实施过程，以及辅导策略和技巧在求职者职业发展中的实际应用。通过多种辅导方法，咨询师帮助求职者克服了心理障碍，实现了职业目标。

第四章　高校学生职业生涯规划

第一节　职业生涯规划的概念与重要性

一、职业生涯规划的概念

职业生涯规划是一个系统的、持续的过程，旨在帮助个人在其职业生涯中找到方向，设定目标，并制订实现这些目标的计划。这个概念起源于美国，最早由弗兰克·帕森斯(Frank Parsons)在1908年提出，他被誉为“职业指导之父”。在当时，随着工业化的推进和城市化的加速，大量年轻人陷入失业困境，社会需要一种新型的机制来帮助他们找到职业方向。帕森斯成立了世界上第一个职业咨询机构——波士顿地方就业局，首次提出了“职业咨询”的概念，为职业生涯规划理论的形成奠定了基础。

帕森斯的职业咨询理念不仅在美国迅速传播，在全球范围内也产生了深远的影响。其核心思想是通过科学的方法，帮助个人分析自己的兴趣、技能和价值观，寻找适合他们的职业方向。帕森斯的方法论强调与求职者的深入交流，以便了解他们的需求和职业抱负。这种系统化的职业咨询成为职业生涯规划理论的早期基础，促进了之后职业生涯发展理论的正规化与系统化。

在职业生涯规划理论的早期发展过程中，职业生涯的概念主要围绕着职业选择和职业发展。然而，随着社会经济的不断发展，职业生涯规划的内涵也逐渐丰富，包含了更多关于个人成长、教育、职业培训和职业发展路径的内容。布里亚特·A. 赖特在其著作《成功的职业生涯规划》中，首次正式提出了“职业生涯规划”的概念。他指出，职业生涯规划是指获取与工作相关的知识信息，并以此为基础制订计划和选择，最终实现职业目标。

赖特的职业生涯规划理论强调了知识与信息的重要性，认为只有在充分了解行业和职业趋势的基础上，才能作出明智的职业选择。他的观点引导了之后的职业生涯规划理论的发展方向，使职业生涯规划成为一种系统的、科学的方法，帮助人们在职业生涯中作出最佳决策。

在中国，职业生涯规划理论的概念也在逐渐形成。我国职业规划师协会定义职业生涯规划为对职业生涯乃至人的一生发展所进行的系统的、持续的计划过程。这个定义强调了职业生涯规划的全面性和连续性，意味着职业生涯规划不仅涉及职业选择，还涵盖了个人成长、学习和发展。在这个定义中，职业生涯规划被视为一个动态的过程，随着时间的推移和个人需求的变化而不断调整。

二、职业生涯规划的重要性

（一）有助于设定具体、可衡量、可实现的职业目标

职业生涯规划可以帮助个人设定具体、可衡量、可实现的职业目标。这个过程不仅是为了明确未来的职业发展方向，更是为了确保这个方向是可行的、有意义的。

明确的职业目标是个人发展的指南针。它使人们能够在职业生涯的旅程中保持清晰的方向感。设定明确的目标有助于消除职业生涯中的不确定性和迷茫。正如航行中的船只需要导航系统一样，人们在职业生涯中也需要一个明确的方向，以确保他们在实现个人和职业成就的道路上不偏离轨道。

职业目标的具体性和可衡量性意味着个人可以更容易地监测自己的进展。这使他们能够不断调整自己的努力方向，确保他们朝着正确的目标迈进。一个清晰的职业目标可以分解成一系列短期任务和里程碑，这些任务和里程碑是实现长期目标的关键步骤。当目标被分解成更小的部分时，个人可以更容易地追踪自己的进度，并在需要时作出调整。这种方法不仅有助于保持动力，还能增强成就感，因为每次达成一个小目标都能给予人们继续前进的信心和动力。

设定可实现的职业目标有助于激励个人。不可实现的目标可能会导致挫败感和士气低落，而可实现的目标则激发了人们不断追求成功的渴望。设定一个看似遥远但实际可以实现的目标，既给人们带来了挑战感，又在成功达成后带来满足感。在这种情况下，个人会感受到自己的努力正在产生实实在在的成果，这将激励他们更加努力地追求自己的职业梦想。

职业生涯规划也涉及设定明确的职业目标，并确保这些目标与个人的价值观和兴趣相一致。每个人的职业选择都有其独特的动机和驱动力。通过职业生涯规划，个人可以确保他们的职业目标与他们的核心价值观相吻合。这样，他们在追

求职业目标的过程中，将更加投入、更加充实，因为他们知道自己的努力不仅仅是为了工作，更是为了追求一种符合自身价值观的生活方式。

（二）有助于提升职业竞争力

职业生涯规划的重要性之一在于它有助于提升职业竞争力。在当今竞争激烈的职场环境中，明确的职业规划不仅能帮助个人明确发展方向，还能增强个人在职场中的核心竞争力。

职业生涯规划有助于个人识别和培养关键技能。通过仔细分析职业目标以及行业需求，个人可以确定需要掌握的技能和知识。这种清晰的认识可以指导他选择合适的教育和培训项目，以提高自己的专业能力。举例来说，如果一个人希望在软件技术领域发展，那么职业生涯规划可以帮助他确定需要学习的编程语言、软件工具以及相关领域的知识。这种针对性强的学习方式可以大大缩短技能提升的时间，确保他们具备满足职场需求的能力。

职业生涯规划还可以帮助个人建立强大的职业网络。人际关系在职业发展中起着至关重要的作用，通过职业生涯规划，个人可以识别在其领域内具有影响力的人士，并制订策略与他们建立联系。通过参加行业会议、社交活动以及线上论坛，个人可以扩大自己的职业网络。这种人脉网络不仅能带来新的职业机会，还能提供宝贵的指导和建议，从而进一步提升个人的职业竞争力。

职业生涯规划还可以引导个人积极参与职业发展的其他方面，如专业认证、实习和志愿者工作。这些活动可以为个人提供实践经验，增强他们的简历竞争力。例如，一个有明确职业生涯规划的大学生可以通过实习机会深入了解行业运作，积累实践经验，并与行业内的专业人士建立联系。类似地，志愿者工作也可以帮助个人拓宽视野，培养团队合作和领导能力，这些都是在职场中受欢迎的素质。

（三）有助于提高工作满意度与心理健康

职业生涯规划的重要性还在于它可以帮助个人提高工作满意度与心理健康水平。在职业生涯中，满意度和心理健康是影响个人幸福感和职业成就的关键因素。明确的职业生涯规划不仅能指导人们在职场中实现目标，还能帮助他们找到符合自己兴趣和价值观的工作，这对于长远的心理健康和工作满意度至关重要。

职业生涯规划提供了一种积极主动的方式来管理自己的职业生涯。当人们有明确的职业目标时，他们会更有动力去追求这些目标。积极主动的态度使个人能够更好地掌控自己的职业命运，而不是被动地应对外部环境的变化。这种掌控感在心理学上被认为与更高的工作满意度和更低的压力水平相关。在制订职业生涯规划的过程中，个人可以明确自己的职业方向，了解自己需要作出的努力，这使他们能够更好地适应职业生涯中的起伏。

当人们从事符合自己兴趣的工作时，他们更容易感受到工作的乐趣和成就感。这不仅提高了工作满意度，还对心理健康有积极影响。职业生涯规划的一个关键部分是自我认知，即了解自己的兴趣、能力和价值观。通过这种自我认知，个人可以找到最适合自己的职业道路，避免因为从事不符合自己兴趣的工作而带来的职业倦怠和心理压力。

职业生涯规划可以帮助个人设定明确的职业目标，并将实现这些目标的过程分解为具体的步骤。当目标明确且可实现时，个人在追求这些目标的过程中会感受到更多的成就感。这种成就感不仅提高了工作满意度，还增强了自信心。每当个人实现一个小目标时，他们都会感受到自己的进步和能力的提升，这对于心理健康有积极作用。

通过合理的职业生涯规划，个人可以确保在工作和生活之间保持平衡，避免因为过度工作而导致的职业倦怠和健康问题。职业生涯规划不能仅关注职业目标，还应包括工作与生活的平衡策略，这有助于维护心理健康和整体生活质量。

职业生涯规划可以帮助个人应对职业压力和挑战。在职业生涯中，压力和挑战是不可避免的，但有明确的职业生涯规划可以帮助个人更好地应对这些挑战。通过职业生涯规划，个人可以提前识别潜在的压力源，并制订应对策略，这使他们在面对挑战时更加从容。明确的职业生涯规划还可以提供一种心理上的稳定感，让个人知道他们的努力是在朝着既定的方向前进。

第二节　职业生涯规划的步骤

一、建立清晰的自我认知

建立清晰的自我认知是职业生涯规划的关键一步。它要求我们深入了解自身的兴趣、价值观、性格、气质等多方面，以确保职业目标与自身特征相符。这个过程是科学职业生涯规划的基石，也是实现职业幸福和成功的重要条件。

了解自己的兴趣是自我认知的重要组成部分。兴趣是驱使我们行动的动力来源，也是我们追求卓越的基础。如果你对某个领域充满热情，你会更愿意投入时间和精力去学习、实践，并在这个领域里取得成就。因此，问问自己真正喜欢什么是建立职业生涯规划的第一步。例如，你是更喜欢创意性的工作？还是更倾向于从事分析和逻辑思考的工作？兴趣的探索可以通过职业生涯测评等工具，也可以通过日常的观察和反思来实现。通过识别自己的兴趣，你可以为职业生涯规划找到一个自然的方向，使后续的职业发展更加顺畅。

职业价值观是另一个关键的自我认知要素。职业价值观反映了你在工作中最看重的事物，以及你对职业环境和角色的偏好。有的人喜欢快节奏、充满活力的工作氛围，而另一些人则更喜欢稳定、安静的工作环境。有的人追求高社会地位和权力，而有的人则更看重工作与生活的平衡。理解自己的职业价值观可以帮助你选择合适的职业道路，并避免因职业选择不符合价值观而导致的不满和焦虑。通过自我认知，你可以找到那些与你的职业价值观相符的职业，从而提高工作满意度。

性格和气质是影响职业选择的重要因素。性格决定了你在工作中的行为方式，以及你在不同环境中的适应能力。例如，内向的人可能更适合从事研究、编程等需要专注力的工作，而外向的人则更适合销售、市场营销等需要与人互动的职业。气质则反映了你对压力和挑战的应对方式，温和的人可能更适合稳定的工作，而喜欢冒险的人可能更倾向于充满挑战的职业。通过自我认知，你可以了解自己的性格和气质特征，从而作出与之相符的职业选择。

特长、学识、技能、智商、情商、思维方式等也是自我认知的重要组成部分。这些方面可以通过各种测试和评估工具来获取，也可以通过与家人、朋友、老师和同事的互动来进一步理解。特长可以揭示你的天赋和能力，而学识和技能则反映了你的知识储备和专业能力。智商和情商分别代表了你的认知能力和人际关系处理能力，而思维方式则显示了你解决问题和作决定的倾向。

二、具备专业的职业认知

在职业生涯规划中，具备专业的职业认知是确保规划科学有效的重要基础之一。具备专业的职业认知，即充分了解个人外部环境及社会职业，这包括对家庭、学校和社会三个层面的环境的了解，以及对不同职业领域和行业的深度理解。这种认知可以帮助个人更好地评估职业选择，并制订适合自己的职业生涯规划。

家庭情况、经济状况、家人期待以及家族文化等因素，都会直接或间接地影响个人的职业选择。例如，如果家庭经济状况较好，个人可能有更多的选择机会，包括选择高风险高回报的创业项目；而如果家庭经济状况一般，个人可能更倾向于选择稳定的工作。同时，家人对个人的期待也会影响职业选择。如果家人期望子女从事某个职业，个人可能会受到这种期待的影响。此外，家族文化也是影响职业生涯规划的因素之一，一些家族文化可能具有鼓励创业的精神，而另一些则可能更倾向于传统稳定的职业。因此，了解家庭环境对个人职业生涯的影响，有助于制订更加符合实际情况的职业规划。

学校的办学特点、专业设置以及就业情况都会影响学生的职业生涯规划。不同学校在办学理念上可能有所不同，这会影响学生的学习和职业认知。例如，一些学校强调实践技能，这可能引导学生选择更具应用性的职业；而另一些学校强调理论研究，这可能促使学生选择学术或研究型职业。此外，学校的专业设置也会影响学生的职业规划，某些专业的毕业生可能在就业市场上更具竞争力。学生还应了解学校的就业情况，毕业生在当地的就业竞争力，以及学校与行业的联系，这些信息可以帮助学生作出更明智的职业选择。

社会的发展、政治与经济环境、国家政策以及就业形势等，都会对职业生涯产生影响。社会发展趋势可能会引导职业需求的变化，政治与经济环境则可能影响就业机会和职业发展。例如，经济繁荣的时期通常会有更多的就业机会，而经济低迷时人们则可能面临就业压力。国家政策也会影响职业选择，某些行业可能因政策支持而得到发展，而另一些则可能因政策限制而面临困境。就业形势是社会环境的一个关键方面，了解当前的就业市场和未来的就业趋势，有助于确定适合自己的职业目标。

不同职业有各自的特点和要求，例如技术型职业要求专注于专业技术发展，而管理型职业则需要强大的分析能力和人际关系能力。了解职业分类和特点可以帮助个人确定适合自己的职业领域。此外，目标地域也是需要考虑的因素，了解目标城市或地区的经济发展状况、生活习惯和气候，以及个人的人脉关系等，可以帮助个人选择适合的职业地点。对目标行业的深入了解也至关重要，了解行业的发展现状、前景、存在的问题以及机遇等，可以帮助个人在职业生涯规划中作出更加明智的选择。

三、确立目标

确立目标是职业生涯规划的核心和基础。职业生涯目标的设定直接影响职业发展的方向与速度，其重要性不容忽视。职业生涯目标一般分为三个层次：行业选择、路线选择和具体目标。在设定职业生涯目标时，必须综合考虑个人性格、兴趣、特长和外部环境等因素，确保目标具有可实现性和可持续性。

行业选择是职业生涯目标的首要步骤。行业决定了职业生涯的整体方向，俗话说“男怕入错行，女怕嫁错郎”，这说明了选择行业的重要性。在选择行业时，需要考虑多个方面的因素，例如自身性格、兴趣、特长以及环境需求。性格是影响行业选择的重要因素，有些人性格外向、善于沟通，可能更适合媒体或销售类行业；而另一些人则性格内向，可能更适合研究和技术类岗位。此外，兴趣也在行业选择中扮演着重要角色，因为从事自己感兴趣的行业，能让人更有动力去学习和进步。最后，行业的外部环境，如就业前景、行业发展趋势等，也应被纳入考虑范围。通过综合考虑这些因素，个人可以选择适合自己的行业，为职业生涯的发展奠定良好的基础。

路线选择是确立职业生涯目标的第二个层次。当行业方向确定后，需要选择具体的职业发展路线。职业路线选择涉及在行业内的发展方向，例如是走管理路线，还是技术路线。这两个方向有着不同的要求和前景。管理路线通常需要强大的领导能力和组织能力，个人需要培养沟通和团队管理的技能；技术路线则更侧重于专业技能和技术深度，要求个人不断提升专业能力。此外，职业路线也可以有其他选择，例如先走技术路线，再转向管理路线，或者在技术和管理之间找到平衡点。选择职业路线时，需要考虑自身的优势与兴趣，以及行业的发展需求，以确保职业生涯的可持续发展。

具体目标的设定是职业生涯规划的实际操作部分。在确定行业方向和职业路线后，个人需要制订具体的职业目标。这些目标应在充分了解自身能力和外部环境的基础上设定，合理且可实现。具体目标通常包括短期、中期、长期和人生目标。短期目标一般为1至2年，可能包括日常工作计划、每周或每月的目标，以及年度目标；中期目标一般为3至5年，这个阶段通常是个人技能提升和经验积累的重要时期；长期目标一般为5至10年，代表着职业生涯的发展方向和定位；人生目标则是职业生涯的最终目标，是实现自我人生价值的核心体现。

四、制订计划

制订计划是职业生涯规划的关键步骤之一。在确定职业目标后，具体可行的行动计划和持之以恒的执行，是将目标变为现实的唯一途径。如果没有详细的计划和实际行动，职业生涯规划将毫无意义，只是空中楼阁。因此，为了确保职业生涯规划的成功，需要制订细致的计划，并通过实际行动将其逐步实施。

行动计划应明确具体，涵盖职业生涯的各个方面。计划的制订要与职业目标相契合，确保每一步行动都在朝着最终目标迈进。详细的计划可以帮助个人将宏大的职业目标分解成可操作的步骤，并为每一步行动提供明确的指导。计划的内容应包括知识的积累、能力的提升、人际关系的建立以及其他相关方面。比如，如果你的目标是成为一名软件工程师，那么计划就应包括学习编程语言、参加相关培训、积累项目经验等具体步骤。此外，计划的时间表也应详细，包括每日、每周、每月的目标，这样才能确保每个阶段的目标都得到落实。

在知识积累方面，行动计划应包括明确的学习内容和方法。知识的获取是职业生涯发展的基石，决定了个人在行业中的竞争力。计划应明确学习哪些知识、如何学习以及学习到什么程度。例如，如果目标是进入金融行业，计划中应包括学习金融知识、获取相关证书以及关注行业动态的方法。学习方式可以多种多样，既可以通过自学，也可以通过参加课程、研讨会或培训等方式。在制订计划时，应确保知识积累的过程是循序渐进的，并根据自身进度及时调整。

在能力提升方面，计划应涵盖综合素质和专业技能的提升。综合素质包括沟通能力、领导能力、团队合作能力等，这些能力在职业生涯中至关重要。计划应明确提升这些能力的方法，如参加演讲课程、学习礼仪知识、参与团队活动等。同时，专业技能的提升也非常重要，这取决于职业目标的具体要求。例如，如果计划进入工程领域，计划中应包括提升动手能力、参加实习以及考取技能证书等内容。在制订计划时，确保每项能力的提升都与职业目标相关，并逐步达成。

在人际关系方面，计划中应包括建立和拓展人际网络的具体步骤。人际关系在职业生涯中扮演着重要角色，良好的人际网络可以为职业发展提供支持和机会。计划应明确建立人际关系的策略，如参加行业活动、与同事和导师保持联系、加入专业组织等。此外，计划还应考虑如何维护已有的人际关系，确保人际网络的持续发展。

计划的实施需要定期自我检查和调整。在计划的执行过程中，个人应定期审视进展情况，确保计划得到落实。如果在执行过程中遇到困难，应及时调整计划，寻找新的解决方案。此外，定期的自我检查可以帮助个人保持动力，确保每个阶段的目标都按时完成。

五、评估与修正

职业生涯规划是一个持续发展的过程，它在个人职业生涯中发挥着重要作用，评估与修正在这个过程中尤为关键。评估与修正涉及反思和调整，这使得职业生涯规划具有灵活性和适应性。

评估需要回顾职业生涯规划的发展情况。这包括已经取得的成就、遇到的挑战以及未来的机会。在这个阶段，要反思在职业生涯中的重要目标，并确定是否已经达成或接近达成这些目标。例如，如果你最初的目标是获得某种职业资格证书或在特定领域中获得经验，那么你需要衡量你是否完成了这些任务。通过评估，你可以深入了解你在职业生涯中的位置，这对接下来的决策具有重要意义。

在评估的过程中，可以利用各种工具来帮助你了解你的进展情况。例如，可以参考职业绩效评估、年度总结或项目报告，以了解自己在工作中的表现。此外，你还可以与导师、经理或同事进行深入讨论，获取他们的反馈和建议。这种反馈有助于你了解自己在团队中的角色以及潜在的晋升机会。

接下来，根据评估的结果，对职业生涯规划进行调整。这可能涉及改变职业目标，寻找新的职业发展路径，或是改变你的技能提升策略。修正的关键是确保对职业生涯规划的控制，并且随时根据变化调整方向。例如，如果你在评估中发现你的技能需求发生了变化，或者发现了更适合你的机会，那么修正就是调整职业生涯规划以适应这些变化的过程。

在进行修正时，需要制订明确的行动计划。这个计划应该包括具体的目标、时间表以及实现这些目标所需的资源。可以考虑继续教育、职业培训或其他提升技能的途径，以确保自身在职业生涯中保持竞争力。

第三节　职业生涯规划个案分析

一、案例背景

王力是一名20岁的大学生，在一所综合性大学学习商业管理。他在大学学习了两年，对商业领域感兴趣，但他对未来的职业道路感到困惑。他的兴趣广泛，包括市场营销、创业和金融，但他不确定哪一条路径最适合自己。此外，他对就业市场的竞争感到紧张，不知道如何在毕业后找到一份理想的工作。

二、职业生涯规划

为了帮助王力找到自己的职业生涯方向，学校的职业咨询中心提供了专业的指导。他们通过职业生涯规划流程，帮助王力明确目标和制订行动计划。

（一）自我评估

王力首先进行了自我评估，包括兴趣、技能和价值观测试。通过这些测试，他发现自己在沟通和团队合作方面表现突出。他对创业和创新有浓厚兴趣，但也喜欢分析数据和制订策略。此外，他非常重视工作与生活的平衡。

（二）设定目标

根据评估结果，王力与职业顾问讨论了他的职业目标。他确定自己对创业和市场营销领域感兴趣，并希望在毕业后找到一份能够为自己提供发展机会的工作。此外，他希望在工作中能够与人合作，并有机会运用自己的创造力。

（三）制订计划

职业顾问帮助王力制订了职业生涯行动计划，涵盖了以下几个关键步骤：

（1）实习机会。为了获得实际经验，王力开始寻找与市场营销和创业相关的实习机会。职业顾问为他提供了资源和公司名单，帮助他寻找合适的实习职位。

(2)提升技能。为了提高自己的竞争力，王力决定参加一些专业课程，如数字营销、数据分析和创业管理。

(3)扩展人脉。王力开始积极参与大学的创业俱乐部和其他相关活动，与业内专业人士建立联系。

(4)准备简历和面试。职业顾问帮助王力优化简历，并提供模拟面试的练习机会。

(四)执行计划

随着行动计划的展开，王力找到了一个市场营销实习工作，并在大学的创业俱乐部中担任了领导角色。这些经验帮助他更好地了解市场营销和创业领域，积累了实用技能和人脉网络。他还参加了一些与创业相关的比赛，获得了宝贵的经验。

三、结果

在毕业前的最后一年，王力通过实习和创业俱乐部的活动，获得了丰富的经验，并建立了强大的职业网络。他成功找到了毕业后的第一份工作，在一家初创公司担任市场营销助理。这份工作为他提供了成长和发展的机会，同时也让他有机会参与公司的创新项目。

通过职业生涯规划，王力明确了自己的兴趣和目标，并采取行动来实现这些目标。他成功进入了自己感兴趣的领域，并在职业生涯的早期阶段积累了宝贵的经验。这个案例展示了职业生涯规划如何帮助大学生找到职业生涯的方向，并在未来的就业市场中取得成功。

第四节　培养高校学生积极的就业心理

一、学生的就业心理影响长期职业发展的目标

高校学生的就业心理对他们的长期职业发展具有深远的影响。就业心理不仅影响他们在毕业时如何选择工作，还会影响他们在职业生涯中如何应对挑战，如何看待工作与生活的平衡，以及如何在职业道路上不断前进。

学生的就业心理还会影响他们在职业发展中的学习和成长。那些对职业发展充满积极态度的学生往往更愿意学习新技能、接受培训并寻求职业指导。他们可能更愿意尝试新机会，并在职业生涯中追求持续进步。而那些对职业发展持消极态度的学生可能会避免挑战，缺乏动力，并在职业生涯中停滞不前。

学生的就业心理与长期职业发展的目标之间的联系提醒我们，教育者、家长和社会应共同努力，为学生创造一个支持他们职业发展的环境。这包括提供职业指导，鼓励学生追求自己的兴趣，并帮助他们理解不断变化的就业市场。通过培养积极的就业心理，学生将更有可能在职业生涯中获得长期的成功与满足。

二、就业心理决定了学生是否愿意在职业生涯中持续学习和发展

高校学生的就业心理不仅影响他们在毕业后的工作选择，还决定了他们是否愿意在职业生涯中持续学习和发展。这种持续学习的意愿对学生的职业成功至关重要，因为它直接关系到他们在工作中的适应能力、创新能力以及长期的职业成长。

就业心理在很大程度上决定了学生对学习和发展的态度。那些对职业生涯充满信心的学生往往能意识到学习的重要性。他们知道，随着科技和行业的不断变化，只有不断更新知识和技能，才能在职场上保持竞争力。这种积极的就业心理使他们在面对新知识和新挑战时更加主动，他们愿意接受培训、参加课程或获得专业认证，以保持职业发展的持续性。相反，那些就业心理消极的学生可能对职业生涯中的持续学习持保留态度。他们可能认为在大学期间的学习已经足够，进入职场后不需要再进行额外的学习。这种态度的出现可能有多种原因，例如缺乏自信、对职业前景的悲观预期，或对学习和成长的恐惧。这些学生可能更倾向于寻找稳定、没有太多变化的工作，而不是追求那些需要持续学习和发展的职业。

持续学习和发展与学生的职业适应能力密切相关。具有积极就业心理的学生通常更愿意接受新的工作任务，适应新的工作环境，并且在职业生涯中探索新的领域。他们将持续学习视为获得竞争优势的途径，并因此更容易在职场上获得晋升机会。这种灵活性使他们能够应对职场中的变化和不确定性，因为他们已经养成了学习和适应的习惯。

就业心理还决定了学生对职业目标的设定。那些拥有积极就业心理的学生通常会设定长期职业目标，这些目标需要持续学习和发展才能实现。例如，如果学生的目标是成为某个领域的专家或领导者，他们就会明白自己需要不断学习和积累经验。而那些没有明确职业目标或目标较低的学生，可能不愿意投入时间和精力在职业生涯中的持续学习上，因为他们认为这些努力没有必要。

积极的就业心理还能激发学生在职业生涯中的创新精神。那些愿意持续学习的学生更有可能提出新的想法和解决方案，这对他们所在的组织和团队具有

积极影响。这种创新精神不仅有助于个人职业发展，还能推动整个行业的进步和发展。

在职业生涯中持续学习和发展的意愿还与职业韧性有关。职业韧性是指在面对困难和挫折时保持积极态度并继续前行的能力。具有积极就业心理的学生往往更具职业韧性，因为他们明白不断学习和发展是克服困难的关键。他们会将挫折视为学习的机会，并不断调整自己的职业发展策略。

为了培养学生的积极就业心理，教育机构和家庭可以提供各种支持。例如，学校可以提供职业辅导和实习机会，帮助学生了解职业生涯中的持续学习和发展的重要性。家长也可以鼓励学生追求他们的兴趣，并支持他们在职业生涯中追求持续的成长。

三、具备积极就业心理的学生更有可能找到合适的方式来应对压力，保持职业发展的稳定性

积极就业心理在很大程度上决定了学生在工作中是否能够保持积极主动的态度，以及是否能推动其职业生涯的长期发展。这种心理状态不仅影响他们在工作中的表现，还影响他们对工作环境的适应能力、团队合作能力以及应对压力的韧性。因此，积极就业心理对于学生的职业发展具有至关重要的作用。

积极就业心理会激励学生在工作中保持积极主动的态度。这种态度体现在他们愿意承担责任、主动寻找解决问题的方法，并积极参与团队合作。这样的学生通常具有强烈的工作责任感，他们在面对挑战时不退缩，而是积极寻找解决问题的途径。例如，在团队项目中，他们可能会主动提出创新的想法，并愿意承担额外的责任，以确保项目的成功。这种积极主动的态度使他们在团队中受到同事和上司的赞赏，并更容易获得晋升和发展的机会。

积极就业心理的另一个重要方面是对职业发展的积极预期。具有这种心理的学生往往对未来持乐观态度，他们相信通过努力工作和持续学习，他们可以在职业生涯中取得成功。这种积极的心态使他们更加愿意接受新挑战，并在工作中表现出持续的动力和热情。他们将职业生涯视为一段持续发展的旅程，而不是单纯的生存手段。这种态度不仅有助于他们在职业生涯中取得成就，还能激励他们在工作中不断追求卓越。

积极就业心理还能培养学生的职业适应能力。在职业生涯中，工作环境和任务并非一成不变的，而积极主动的态度可以帮助学生更好地应对这些变化。具有积极就业心理的学生在工作中通常更加开放，他们愿意接受新的想法和工作方式，并不断调整自己的工作方法以适应变化。例如，在面对新技术或新流程时，他们会主动学习，并尝试将其应用到工作中。这种灵活性使他们在职业生涯中更加具

有竞争力，并有助于他们在不断变化的工作环境中保持领先。

积极就业心理也有利于培养学生与同事和上司之间的良好关系。具有这种心理的学生通常更容易与他人建立联系，因为他们积极主动，并且愿意为团队的成功做出贡献。他们在工作中表现出合作精神，并乐于与他人分享知识和经验。这种团队合作的态度有助于他们在职业生涯中建立广泛的专业网络，并获得更多的职业发展机会。

积极就业心理还能增强学生的职业韧性。这种韧性体现在他们在面对工作压力和挑战时能够保持冷静和专注。具有职业韧性的学生不会轻易放弃，而是会找到解决问题的方法，并从挫折中吸取教训。这种韧性有助于他们在职业生涯中克服困难，并继续前行。拥有职业韧性的学生更容易在职业生涯中取得长期的成功，因为他们具备面对困难时坚持不懈的能力。

第五章　高校学生职场文化与职业适应

第一节　职场文化与职业适应

一、职场文化的概念

职场文化，也称为企业文化，是指组织内部一系列被共享的价值观、信仰、行为模式以及互动方式。它深刻影响着员工的行为和态度，甚至在一定程度上决定了企业能否成功。一个良好的职场文化可以激励员工，提高生产力，增强团队合作，而不良的职场文化则可能导致矛盾、士气低落和员工流失。

职场文化对员工的行为和组织的绩效产生重大影响。它可以塑造员工的价值观和信念，指导他们在工作场所的行为。一个健康的职场文化可以增强员工的归属感，激发他们的积极性和创造力。在这样的环境中，员工更可能保持忠诚，并愿意为组织的成功作出贡献。

职场文化的构成要素包括价值观、信仰、习惯和行为方式。价值观是指组织所强调的核心原则，如诚信、创新、团队合作等。信仰涉及员工对组织的愿景和使命的认同感。习惯和行为方式则是指员工日常工作中的互动方式，包括沟通方式、工作流程以及团队合作的方式。

职场文化受到多种因素的影响。领导层的行为和价值观对职场文化的形成起到关键作用。如果领导层以身作则，表现出诚实、透明和尊重等价值观，那么这种行为会渗透到整个组织。员工背景的多样性也会影响职场文化，因为不同的文化和经验会带来不同的视角和方式。组织的结构和政策、工作场所的设计和氛围以及企业的历史和传统，也都是职场文化的重要影响因素。

建立积极的职场文化需要时间和努力。首先，领导层应明确组织的愿景和价值观，并确保这些价值观在整个组织中得到传达和贯彻。其次，培训和发展计划应注重培养团队合作、沟通和创新等关键技能。再次，组织应创建开放和包容的环境，鼓励员工表达意见并参与决策。最后，奖励和激励机制也是推动积极文化的关键，因为它们可以促使员工表现出组织所期望的行为。

二、职场文化对职业适应的影响

（一）相容的职场文化有助于减少压力和冲突，增强职业适应性

职场文化对职业适应的影响至关重要。当职场文化与员工的个人价值观和工作方式相容时，员工更容易融入组织，工作中的压力和冲突也就相应减少，进而增强他们的职业适应性。相反，如果职场文化与员工的信仰、习惯或期望不符，则可能导致紧张和冲突，阻碍职业适应。

相容的职场文化提供了一个温馨、包容的环境，员工在其中感到被尊重和认可。当员工感受到组织对他们的价值观和职业追求的尊重时，他们会更加积极地融入团队，并对工作更有信心。这种积极的体验有助于减少工作中的压力，因为员工不会感到必须改变自己的信仰或行为方式以适应环境。在这样的文化中，员工更容易获得支持，减少因冲突或不理解带来的心理压力。

相容的职场文化还促使员工之间建立良好的沟通与合作。当员工感到自己与组织的价值观相契合时，他们更愿意分享自己的想法和经验。这种开放的沟通氛围有助于解决冲突，减少工作中的摩擦，从而提高团队的效率和凝聚力。在这种环境中，员工更容易找到合作伙伴，共同解决问题，从而进一步减轻压力。

相容的职场文化还为员工提供了更多的发展机会。当员工觉得他们的职业目标与组织的目标相一致时，他们更容易找到职业发展的方向，并得到组织的支持。这种支持不仅增强了员工的职业适应性，还减少了因职业不确定性带来的焦虑。在这种环境中，员工可以自由地学习和成长，获得新的技能和知识，从而更好地适应工作中的变化和挑战。

职场文化还在一定程度上影响员工的职业道德和工作态度。当职场文化倡导诚信、责任和尊重等价值观时，员工更可能以积极的态度对待工作。这不仅有助于减少工作中的压力，还可以提高工作效率。当员工以积极的态度参与工作时，他们的职业适应性也会增强，因为他们更容易克服工作中的困难。

相容的职场文化还能增强员工的归属感。当员工感到自己是团队的一部分时，他们更有动力去解决工作中的问题，并与同事建立深厚的关系。这种归属感可以减少员工流失，因为他们更愿意在组织中长期发展。

（二）强调团队合作的职场文化可以促进员工之间的互信与协作，帮助他们更快地适应新环境

职场文化在帮助员工适应新环境方面起着至关重要的作用，而强调团队合作的职场文化尤其能够促进员工之间的互信与协作。这种文化可以加速员工的融入过程，让他们在新的工作环境中感到舒适和自信。当员工在一个强调团队合作的文化中工作时，他们更容易建立联系，获得支持，并更快地适应新角色。

团队合作文化鼓励员工之间的互动和沟通。在这样的环境中，员工被鼓励相互支持，共同解决问题。这种氛围有助于新员工迅速建立人际关系，因为他们知道同事们是可以依赖的。这种团队合作的文化不仅减轻了新员工在适应新环境时可能面临的压力，还让他们有机会学习经验丰富的员工的工作方式。通过与团队成员的互动，新员工可以更快地理解组织的运作方式，并获得适应新环境所需的知识和技能。

强调团队合作的职场文化能够建立互信。当员工感到团队合作是组织文化的核心价值观时，他们更愿意信任同事，并在需要时寻求帮助。这种信任感的建立对新员工来说尤为重要，因为他们可能对新的工作流程和职责感到不确定。通过建立互信，员工可以更快地适应新环境，减少因不确定性引起的焦虑。

这种团队合作文化还提供了更多的学习和成长机会。当员工在一个强调团队合作的环境中工作时，他们更容易参与团队项目，并获得丰富的经验。这些经验有助于新员工更快地掌握新技能，并适应新的工作角色。此外，团队合作文化通常会鼓励员工分享知识和经验，这为新员工提供了更多的学习资源。通过与经验丰富的同事合作，新员工可以更快地适应新的工作环境，并逐步培养自己的专业能力。

团队合作文化还培养了员工之间的协作精神。在这种文化中，员工更愿意共同努力，以实现组织的目标。这种协作精神可以帮助新员工更快地找到他们在团队中的角色，并理解他们的工作如何与整个组织的目标相联系。当新员工意识到他们的工作对团队的重要性时，他们会感到更有价值，并更愿意投入时间和精力去适应新环境。

强调团队合作的职场文化还可以减轻员工的工作负担。在这样的环境中，员工知道他们不是独立作战，有一个支持性的团队在背后支持他们。这种支持可以帮助新员工在面对挑战时更加从容，并在困难时得到及时的帮助。通过在团队中共享责任和资源，员工可以更轻松地适应新的工作环境。

（三）支持员工成长和发展的文化有助于他们更好地适应工作环境

职场文化对员工的职业适应能力产生了重要影响，尤其是那些支持员工成长和发展的文化。这种职场文化能够帮助员工更好地适应工作环境，并在组织中实现个人与职业的持续发展。通过营造一种鼓励学习和自我提升的氛围，企业可以确保员工在面对新挑战和不断变化的工作环境时具备适应能力。

支持员工成长和发展的职场文化首先强调持续的学习与发展。在这种文化中，组织提供各种培训和发展机会，以帮助员工提高技能和知识。这不仅可以让员工在职业生涯中保持竞争力，还可以增强他们在组织中的自信心。新员工尤其受益于这种文化，因为他们可以在短时间内获得适应新工作所需的知识和技能。通过不断学习，员工可以更好地理解组织的目标和流程，从而更快地融入团队。

这种文化也强调员工个人发展的重要性。在支持成长的职场文化中，员工的个人需求和职业抱负得到尊重和关注。组织鼓励员工制订个人发展计划，并提供指导与资源，帮助他们实现职业目标。这种关注个人成长的方式可以增加员工对组织的归属感，因为他们感到自己的职业发展得到了支持。当员工感到被组织重视时，他们会更愿意投入时间和精力，去适应新的工作环境和挑战。

在支持成长和发展的职场文化中，领导者的角色至关重要。他们不仅是员工发展的推动者，也是员工的导师和榜样。领导者通过以身作则，展示积极的行为和价值观，塑造整个职场文化。他们为员工提供指导和反馈，帮助他们在职业生涯中取得进步。这种领导方式可以帮助新员工更好地适应工作环境，因为他们知道可以向领导者寻求建议和支持。

支持员工成长的职场文化也鼓励员工之间的合作和分享。在这种文化中，员工被鼓励分享他们的知识和经验，以帮助他人成长。这种知识共享的氛围可以加速员工的学习过程，减少他们在适应新环境时可能面临的困难。通过在团队中建立合作关系，员工可以共同应对挑战，从而更容易适应新的工作环境。

这种文化还可以通过提供灵活的工作安排来支持员工的成长与发展。灵活的工作安排可以让员工在工作与生活之间找到平衡，减少因工作压力而产生的焦虑。这样的环境有助于员工更好地适应工作环境，因为他们感到组织关注他们的整体福祉，而不仅仅是他们的工作表现。

支持员工成长和发展的职场文化还有助于培养员工的创新精神。在这种文化中，员工被鼓励提出新的想法，并参与组织的创新活动。这种创新精神可以让员工在工作中更有动力，增加他们在组织中的参与感。通过培养创新精神，组织可以确保员工在适应新的工作环境时更加积极主动。

第二节　职业适应的定义与特点

一、职业适应的定义

职业适应，或工作适应，是一个复杂的心理过程，涉及个人在职业活动中对工作环境、任务、活动等方面的调整与适应。大学毕业生在刚刚踏入职场时，通常带着希望、信心和激情，锐意进取。然而，随着时间的推移，他们可能面临各种挑战，这可能导致心理发生变化，产生抱怨、沮丧情绪甚至对工作失去兴趣。这种现象通常反映了个人在社会角色转换过程中的心理不安和不适应。

造成职业适应困难的原因多种多样。首先，工作环境可能不如预期，或者与他们的想象有很大差距。例如，办公空间不舒适，工作节奏过快，或者同事间的竞争激烈，这些都可能让新人感到不安和紧张。其次，工作任务可能超出他们的能力范围，使他们感到无所适从。面对复杂的任务和沉重的责任，新人可能会质疑自己的能力，从而产生压力。

人际关系也是影响职业适应的重要因素。在新的工作环境中，大学毕业生需要建立新的社交网络，但由于彼此陌生，人际关系可能显得生疏而复杂。如果他们感到与同事或上司的关系不够融洽，或者遭受排挤或孤立，这可能导致心理上的不适和压力。此外，工作待遇可能不如预期，薪酬低、福利少等问题也可能影响他们的工作积极性。

社会舆论和单位文化也是影响职业适应的重要方面。社会对某些职业可能存在偏见，这可能影响大学毕业生的自我认同。单位领导关心不多，缺乏激励和认可，也可能削弱他们的工作动力。所有这些因素都可能导致职业适应的困难，使大学毕业生在工作中产生消极情绪。

职业适应包括对工作环境、任务和活动的适应，以及对自身行为和新的工作需要的适应。这一过程涉及心理上的调整和对职业行为的自我调适。在具体实践中，职业适应意味着个体要根据职业工作的性质和外在要求，对自身的身心系统进行评价，并对职业行为进行自我调适。这包括对工作环境和职业行为规范的同化与适应，以及对职业价值和意义的评价。

研究表明，大学毕业生的职业适应期通常为三年。在这个过程中，他们需要经历一个从陌生到熟悉、从不适应到适应的过程。在最初阶段，许多毕业生可能认为自己完全适应或基本适应工作需要，但随着时间推移，他们可能发现工作中的挑战比预期的更大，这可能导致心理上的挫败感和职业上的不安。然而，经过两三年的适应期，更多的人会开始适应并接受自己所从事的职业。

值得注意的是，适应并不意味着认同。有些人可以适应某个职业，但并不一定认同它，他们可能对该职业的评价很低，甚至低于社会的一般评价水平。这种内心的不认同可能会影响他们的工作态度和职业发展。因此，职业适应不仅是心理上的调整过程，还涉及自我认同和职业价值观的塑造。

二、职业适应的特点

（一）具备强烈的好奇心和学习意愿

职业适应的特点包括具备强烈的好奇心和学习意愿。这两种特质在职业发展过程中具有重要意义，因为它不仅驱使员工不断探索和理解新的工作内容，还激励他们在职业生涯中不断提升自己，从而保持竞争力。在职业适应的初期阶段，尤其是对大学毕业生而言，好奇心和学习意愿的强弱往往是区分适应快慢的重要标志之一。

好奇心是职业适应的动力源泉。刚进入职场的大学毕业生通常对新环境、新任务、新同事等充满好奇。这种好奇心使他们乐于探索工作流程，积极与团队成员互动，并主动寻求知识和技能的提升。例如，他们可能会主动询问同事工作中的细节，向上司请教工作方法，或者阅读与工作相关的资料。这种积极主动的学习态度有助于他们更快地掌握所需的技能，适应新的工作环境。

在职业生涯中，好奇心和学习意愿的持续保持也至关重要。随着时间的推移，工作可能变得重复和单调，但具备强烈好奇心的人总是能找到新的兴趣点。他们会不断挑战自己，尝试新的任务，甚至探索新的职业领域。这种持续学习的态度让他们在职业生涯中不断成长，同时也为他们提供了更多的发展机会。

学习意愿与职业适应密切相关。强烈的学习意愿促使员工不断提高自己的技能和知识水平，从而更好地适应工作要求。在一个快速变化的职场环境中，学习意愿是职业成功的关键，因为它确保员工在面对新技术、新方法或新的工作流程时，能够迅速调整和适应。具有强烈学习意愿的人通常会积极参加培训、课程或研讨会，以不断提升自己。这种态度不仅提高了他们的工作效率，还增强了他们在职业生涯中的竞争力。

学习意愿还反映在员工对自我提升的追求上。具备这种特质的人通常有明确的职业目标，他们知道，为了实现这些目标，必须不断学习和发展。因此，他们会制订学习计划，设定具体的学习目标，并定期评估自己的进展。这种自我驱动的学习方式让他们在职业生涯中始终保持积极和前进的动力。

好奇心和学习意愿对职业适应还有其他积极影响。例如，这些特质可以帮助员工更好地应对工作中的变化和挑战。在职场上，变化是不可避免的，但具备强烈好奇心和学习意愿的人通常能更快地适应这种变化。他们不会因为新任务或新要求而感到焦虑，而是将其视为学习和成长的机会。这种态度不仅有助于他们保持工作动力，还能让他们在团队中脱颖而出。

强烈的好奇心和学习意愿还能促进员工与同事和上司的良好关系。好奇心使员工更愿意与他人互动，而学习意愿则让他们乐于接受指导和反馈。这种开放的态度有助于他们在团队中建立融洽的关系，并更容易获得职业发展的支持和机会。

（二）情绪稳定和抗压能力强

职业适应的特点还包括情绪稳定和抗压能力强。这两种特质对于职业发展的稳定和持久性至关重要，因为在工作环境中，压力和情绪波动是难以避免的。具备情绪稳定和抗压能力强的员工通常能够更好地应对工作中的挑战和变化，保持高效和积极的工作状态。这种能力不仅有助于他们在职业生涯中取得成功，还能让他们在面对压力和困境时保持冷静和韧性。

情绪稳定是职业适应的基础。在职业生涯中，员工经常面临各种压力源，如繁重的工作任务、紧迫的截止日期、人际关系的挑战等。情绪稳定的人通常能够保持冷静，避免因情绪波动而影响工作效率。他们不会因为临时变动或突发事件而产生过度的焦虑或恐慌，而是能够稳妥地处理这些情况。例如，当工作项目出现问题时，他们会冷静分析原因，迅速找到解决办法，而不是陷入情绪的负面循环。

情绪稳定的人还更容易与他人建立良好的关系。在团队合作中，情绪波动容易引发冲突，影响团队的协作效率。然而，具备情绪稳定特质的人通常能够与同事保持良好的沟通，并在工作中展现出冷静、理智的一面。他们不会因为个人情绪而影响团队氛围，而是能够在团队中扮演稳定的角色，帮助团队渡过困难时期。

抗压能力强是职业适应的关键。在职场上，压力是不可避免的，但抗压能力强的人往往能够将压力转化为动力，推动自己在工作中取得更好的成绩。他们知道如何应对压力，不会因为压力而退缩，能够保持专注和积极的态度。例如，在面对紧迫的截止日期或繁重的工作任务时，抗压能力强的人不会轻易放弃，而是会积极寻找解决问题的方法。他们能够在高压环境中保持冷静，并以平常心对待挑战。

抗压能力强的人通常也具备较高的职业韧性。这种韧性使他们在职业生涯中遇到挫折或失败时，能够迅速恢复过来，并继续前行。具备抗压能力的人不会因为一次失误或失败而丧失信心，而是能够从中吸取教训，并调整自己的策略。这样的韧性让他们的职业生涯更加持久，并更有可能实现长期的发展。

情绪稳定和抗压能力强还与员工的心理健康息息相关。在工作中，情绪波动和过度压力可能导致心理健康问题，进而影响工作表现。情绪稳定和抗压能力强的人通常更能保持心理健康，因为他们知道如何在工作和生活之间找到平衡。例如，他们可能会通过运动、冥想或其他放松方式来缓解压力，从而保持身心健康。这种自我调节的能力有助于他们在职业生涯中持续保持高效和积极。

（三）具备较强的责任感和主动性

职业适应的特点还包括具备较强的责任感和主动性。这两个特质在职业生涯中至关重要，因为它们能够帮助员工在工作中保持积极进取的态度，主动承担责任，并在职业发展过程中不断前行。具备强烈责任感和主动性的人，往往在工作中表现出色，不仅能够胜任自己的工作，还会主动寻找机会，为团队和公司带来更多的价值。

责任感是职业适应的核心要素之一。在工作环境中，责任感强的人会自觉承担自己的工作职责，并确保任务按时高质量完成。他们不仅对自己的工作结果负责，还会考虑团队和公司的整体利益。例如，在项目团队中，责任感强的人会主动分担任务，确保项目按计划推进。他们不会因为个人原因拖延工作，也不会因为困难而放弃，而是会积极寻找解决问题的方法。

责任感强的人通常在工作中表现出高水平的职业道德。他们遵循公司的规章制度，尊重同事和上司，并对工作持有严谨和认真的态度。他们不会在工作中投机取巧，也不会逃避责任，而是会全心全意地投入到自己的工作中。这种责任感不仅赢得了同事和上司的信任，还为他们在职业生涯中赢得了良好的声誉。

责任感还与员工的工作质量密切相关。具备强烈责任感的人在工作中会注重细节，确保每个任务都能达到或超出预期标准。他们不会满足于应付差事，而是会力求完美，确保工作成果的质量。例如，在编写报告或设计方案时，他们会反复检查，确保没有错误或疏漏。这种对细节的关注有助于他们在职业生涯中取得更高的成就。

主动性是职业适应的另一关键特点。主动性强的人在工作中不会被动等待任务，而是会主动寻找工作机会。他们通常在团队中扮演积极的角色，主动提出新的想法和建议，并积极参与各种工作活动。例如，他们可能会主动提出改进工作流程的方法，或建议新的项目方向。这种主动性不仅能提高团队的工作效率，还能为公司带来创新和突破。

主动性强的人在职业发展中更容易抓住机会。他们不会满足于现状，而是会主动寻找学习和提升的机会。无论是参加培训课程，还是接受新的工作任务，他们都乐于接受挑战，并积极锤炼自己的技能。这种主动学习的态度让他们在职业生涯中不断进步，并在面对变化时能够迅速适应。

第三节　职业压力与职业适应策略

一、职业压力概述

职业压力是一种由工作环境、职场要求或职业发展相关因素引起的紧张感或焦虑感。它通常源于工作量大、时间紧迫、责任重大的工作性质，还包括员工在面对复杂的人际关系、组织变化或职业不确定性时所感受到的压力。职业压力不仅影响员工的心理健康和工作表现，还可能对组织的整体绩效和员工满意度产生负面影响。

职业压力的成因多种多样，主要包括工作过度、工作复杂度增加、人际关系紧张以及职业发展不确定性等。工作过度是职业压力的主要原因之一，员工在面对过多的任务和责任时往往感到不堪重负。此外，紧迫的截止日期和长时间的工作也会导致压力增加。工作复杂度增加可能源于不断变化的环境或需要掌握新技能，这可能让员工感到无所适从。人际关系紧张包括与同事、上司或客户的冲突，这也会增加员工的心理压力。职业发展不确定性，如职位晋升机会有限或组织结构调整，则可能引发员工对职业前途的担忧。

职业压力对员工和组织的影响是深远的。员工在压力下可能出现各种身心健康问题，包括焦虑、抑郁、失眠和身体疲劳等。这些问题不仅影响员工的工作表现，还可能导致高旷工率、工作效率下降以及员工士气低落。在组织方面，职业压力会降低员工的生产力，增加员工流失率，并损害企业文化。高水平的职业压力还可能导致工作场所安全问题，因为压力会降低员工的专注度和决策能力。

应对职业压力的策略应从组织和个人两个层面展开。在组织层面，管理层应确保员工的工作量在合理范围内，避免过度加班，并提供灵活的工作安排，以帮助员工在工作和生活之间找到平衡。明确的角色定义和工作流程可以减少员工在角色混淆时产生的压力。此外，提供培训和发展机会，以及建立开放的沟通渠道，能让员工更好地适应工作中的变化。

在人际关系方面，组织应鼓励团队合作和建设性沟通，以减少冲突。领导者应以身作则，创造积极的工作氛围，并为员工提供支持。此外，组织还应提供心理健康资源，帮助员工在压力大的时候寻求专业帮助。

从个人角度来看，员工可以通过管理时间、培养健康的生活习惯、学习减压技巧等方式来应对职业压力。学会合理安排时间，避免拖延，可以减轻因工作积压带来的压力。培养健康的生活习惯，如定期运动、良好的饮食和充足的睡眠，有助于维持身体健康。学习冥想、呼吸练习等减压技巧，可以帮助员工在压力大的时候保持冷静。

二、职业压力与职业适应策略分析

（一）设定明确的职业目标

职业压力对于大学生而言是一个日益突出的挑战，尤其是他们踏入职场后，在适应新的职业环境过程中，面对竞争与不确定性，可能产生紧张感和焦虑。为了有效地应对这些压力并促进职业适应，设定明确的职业目标是关键的一步。明确的目标不仅可以为大学生在职场初期提供方向感，还能激发动力，帮助他们更好地面对工作中的挑战。

大学生在进入职场之前，往往面临诸多不确定性。他们可能对职业选择感到困惑，不知道自己未来的职业生涯应该走向何方。这种不确定性本身就会引发压力，因为大学生在追求职业成功的同时，也希望找到满足感和自我认同感。设定明确的职业目标可以帮助他们应对这种压力，通过给自己设定具体的、可实现的目标，让他们更有信心面对职业生涯的早期阶段。

明确的职业目标能给大学生提供方向感，帮助他们将注意力集中在对职业发展有益的事情上。无论是寻求职业实习、毕业后的第一份工作，还是继续深造，明确的目标可以让大学生保持专注。这有助于减少大学生的职业压力，因为他们知道自己在朝着一个明确的方向努力，而不是在茫茫职业选择中迷失。

设定职业目标还可以帮助大学生制订切实可行的行动计划。这意味着他们可以将大的目标分解成一系列可实现的步骤，这样可以减轻压力。通过制订明确的行动计划，大学生可以更好地管理时间，确保自己在职业生涯的关键阶段不会因为过度焦虑而错失机会。例如，如果一个大学生希望在某个领域获得工作经验，他们可以设定目标，比如完成相关课程、参加实习或找到相关领域的导师。这种分阶段的目标设定方式，有助于缓解因职业不确定性而产生的焦虑。

当大学生知道自己在追求一个具体的目标时，他们会更有动力去追求成功。这种动力可以帮助他们克服在职业早期阶段可能遇到的挑战，包括适应新环境、学习新技能以及与同事建立关系。通过保持动力，大学生可以更积极地面对压力，视其为推动职业发展的动力源，而不是阻碍。

在职业生涯的早期阶段，大学生往往希望找到与自己价值观相符的工作，并在其中找到意义。通过设定职业目标，他们可以将自己的兴趣、价值观与职业追求联系起来。这不仅可以增强他们的自我认同感，还可以帮助他们在面对职业压力时更有韧性，因为他们知道自己在追求有意义的事情。

为了设定明确的职业目标，大学生可以采用多种策略。他们可以通过自我反思、与职业导师交谈、参加职业咨询以及研究行业趋势等方式来明确自己的职业方向。此外，设定目标时要确保其具备 SMART 原则，即具体的、可衡量的、可实现的、相关的和有时间限制的。这种方法可以确保职业目标具有可操作性，减少因不确定性而带来的压力。

（二）培养情绪管理技能

职业压力是大学生步入职场后必须面对的一个现实。无论是工作量增加、团队合作，还是角色和责任的变化，都可能导致压力的产生。为了更好地适应职业环境并降低压力水平，培养情绪管理技能是一个关键的策略。这种技能可以帮助大学生在压力大的情况下保持冷静、有效沟通，并保持积极的工作态度。

情绪管理技能包括识别、理解和调节情绪的能力。对刚开始职业生涯的大学生而言，这些技能尤其重要，因为他们可能面临许多新的情境和压力源。职业压力的常见来源包括适应新的工作文化、与同事的互动以及处理工作中的不确定性。通过培养情绪管理技能，大学生可以更好地应对这些挑战，减少因压力引发的负面情绪。

识别情绪是情绪管理的第一步。大学生进入职场后，可能会感受到各种各样的情绪，包括焦虑、沮丧、紧张和压力。学会识别这些情绪有助于理解压力的根源，从而采取相应的应对措施。通过自我反思和自我觉察，大学生可以逐渐识别出哪些情绪是在特定情境下产生的，以及这些情绪如何影响他们的行为。

理解情绪是情绪管理的第二步。这需要大学生深入探究情绪产生的原因，以及它们对工作和人际关系的影响。大学生可以通过学习心理学知识、参加情绪管理课程，或者与心理健康专业人士交谈，来加深对情绪的理解。这种理解可以帮助他们在面对职业压力时，更好地选择应对策略，而不是被情绪所控制。

调节情绪是情绪管理的核心部分。调节情绪意味着在面对压力和负面情绪时，能够有效地控制反应，避免情绪失控。对大学生而言，这可能包括学习呼吸技巧、冥想、瑜伽等放松方法，以减轻压力。调节情绪也涉及改变对压力的看法，学会将压力视为成长的机会，而不是无法克服的障碍。这种积极的态度可以帮助大学生更好地适应职业环境。

培养情绪管理技能还包括发展人际沟通技巧。在职场中，沟通不畅是压力的常见来源之一。大学生可以通过学习有效的沟通技巧，来减少因沟通失误引起的冲突和误解。这包括学会倾听他人、清晰表达自己的想法，以及在冲突中保持冷静。通过有效的沟通，大学生可以在工作中建立良好的人际关系，从而降低职业压力。

培养情绪管理技能还可以帮助大学生建立强大的社会支持网络。在职场中，拥有一群可以信任和依赖的同事和朋友，是减轻压力的重要手段。大学生可以通过参与团队活动、建立职业关系以及寻找导师，来建立自己的支持网络。在遇到压力和挑战时，这个网络可以提供情感上的支持和实用的建议，帮助大学生更好地适应职场。

情绪管理技能也有助于提升职业适应能力。当大学生具备良好的情绪管理技能时，他们在面对职业挑战时更有韧性。他们可以保持积极的心态，愿意接受新的任务，并在面对困难时保持乐观。这种适应能力可以帮助大学生在职场中取得成功，并在长期职业生涯中保持稳定。

（三）寻求专业帮助

职业压力是大学生在进入职场后常常面临的问题。无论是初入职场的焦虑，还是面对复杂工作环境的紧张感，这种压力都可能对他们的职业适应能力和整体健康产生影响。在这样的情况下，寻求专业帮助是一种有效的策略，有助于大学生更好地应对压力，促进他们在职场中的顺利过渡。

职业压力的来源很多，特别是对于刚踏入职场的大学生来说，他们可能面临许多挑战，包括新工作环境的适应、人际关系的处理、角色与职责的变化等。这些挑战可能导致焦虑、抑郁、情绪波动，甚至生理健康问题。在这些情况下寻求专业帮助可以提供指导和支持，帮助大学生理解和解决压力带来的困扰。

专业帮助包括多种形式，如心理咨询、职业指导、员工支持计划等。这些服务由专业人士提供，他们在帮助员工应对压力、管理情绪和提升职业适应能力方面经验丰富。大学生可以通过寻求这些专业帮助，获得实用的建议和策略，帮助他们在职场中更好地应对挑战。

心理咨询是一种常见的专业帮助形式，它可以帮助大学生应对职业压力带来的情绪困扰。心理咨询师可以提供一个安全的环境，让大学生表达他们的感受，探讨压力的根源，并制订应对策略。通过心理咨询，大学生可以学会更好地管理情绪，减轻焦虑，增强自信心。心理咨询还可以帮助他们建立积极的思维方式，培养健康的职业心态。

职业指导是另一种有效的专业帮助形式。职业指导师可以帮助大学生制订职业发展计划，提供关于职业目标和技能发展的建议。通过职业指导，大学生可以更清晰地了解自己的职业路径，减少因职业不确定性带来的压力。职业指导师还可以帮助他们寻找合适的职业机会，并提供在职场中建立良好关系的技巧。这些指导可以帮助大学生更好地适应职业环境，增强他们的职业适应能力。

员工支持计划是企业为员工提供的福利之一，旨在帮助员工应对工作和生活中的压力。大学生可以利用员工支持计划获得各种资源和服务，包括心理健康支持、法律咨询、财务建议等。这些服务可以帮助他们解决工作和生活中的问题，减轻因职业压力引发的困扰。

寻求专业帮助还包括参加相关培训和研讨会。这些活动通常由心理健康专家或职业发展导师主持，旨在帮助员工提高应对压力的能力。大学生可以通过参加这些培训，学习有效的压力管理技巧，如时间管理、沟通技巧、情绪调节等。这些技能可以帮助他们在职场中更好地应对挑战，减少职业压力带来的负面影响。

寻求专业帮助可以促进社会支持网络的建立。在寻求专业帮助的过程中，大学生可以与其他面临类似压力的人建立联系，分享经验和建议。当他们遇到困难时，这个网络可以成为重要的情感支持来源，帮助他们更好地适应职业环境。

第四节　职业适应案例研究

一、案例背景

李明是一名刚毕业的大学生，主修计算机科学。他在一所知名科技公司获得了一份初级软件工程师的工作。进入职场后，他发现公司的文化与大学氛围有很大不同，他必须适应更正式的沟通方式和严格的工作流程。工作节奏比他想象的要快得多，项目期限也相对紧迫。他感到在知识和技能方面与同事有一定差距。大学期间，他习惯了独立完成任务。在工作中，他需要与团队紧密合作，这对他来说是一个新挑战。

二、职业适应策略

（1）学习适应。李明积极参与公司培训，了解公司的文化和流程。他向同事请教，学习他们的工作方式。

（2）寻求指导。他找到一位资深工程师作为导师，定期与其交流，寻求职业建议和支持。

（3）参与团队活动。为了更好地融入团队，李明参加了公司的社交活动，逐渐与同事建立了友谊。

（4）时间管理。他开始使用时间管理工具，合理安排工作时间，确保按时完成任务。

三、结果

经过几个月的适应，李明逐渐熟悉了公司的工作流程和文化，找到了属于自己的位置。他的工作效率提高了，团队合作也变得更加顺畅。最终，他在公司的年度评估中获得了优秀的评价，这增强了他的信心。

第六章　高校学生跨文化就业与心理适应

第一节　跨文化就业的意义与挑战

一、跨文化就业的意义

（一）拓宽个人视野

跨文化就业是一种宝贵的职业体验，它能让从业者深入了解不同的文化背景，拓宽个人视野。这种经历对于职业发展和个人成长都有着深远的影响。在跨文化就业中，个体可以接触到新的环境、语言、习俗和价值观，从而丰富他们的世界观，扩展认知范围。开阔的视野使他们能够更好地理解不同文化，提升与多样化团队合作的能力。

无论是在海外工作还是在多元文化的本地环境中，语言的多样性是跨文化就业的核心。通过与不同母语的人共事，员工不仅能提升外语技能，还能学会用不同的方式表达自己的观点。这种语言上的多样化体验可以开阔他们的视野，让他们意识到在不同文化中，语言的使用方式可能有很大差异。例如，英语作为一种国际语言，其在不同国家和地区的使用方式各有特点，理解这些差异可以帮助员工更好地与来自不同文化背景的人沟通。

每个国家和地区都有其独特的文化和传统，这些文化特征影响着工作环境和商业行为。在跨文化就业的过程中，高校毕业生可以直接体验这些文化差异，从而增强他们的文化敏感性。通过亲身体验不同的工作方式、管理风格和社交礼仪，高校毕业生能够更好地理解不同文化的核心价值观。这种对文化多样性的理解不仅有助于他们在国际环境中工作，还可以增强他们在本地多元化团队中的适应能力。

在经济全球化的商业环境中，不同国家和地区的企业运营方式可能截然不同。通过在跨文化环境中工作，高校毕业生可以了解到这些差异，并学习如何在不同的商业环境中取得成功。例如，一些企业可能更重视团队合作，而另一些企业则强调个人能力；一些企业可能更注重创新，而另一些企业则强调稳定性。在跨文化就业的过程中，员工可以亲身体验这些差异，了解不同的商业模式，从而增强他们在多样化工作环境中的适应能力。

在经济全球化的时代，企业和组织越来越多地与国际伙伴合作，这需要员工具备全球视野。通过在跨文化环境中工作，高校毕业生可以更好地理解经济全球化对商业和社会的影响，并学习如何在国际环境中开展工作。这种全球意识不仅有助于他们在国际市场中取得成功，还可以让他们在多元文化的本地环境中更加自信地面对挑战。

在跨文化就业的过程中，高校毕业生还可以建立广泛的人际网络。这些网络中不仅有来自不同国家和地区的同事，还可能有国际客户、合作伙伴和供应商。通过与这些人建立联系，高校毕业生可以拓展他们的社交圈，并获得宝贵的工作机会。这种国际化的人际网络可以为他们的职业发展提供更多的可能性，让他们在经济全球化的职场中找到新的发展路径。

跨文化就业的意义在于它能够拓宽个人视野，让高校毕业生深入了解不同文化，提升与多元化团队合作的能力。这种多样化的经历可以帮助高校毕业生更好地适应经济全球化的工作环境，并在国际市场中取得成功。通过跨文化就业，高校毕业生不仅能够提高外语技能，还可以增强文化敏感性、培养全球意识，并建立广泛的人际网络。这些优势将为他们的职业发展和个人成长奠定坚实的基础。跨文化就业不仅是一种职业体验，更是一种开阔个人视野和拓展职业机会的重要途径。

（二）提升适应能力

跨文化就业是当今经济全球化时代许多求职者追求的一种工作体验，其意义不仅在于获得更多的职业机会，还在于对提升适应能力的显著作用。跨文化就业让从业者在多样化的环境中工作，面临各种新挑战和未知因素。这种工作经历不仅培养了他们的应变能力，还帮助他们在不同文化和商业环境中找到共通之处，增强职业竞争力。

跨文化就业可以培养从业者应对不确定性的能力。进入一个全新的文化环境，可能意味着需要面对不同的工作习惯、社交礼仪、沟通方式以及团队合作模式。这种多样化的环境会带来一定的不确定性，但同时也为高校毕业生提供了一个机会，让他们学会如何在变化的环境中找到平衡。通过跨文化就业，高校毕业生可以培养更强的适应能力，学会在不确定性中保持冷静和专注。这种能力在经济全球化的商业环境中尤其重要，因为企业和组织不断变化，要求高校毕业生具备灵活性和应变能力。

跨文化就业可以帮助高校毕业生理解并接受多样性。在多元文化的工作环境中，不同的背景和价值观可能带来各种挑战，但也提供了独特的学习机会。高校毕业生在跨文化就业过程中，能够与来自不同国家、不同种族和不同文化背景的人合作，学会尊重多样性，并从中找到共同点。对多样性的接受和理解，不仅有助于提升团队合作能力，还能帮助高校毕业生在职业生涯中建立更广泛的人际网络。

跨文化就业可以培养高校毕业生的创新思维。在多元文化环境中工作，高校毕业生可能会面临各种复杂问题，这需要他们用新的视角看待事物。跨文化就业提供了这种创新的机会，让高校毕业生在不同的文化背景中寻找解决问题的方法。通过与来自不同文化的人合作，高校毕业生可以学习到不同的思维方式，并将其应用到工作中。这种创新思维不仅有助于他们在职业生涯中脱颖而出，还可以帮助企业在全球市场中保持竞争力。

跨文化就业还可以增强高校毕业生的自信心。在新的文化环境中工作，高校毕业生可能需要独立处理问题，这有助于培养他们的自信心。通过在跨文化环境中取得成功，可以增强高校毕业生的自信心，使他们学会相信自己的能力。这种自信心在职业发展中至关重要，因为它可以帮助高校毕业生在面对挑战时保持积极的态度，并不断追求新的目标。

（三）加强沟通技巧

跨文化就业是一种独特的职业体验，它不仅提供了在多元文化环境中工作的机会，还为从业者提供了宝贵的练习沟通技巧的场合。在跨文化就业过程中，高校毕业生会面临各种语言和文化差异，这要求他们在沟通方面具备更高的技巧和灵活性。通过跨文化就业，高校毕业生可以学习和掌握有效的沟通方法，不仅在语言上更加精通，还可以理解不同文化的沟通方式和习惯。这种多元文化的沟通体验有助于高校毕业生在经济全球化的工作环境中脱颖而出。

跨文化就业可以帮助高校毕业生提升语言能力。在不同的国家和地区，语言是文化的核心要素之一。高校毕业生在跨文化就业中，会接触到不同的语言环境，这需要他们不断学习和适应。在这个过程中，高校毕业生可以提高他们的外语技能，特别是口语和听力能力。通过在真实的工作环境中使用语言，高校毕业生可以变得更加自信，并学会在各种情境中自如沟通。这种语言上的提升不仅有助于他们与外国客户和同事交流，还可以增强他们在国际市场中的竞争力。

在多元文化环境中，沟通不仅仅是语言的交流，还包括许多非语言元素，如肢体语言、眼神交流、面部表情和手势。在跨文化就业中，高校毕业生会发现这些非语言元素在不同文化中可能有不同的含义。因此，他们需要学会如何正确解读这些信号，以避免误解和沟通障碍。通过在跨文化环境中工作，高校毕业生可以提高他们的非语言沟通技巧，学会在不同文化中灵活运用这些技巧。这种非语言沟通能力在国际化的商业环境中至关重要，因为它可以帮助高校毕业生与不同文化背景的人建立更紧密的联系。

在多元文化的工作环境中，文化差异可能导致沟通障碍和误解。高校毕业生在跨文化就业中，需要学会尊重和理解不同文化的习俗、价值观和沟通方式。这种文化敏感性有助于他们建立更好的工作关系，并避免因为文化差异而引发的冲突。通过在跨文化环境中工作，高校毕业生可以增强他们的文化敏感性，学会在尊重多样性的同时，找到不同文化之间的共同点。这种能力不仅可以帮助他们在国际市场中取得成功，还可以促进团队合作和商业合作。

在跨文化环境中工作，高校毕业生可能需要面对各种突发情况和沟通挑战。这要求他们在沟通中具备更高的灵活性，能够快速调整沟通方式以适应不同的情境。通过跨文化就业，高校毕业生可以学习如何在不同的沟通风格之间切换，并找到与不同文化背景的人建立联系的方法。这种沟通灵活性可以帮助他们在国际化的商业环境中更加自如地应对挑战，并在多样化的团队中发挥积极的作用。

在多元文化的工作环境中，团队合作是至关重要的。高校毕业生在跨文化就业中，可以学习如何与来自不同文化背景的同事合作，共同完成任务。这种团队合作的体验可以培养他们的沟通技巧，学会在团队中扮演不同的角色，并理解不同文化的工作方式。通过在跨文化环境中合作，高校毕业生可以提高他们的团队合作能力，并在职业生涯中更好地适应多样化的工作环境。

在跨文化就业中，高校毕业生有机会与来自不同国家和地区的人建立联系。这种国际化的人际网络不仅可以为他们的职业发展提供更多机会，还可以帮助他们在经济全球化的商业环境中找到新的合作伙伴。通过在跨文化环境中工作，高校毕业生可以建立丰富的人际关系，这有助于他们在职业生涯中取得更大的成功。

二、跨文化就业面临的挑战

（一）文化差异

跨文化就业在当今经济全球化的职业环境中日益普及，为从业者提供了许多新的机会。然而，这种多元化的就业方式也带来了许多挑战，其中最显著的就是文化差异。文化差异不仅影响着沟通方式和工作习惯，还会对团队合作、管理风格和商业决策产生深远的影响。在跨文化就业的过程中，高校毕业生必须学会应对这些文化差异，并找到有效的方法来克服由此引发的各种问题。

语言是文化差异的一个重要方面。不同国家和地区的语言结构、表达方式和习惯用语各不相同。在跨文化就业中，高校毕业生可能会面临语言障碍，这会导致沟通不畅和误解。例如，在一些文化中，直接表达观点被视为不礼貌，而在另一些文化中，直接沟通则是被鼓励的。在这种情况下，高校毕业生需要花费更多的时间和精力去理解对方的意思，并确保自己能够准确地传达信息。这种表达方式上的差异可能对工作效率和团队合作产生不利影响。

工作习惯和职业道德也是文化差异的一个关键方面。在不同文化中，工作方式和职业道德标准可能有很大差异。在一些文化中，员工可能更倾向于团队合作，而在另一些文化中，个人成就和独立工作更受重视。这种工作习惯的差异可能导致团队成员之间的摩擦，影响工作效率和团队合作。此外，不同文化对工作时间、休息时间、工作场合的礼仪等方面的要求也不尽相同。在跨文化就业中，高校毕业生需要适应这些不同的工作习惯，并找到适合不同团队成员的共通的工作方式。

文化差异还可能影响管理风格和决策方式。在跨文化就业中，高校毕业生可能会遇到不同的管理方式和决策流程。在一些文化中，管理者可能更加权威，决策过程更加集中；而在另一些文化中，管理更加扁平化，决策过程更加民主化。这种管理风格的差异可能导致高校毕业生在适应新的工作环境时遇到困难。此外，文化差异还可能影响组织的层级结构和权力关系。在跨文化就业中，高校毕业生需要学会如何在不同的管理环境中工作，并适应不同的权力结构。

另一个由文化差异引发的挑战是团队合作和人际关系。在跨文化就业中，高校毕业生需要与来自不同文化背景的同事合作，这可能导致团队成员之间的沟通障碍和误解。在一些文化中，团队合作被视为非常重要，而在另一些文化中，个人独立性更受推崇。这种差异可能导致团队成员之间的协作困难，影响团队的凝聚力和工作效率。此外，文化差异还可能影响人际关系和社交礼仪。在跨文化就业中，高校毕业生需要学会如何在不同文化背景下建立良好的人际关系，并理解不同文化的社交习惯。

（二）语言障碍

跨文化就业的一个主要挑战是语言障碍。当下，语言差异仍然是跨文化就业者必须面对的一个主要问题。语言障碍不仅影响日常沟通，还可能对工作效率、团队合作、职业发展和客户关系产生深远的影响。在跨文化环境中，高校毕业生需要具备一定的语言能力才能有效地交流和合作，这对于那些在不同国家和地区工作的职业者来说尤为重要。

语言障碍可能导致沟通不畅。在跨文化就业中，高校毕业生经常需要与来自不同语言背景的人交流。如果语言能力不足，他们可能难以准确地表达自己的观点，或难以理解他人的意图。这种沟通不畅可能导致误解、信息传递错误，甚至是工作中的重大失误。在一些情况下，语言障碍可能造成员工的孤立感，使他们在团队中难以融入。此外，语言障碍还可能影响团队的合作和凝聚力，因为有效的沟通是团队合作的基础。

语言障碍可能影响工作效率。在跨文化就业中，高校毕业生通常需要处理大量的信息，如果他们的语言能力有限，这可能会降低他们的工作效率。例如，他们可能需要更多时间来阅读和理解文件，或者在会议中难以跟上讨论的节奏。这种效率低下不仅会影响高校毕业生的个人绩效，还可能对整个团队的生产力产生负面影响。此外，语言障碍还可能导致高校毕业生在工作中犯错，这可能进一步降低他们的信心和工作效率。

语言障碍也可能对职业发展产生影响。在跨文化就业中，高校毕业生的语言能力可能影响他们的职业发展机会。如果他们难以用所需的语言有效地沟通，这可能会限制他们在组织内的晋升。此外，语言障碍还可能影响他们与客户和合作伙伴的互动，削弱他们在业务谈判中的竞争力。这种职业发展的障碍可能导致高校毕业生感到沮丧，影响他们的工作积极性和职业满意度。

语言障碍还可能对客户关系产生负面影响。在跨文化就业中，高校毕业生通常需要与来自不同国家和文化的客户交流。如果他们的语言能力有限，这可能会影响他们与客户进行有效的沟通，导致客户体验不佳。例如，如果客户服务人员难以理解客户的需求，或无法准确回答他们的问题，这可能会损害客户的信任和满意度。此外，语言障碍还可能影响企业的品牌形象，因为客户往往会将员工的沟通能力与企业的专业性联系起来。

（三）社交和情感孤立

跨文化就业是许多人寻求职业发展的重要途径，它为从业者提供了丰富的体验和机会。然而，这种多元化的工作方式也带来了一些挑战，其中之一就是社交和情感孤立。孤立感通常源于文化差异、语言障碍、陌生的环境以及与家人和朋友的距离。在跨文化就业的过程中，高校毕业生可能会感到孤独、失去支持系统，甚至产生强烈的文化冲击。

跨文化就业可能导致员工感到社交上的孤立。在新的国家和文化中，高校毕业生可能会发现很难建立新的社交关系，特别是如果他们不熟悉当地的语言和习俗。这种社交孤立感可能导致高校毕业生感到孤独，进而影响他们的工作表现和情绪状态。在一些情况下，高校毕业生可能会发现难以融入新的社交圈子，因为他们与当地人文化和习惯之间存在距离。这种社交隔阂可能导致高校毕业生在工作和生活中感到孤立，难以建立稳定的人际关系。

情感上的孤立是跨文化就业的另一个主要挑战。在新的环境中，高校毕业生可能会感到与家人和朋友的距离，这可能对他们的情感状态产生重大影响。与家人和朋友的距离不仅是地理上的，也是心理上的。在跨文化就业的过程中，高校毕业生可能会发现难以与亲人保持紧密联系，这可能导致他们感到孤独和心理上的疏远。此外，跨文化就业可能意味着高校毕业生需要面对不同的文化和价值观，这可能加剧他们的孤立感。

文化冲击也是导致社交和情感孤立的一个重要因素。在跨文化就业中，高校毕业生可能会面对完全不同的文化环境，这可能带来强烈的文化冲击。文化冲击可能导致高校毕业生感到困惑、焦虑，甚至怀疑自己在新的环境中的价值。在这种情况下，高校毕业生可能会发现难以适应新的文化和社交习惯，这可能导致他们感到孤立和无助。此外，文化冲击可能影响高校毕业生的自尊心和自信心，因为他们可能会觉得自己无法融入新的文化环境。

第二节　跨文化沟通与就业适应

一、跨文化沟通有助于建立良好的工作关系，增强就业适应性

跨文化沟通是现代工作环境中的重要技能，它不仅有助于建立良好的工作关系，还能显著增强就业适应性。在经济全球化的今天，企业和组织越来越多地招募来自不同文化背景的员工，这使跨文化沟通成为团队合作和组织成功的关键。在这个背景下，掌握跨文化沟通的能力对于员工来说至关重要，因为它有助于在多元文化的环境中建立融洽的工作关系，提升团队合作效率，并减少由文化差异带来的误解和冲突。

跨文化沟通有助于建立更好的工作关系。在多元文化的团队中，员工可能来自不同的国家、地区和文化背景，他们的沟通方式和工作习惯可能截然不同。通过有效的跨文化沟通，高校毕业生可以学会理解和尊重他人的观点与价值观，这有助于建立更融洽的人际关系。例如，在一些文化中，人们通常直接表达观点，而在其他一些文化中，人们认为间接沟通更为礼貌。通过跨文化沟通的技巧的学习，员工可以了解这些差异，并调整自己的沟通方式，以建立良好的工作关系。

跨文化沟通能够提高团队合作效率。在跨文化团队中，沟通不畅可能导致误解、冲突和生产力下降。通过掌握跨文化沟通的技能，高校毕业生可以更有效地与同事合作，减少误解，并在团队中建立信任。这包括学会倾听他人的意见，了解不同文化中的非语言信号，以及在沟通中表现出包容和开放的态度。当团队成员能够有效地沟通并理解彼此的需求和期望时，团队合作效率将得到显著提高。

跨文化沟通还有助于减少工作中的文化冲突。在多元文化的工作环境中，文化差异可能导致员工之间的摩擦和误解，这可能对团队的凝聚力和工作效率产生不利影响。通过有效的跨文化沟通，高校毕业生可以主动识别潜在的文化冲突，并采取措施加以解决。例如，他们可以通过开放的对话，解决不同文化之间的分歧，并在团队中建立共同的价值观和目标。此外，跨文化沟通还能帮助员工在面对文化冲突时保持冷静和理智，以避免情绪化的反应。

跨文化沟通对高校毕业生的职业适应性也有重要作用。在跨文化就业的环境中，员工需要适应新的工作方式和团队氛围，这可能是一项具有挑战性的任务。通过跨文化沟通的能力，高校毕业生可以更容易地适应新的环境，因为他们可以有效地与同事和管理层沟通，了解组织的文化和期望。这种适应能力有助于员工更快地融入新的团队，并在新的环境中找到自己的位置。

跨文化沟通还可以促进高校毕业生的职业发展。在经济全球化的企业中，高校毕业生的职业发展往往依赖于他们与同事、客户和管理层的有效沟通。通过掌握跨文化沟通的技巧，高校毕业生可以建立更广泛的职业网络，增加职业机会。例如，他们可以与来自不同文化背景的同事建立联系，拓宽自己的职业视野。此外，跨文化沟通还能帮助高校毕业生在国际业务中取得成功，因为他们能够有效地与全球范围内的客户和合作伙伴交流。

为了在跨文化沟通中取得成功，高校毕业生需要具备一定的技能。这包括学习不同文化的习俗和价值观，掌握不同语言的基础知识，以及培养包容和开放的心态。此外，高校毕业生还可以通过参加跨文化培训、参与国际项目，以及与不同文化背景的人交流来提高自己的跨文化沟通能力。这些努力有助于高校毕业生在多元化的工作环境中取得成功，并建立良好的工作关系。

二、有效的跨文化沟通有助于减少冲突，增强就业适应性

在经济全球化时代，跨文化沟通已成为许多企业和组织日常运营的核心部分。有效的跨文化沟通不仅有助于减少冲突，还能显著增强就业适应性。这对员工和雇主都至关重要，因为跨文化沟通的障碍往往会导致误解、紧张和潜在的冲突爆发，进而影响团队的凝聚力和生产力。通过加强跨文化沟通能力，高校毕业生可以更好地适应多元文化的工作环境，从而提升职业发展机会和团队合作效率。

在多元文化的工作场所中，员工可能来自不同的国家、地区和文化背景，他们的价值观、沟通方式和行为准则各异。有效的跨文化沟通需要高校毕业生了解这些差异，并以开放和包容的态度去接受它们。这需要员工具有一定的文化敏感性，文化敏感性能够帮助员工在与他人互动时避免不必要的冲突。比如，在一些文化中，人们认为直截了当的沟通更佳，而在另一些文化中，间接和委婉的沟通方式更受欢迎。通过敏锐地感知并理解这些文化差异，高校毕业生可以调整自己的沟通方式，从而减少误解和冲突。

在跨文化团队中，沟通不畅可能导致团队成员之间的摩擦和紧张。有效的跨文化沟通可以帮助团队成员建立信任，减少由于文化差异而产生的冲突。例如，当团队成员了解彼此的文化背景时，他们更容易理解对方的行为和决定，并能够更好地合作。这种信任和理解有助于增强团队的凝聚力，提高工作效率，并确保团队能够共同实现目标。此外，跨文化沟通还可以帮助团队成员更有效地解决冲突，因为他们能够以尊重和理解的态度进行讨论。

语言障碍是跨文化冲突的常见原因之一，因为它可能导致信息传递错误和误解。通过提高语言能力，高校毕业生可以更有效地与来自不同文化背景的人沟通，从而减少冲突。具体来说，他们可以通过学习另一种语言，或者利用翻译工具来弥补语言差异。此外，非语言沟通也是跨文化沟通的重要组成部分，包括肢体语言、面部表情和手势等。通过掌握非语言沟通技巧，高校毕业生可以在跨文化环境中更好地传达信息，并减少由于语言障碍引起的误解。

有效的跨文化沟通还可以增强就业适应性。在跨文化就业中，高校毕业生需要适应新的工作环境和文化习惯，这可能是一项具有挑战性的任务。通过有效的跨文化沟通，高校毕业生可以更快地适应新的环境，因为他们能够更好地与同事、管理层和客户沟通。这种沟通能力有助于高校毕业生理解组织的价值观和期望，并找到在新的环境中取得成功的方法。此外，跨文化沟通还能帮助高校毕业生建立新的社交关系，这对于他们在跨文化环境中融入团队至关重要。

跨文化沟通可以增加高校毕业生的职业发展机会。在经济全球化的世界中，拥有跨文化沟通能力的高校毕业生往往更具竞争力，因为他们能够在多元文化的环境中有效地沟通和合作。这种能力可以帮助高校毕业生在国际业务中取得成功，因为他们能够与全球范围内的客户和合作伙伴进行有效的沟通。通过掌握跨文化沟通的技能，高校毕业生可以拓宽自己的职业视野，增加职业发展机会，并在经济全球化的职业市场中脱颖而出。

三、跨文化沟通能够帮助跨文化就业者适应新的工作环境

跨文化沟通在经济全球化的职业环境中扮演着关键角色，特别是对于那些在

不同文化中就业的人来说。它不仅是一种交流形式，更是一种帮助跨文化就业者适应新的工作环境的关键方式。有效的跨文化沟通可以帮助跨文化就业者在新的环境中找到方向，理解新的工作文化，并融入团队中。它能够减少文化冲击的影响，增强职业适应性，最终让跨文化就业者在新的环境中取得成功。

跨文化沟通有助于跨文化就业者理解新的工作文化。每个国家、地区和公司都有自己独特的文化、价值观和工作方式。跨文化就业者在进入新的工作环境时，通常会面临文化冲击，因为他们必须适应新的规则和期望。通过跨文化沟通，员工可以更好地理解这些文化差异。跨文化就业者通过与同事和管理层的沟通，了解这些文化规范，从而避免在新的环境中产生不必要的冲突。

跨文化沟通能够帮助跨文化就业者建立人际关系。适应新的工作环境需要建立稳固的人际关系，而这往往需要跨文化沟通的技巧。在不同文化背景的团队中，员工可能会因为语言障碍、文化差异和社交习惯不同而难以建立人际关系。有效的跨文化沟通能够帮助跨文化就业者与团队成员建立融洽的关系，从而更容易融入团队。具体来说，跨文化就业者可以通过学习当地的语言、理解当地的社交习惯，以及参与团队活动来建立人际关系。这种人际关系有助于跨文化就业者获得团队的支持，更好地适应新的工作环境。

跨文化沟通还可以减少跨文化就业者的文化冲击。文化冲击是一种常见的现象，当跨文化就业者面对新的文化和习惯时，可能会感到困惑、焦虑，甚至不知所措。通过跨文化沟通，跨文化就业者可以更快地适应这些变化，减少文化冲击带来的不适。例如，他们可以与同事讨论工作流程，了解团队的期望，并获得关于如何在新的环境中取得成功的建议。通过这种沟通，跨文化就业者可以逐渐适应新的工作环境，减少文化冲击带来的压力。

跨文化沟通还可以帮助跨文化就业者在新的环境中建立职业网络。职业网络是职业成功的关键，它提供了资源、机会和支持。在跨文化就业中，建立职业网络可能是一项具有挑战性的任务，因为跨文化就业者可能不熟悉当地的职业环境。通过有效的跨文化沟通，跨文化就业者可以与同事、管理层和行业专家建立联系，从而拓宽自己的职业网络。例如，他们可以参加行业活动，与其他专业人士交流，并寻求职业建议。这种职业网络有助于跨文化就业者在新的环境中找到职业机会，并获得职业发展所需的支持。

跨文化沟通还可以增加跨文化就业者的职业发展机会。在经济全球化的世界中，具有跨文化沟通能力的高校毕业生往往更具竞争力，因为他们能够在不同文化背景中有效地沟通和合作。通过掌握跨文化沟通的技能，跨文化就业者可以在新的环境中脱颖而出，获得更多的职业机会。例如，他们可以参与国际项目，与来自不同国家的团队合作，从而拓宽自己的职业视野。这种跨文化经验可以增强跨文化就业者的职业适应性，并为他们的职业发展提供更多的机会。

四、跨文化沟通的能力有助于促进工作场所的包容和多样性

跨文化沟通的能力在经济全球化的今天扮演着愈发重要的角色，尤其是当组织致力于建设包容和多样性的工作场所时。有效的跨文化沟通可以帮助员工和管理层更好地理解和尊重多样性，从而创造一个更具包容性的环境。这种能力不仅能够促进工作场所的和谐与协作，还能带来更多创意，最终提升组织的整体绩效。

跨文化沟通的能力有助于消除偏见和误解。在多元文化的工作环境中，员工可能来自不同的文化背景，他们的价值观、语言和行为方式可能与众不同。没有跨文化沟通能力的员工可能会在面对这些差异时产生偏见和误解，导致人际关系紧张，甚至引发冲突。然而，通过有效的跨文化沟通，高校毕业生可以更好地理解和尊重这些差异，减少因文化冲突引起的紧张。例如，高校毕业生可以通过跨文化培训来学习不同文化的习惯和价值观，从而在与他人互动时表现得更加宽容和包容。通过这种方式，高校毕业生可以消除偏见，建立更和谐的人际关系，为多样性的工作场所打下坚实基础。

跨文化沟通的能力可以促进团队合作和创新。在多元文化的团队中，成员们可能有不同的想法和视角，这可以带来丰富的创新和创意。然而，如果团队成员无法有效地沟通和合作，这种多样性可能会成为团队合作的障碍。通过跨文化沟通的能力，团队成员可以更好地理解彼此的观点，从而更有效地合作，推动团队创新。例如，跨文化沟通能够帮助团队成员克服语言障碍，建立共同的工作目标，并在团队中建立信任。这种协作氛围有助于激发团队的创造力，从而提高组织的创新能力。

跨文化沟通的能力还有助于提升工作场所的包容性。在一个包容性的环境中，所有员工都感到被尊重和接受，而跨文化沟通能力可以帮助员工实现这一目标。通过有效的跨文化沟通，高校毕业生可以理解并尊重多样性，消除歧视和排斥行为。这种包容性的文化可以吸引和留住来自不同背景的员工，增强组织的多样性和包容性。此外，在一个包容性的工作场所，高校毕业生往往更愿意表达自己的想法和观点，从而提高组织的决策质量和整体绩效。

第三节　跨文化职业生涯规划与发展

一、跨文化职业生涯规划步骤

（一）明确职业目标

在跨文化职业生涯规划中，明确职业目标是至关重要的一步，它为个人在经济全球化和多样化的职业环境中提供了清晰的方向和指引。明确职业目标不仅涉及个人的兴趣、技能和价值观，还需要考虑文化背景、全球职业市场趋势以及多样化团队中的沟通与协作能力。这一步骤在很大程度上决定了个人职业生涯的方向和可能性。

在跨文化环境中明确职业目标，首先要进行深度的自我认识。个人需要了解自己真正热爱的是什么，什么样的工作能够激发自己的激情，以及哪些价值观是自己所重视的。这些自我认识不仅涉及技能和兴趣，还包括个人的个性特征、工作风格，以及对工作与生活平衡的需求。通过这种反思，个人可以更好地确定自己适合的职业路径。

了解不同文化背景下的职业发展机会是至关重要的。经济全球化的职业市场提供了丰富的机遇，但每个文化环境都有其独特的职业道德、沟通方式和合作习惯。在明确职业目标时，个人需要考虑这些因素，并思考自己在不同文化背景下的适应能力。与来自不同文化的同行沟通，了解他们的经验，可以帮助个人更深入地理解跨文化职业发展的挑战与机遇。

在明确职业目标的过程中，个人还需要研究全球职业市场的趋势。这包括了解当前和未来的热门行业、经济全球化对职业机会的影响，以及在跨文化团队中所需的关键技能。在这个过程中，个人可以借助各种资源，如职业导师、职业生涯规划专家及专业网站，以获取有关不同职业领域的最新信息。

明确职业目标还需要考虑跨文化沟通与协作的能力。在跨文化环境中，成功的职业生涯往往取决于个人是否能够有效地与来自不同背景的人合作。这要求个人具备良好的沟通技巧、对文化差异的敏感性，以及跨文化团队协作的经验。因此，在明确职业目标时，个人应该考虑自己在这些方面的优势和不足，并制订相应的学习和发展计划。

（二）研究文化差异

研究文化差异是跨文化职业生涯规划中至关重要的一步。文化不仅影响个人的行为方式、沟通风格和价值观，还对职业环境、组织结构和团队合作产生深远的影响。了解和理解文化差异可以帮助个人在经济全球化的职业市场中更好地融入和发展，同时避免文化误解和冲突。为了在跨文化环境中取得成功，深入研究文化差异是一项不可或缺的任务。

研究文化差异首先需要了解不同文化的核心价值观和信仰体系。文化是国家、地区、宗教或社区的产物，每种文化都有其独特的历史、传统和习惯。这些因素影响着人们的行为和思维方式，并在职业环境中体现出来。例如，在某些文化中，权威和等级结构被高度尊重，而在另一些文化中，团队合作和平等被突出强调。了解这些差异可以帮助个人更好地理解不同文化背景下的同事和合作伙伴的行为和期望。

在研究文化差异时，沟通风格是一个重要的方面。不同文化有不同的沟通方式，有些文化倾向于直接、明确的表达，而另一些文化则更喜欢委婉、含蓄的沟通方式。这种差异不仅在语言上体现出来，还通过非语言沟通表现出来，如身体语言、手势、表情和眼神交流。在跨文化职业生涯规划中，了解这些沟通风格的差异对于有效地交流和合作至关重要。个人需要学会在不同文化背景下调整自己的沟通方式，以确保信息能够准确传达。

文化差异还影响团队合作和组织文化。在一些文化中，团队合作强调集体主义，成员之间更倾向于合作和分享；而在另一些文化中，个人主义可能更为突出，强调个人成就和自主权。在跨文化团队中工作时，了解这些差异可以帮助个人更好地融入团队，并找到适合自己的合作方式。个人需要学会在不同文化环境中灵活应对，以确保团队合作的顺畅和高效。

研究文化差异还需要了解文化对工作与生活平衡的影响。在某些文化中，工作和生活之间的界限可能比较模糊，员工可能需要投入更多时间在工作上；而在另一些文化中，工作与生活平衡被视为重要的价值观。在跨文化职业生涯规划中，个人需要考虑自己的需求，以及不同文化环境下的工作要求和压力，从而找到适合自己的职业发展路径。

（三）培养跨文化技能

培养跨文化技能是跨文化职业生涯规划的核心部分。跨文化技能涵盖了许多不同的领域，包括沟通、领导、协作、解决问题，以及对文化多样性的敏感性。在经济全球化的职业环境中，拥有跨文化技能可以帮助个人在多元文化的团队中工作，处理跨国业务，并在不同文化背景下找到职业发展的机会。为了在跨文化职业生涯中取得成功，培养以下这些技能是一项关键任务。

培养跨文化技能需要提升沟通能力。这不仅包括语言技能，还涉及对不同文化背景下的沟通风格和习惯的理解。在跨文化环境中，直接沟通和间接沟通的平衡，以及语言和非语言交流的运用至关重要。学习一门外语可以增强与不同文化背景的人沟通的能力，但更重要的是要了解文化在沟通中的角色。在某些文化中，表达情感和直言不讳是常见的，而在另一些文化中，含蓄和保持礼貌更加重要。培养跨文化沟通技能可以帮助个人在多元文化的环境中建立有效的联系，避免误解和冲突。

跨文化技能还包括在多元文化团队中工作的能力。在经济全球化的职业市场中，团队通常由来自不同文化背景的人组成，他们可能有不同的工作风格、价值观和期望。培养跨文化技能需要学习如何在这些多样性中找到共同点，建立合作关系，并提高团队的凝聚力。个人在培养这些技能时，可以通过参加跨文化团队项目、合作学习和参加国际交流活动来增加经验。通过与不同文化背景的人合作，个人可以更好地理解多元文化的团队动力，并发展出在不同文化环境中工作的能力。

跨文化技能还包括适应能力和文化敏感性。经济全球化的职业环境经常变化，个人需要能够适应新的文化环境、组织结构和商业模式。这种适应能力不仅涉及技术技能，还包括对文化多样性的开放态度。文化敏感性是培养跨文化技能的关键，要求个人能够尊重不同文化的差异，并在工作中体现这种尊重。这意味着要避免文化偏见，尊重他人的文化习惯，并在决策过程中考虑文化多样性。

（四）建立跨文化网络

建立跨文化网络是跨文化职业生涯规划中不可或缺的一环。在经济全球化的职业环境中，个人与不同文化背景的同事、客户、合作伙伴建立联系，能够为职业发展提供广泛的资源和机会。跨文化网络不仅有助于个人获取多样化的观点和知识，还可以帮助他们拓展职业机会，解决跨文化合作中的问题，并在职业生涯中获得支持。建立强大的跨文化网络需要时间和精力，但其带来的益处是不可估量的。

建立跨文化网络的首要步骤是积极参与各种跨文化活动和社交活动。这可能包括参加国际会议、跨文化研讨会、全球性展览会或职业博览会等。在这些场合中，个人有机会接触来自不同文化背景的专业人士，了解不同国家和地区的行业趋势，并拓展自己的人际网络。此外，加入国际专业协会或参与跨国企业的培训项目也可以为个人提供与不同文化背景的人互动的机会。通过这些活动，个人可以结识新朋友、建立业务联系，并在跨文化网络中找到志同道合的伙伴。

建立跨文化网络需要利用线上和线下资源。在当今数字化的世界中，社交媒体和职业网络平台成为建立跨文化联系的重要工具。LinkedIn 等平台允许个人与全球范围内的专业人士建立联系，分享行业资讯，并加入相关的职业社群。通过在这些平台上积极参与讨论、分享见解和发布原创内容，个人可以在跨文化网络中树立自己的专业形象，并吸引更多来自不同文化背景的关注者。此外，在线研讨会、虚拟会议和远程工作团队也为个人提供了跨文化网络的建立机会。在这些环境中，个人可以通过虚拟方式与全球各地的专业人士合作，并建立持久的联系。

建立跨文化网络还需要关注文化的多样性和包容性。在与不同文化背景的人建立联系时，个人需要尊重他们的文化差异，并展现出开放和包容的态度。这样不仅有助于建立信任，还可以促进更深入的交流与合作。个人可以通过学习不同文化的礼仪和习惯，避免无意间的文化冒犯，并在交流中体现出对多样性和包容性的尊重。通过这种方式，个人可以在跨文化网络中建立稳固的关系，为职业生涯发展创造更多机会。

建立跨文化网络需要培养长期的关系和互利的合作。在跨文化职业生涯中，成功的网络不仅依赖于广泛的联系，还依赖于持久的合作和相互支持。个人可以通过与跨文化网络中的成员合作项目、提供帮助和分享资源，来加强这些关系。通过建立互利的合作关系，个人可以在职业生涯中获得更多机会，并在跨文化环境中实现长期的成功。

（五）制订职业路径

制订职业路径是跨文化职业生涯规划的关键环节。职业路径的制订不仅涉及个人的兴趣、技能和价值观，还需要考虑跨文化环境下的职业机会、经济全球化趋势以及不同文化背景下的职业道德和团队合作方式。制订有效的职业路径可以帮助个人在跨文化职业生涯中找到清晰的方向，并通过逐步实现目标，确保长期职业发展的成功。

在跨文化环境中，个人需要考虑不同文化对职业发展的影响，以及在经济全球化背景下哪些行业和职业领域具有发展潜力。明确职业目标，可以为职业路径的制订提供基础，并将其转化为一系列明确的步骤。

经济全球化带来了许多跨国公司和多样化的职业机会，但不同文化背景下的职业环境可能有显著差异。在某些文化中，职业发展可能侧重于稳步晋升，而在另一些文化中，职业发展可能更加灵活和多样化。个人需要了解这些差异，并在制订职业路径时考虑自己在不同文化环境中的适应能力。此外，经济全球化趋势对职业发展也有影响，如远程工作、跨文化团队和国际项目等。这些因素都需要纳入职业路径的制订过程中。

个人需要确保自己具备在多元文化团队中工作的能力，以及跨文化沟通、协作和领导技能。通过培养这些技能，个人可以在职业路径上取得更大的成功，并在跨文化环境中更好地适应职业发展中的变化。职业路径的制订需要考虑个人的技能发展计划，包括参加培训、提升语言能力，以及参与跨文化团队项目等。通过这些努力，个人可以确保自己在职业路径上具备所需的技能和能力。

跨文化网络可以为职业路径提供大量的资源和机会，同时帮助个人获得在不同文化背景下的支持。在制订职业路径时，个人应考虑如何利用跨文化网络来获取行业资讯、寻找职业机会，以及建立长期的合作关系。此外，跨文化网络中的导师和职业生涯规划专家也可以为职业路径的制订提供指导和建议，帮助个人在跨文化职业生涯中作出明智的决策。

在跨文化环境中，职业发展可能面临各种不确定性和变化。个人需要学会在职业路径上保持灵活，并在需要时调整计划。职业路径的制订应包括备选方案和灵活的目标，以应对可能的职业变化和挑战。此外，个人应保持开放的心态，接受不同文化带来的新机会，并在职业生涯中不断学习和成长。

二、跨文化职业发展途径

（一）国际企业和跨国公司

国际企业和跨国公司为个人提供了广泛的跨文化职业发展途径。在经济全球化时代，这些企业在不同国家和地区设有分支机构，拥有多元化的员工和客户群体。这种跨国性质使国际企业和跨国公司成为跨文化职业发展的理想平台，能够为个人提供丰富的职业机会、国际经验，以及多样化的工作环境。在这些公司工作，不仅能够接触到不同文化，还可以参与全球范围的项目，拓展职业视野。

在国际企业和跨国公司中，跨文化团队是常见的组织形式。由于业务范围涵盖多个国家和地区，企业往往需要组建由不同文化背景的员工组成的团队。这为个人提供了在多元文化环境中工作的机会，并且能够从团队成员的经验和观点中受益。跨文化团队的协作不仅可以拓展个人的知识和技能，还可以培养跨文化沟通、团队合作和领导能力。在这种环境中，个人可以学会如何在多样化的团队中有效合作，并在跨文化职业生涯中获得重要的经验。

国际企业和跨国公司还提供了国际派遣和轮岗的机会。许多公司会将员工派往海外分支机构或总部，让他们在不同国家和地区工作一段时间。这种国际派遣不仅可以让个人体验不同的文化，还可以帮助他们了解经济全球化的业务运作方式。在这种经历中，个人可以学会如何适应新的文化环境，了解当地的商业习惯，并建立跨文化网络。轮岗也是一种常见的职业发展方式，员工在公司内部的不同部门或地区之间轮换，从而获得多样化的经验。这种多样化的工作经历可以帮助个人在跨文化职业生涯中获得更广阔的视野。

国际企业和跨国公司还提供了丰富的培训和发展机会。由于这些企业拥有数量庞大的资源和经济全球化的业务，他们通常会提供跨文化培训、语言课程，以及领导力发展项目。这些培训和发展机会可以帮助个人提升自己的技能，并为跨文化职业发展作好准备。通过参加这些培训项目，个人可以获得在经济全球化环境中取得成功所需的知识和技能。

在国际企业和跨国公司中，文化多样性和包容性也是一个重要的主题。许多公司致力于创建多样化和包容的工作环境，鼓励员工尊重不同文化，并促进团队合作。在这种环境中，个人可以体验到多元化的工作文化，并学习如何在多样化的团队中取得成功。企业通过举办文化交流活动、成立多元化委员会，以及鼓励员工参与多样化培训，来支持跨文化职业发展。

（二）国际交流与合作项目

国际交流与合作项目是跨文化职业发展的重要途径之一。通过参与这些项目，个人可以与来自不同国家和文化背景的人士建立联系，共同工作，并交换知识与经验。这种跨文化互动不仅有助于拓宽视野，还可以帮助个人在国际环境中培养沟通、合作和领导能力。国际交流与合作项目涵盖了多种形式，包括学术交流、商务合作、政府间项目以及非政府组织的跨国活动。参与这些项目可以为个人的职业发展提供独特的机会和成长空间。

国际交流项目通常涉及不同国家的机构、组织或大学之间的合作。对学生而言，参加国际交流项目可以带来丰富的学习和研究机会。通过在海外学习或研究，个人可以深入了解当地文化和教育体系，拓展学术视野，并与国际同行建立联系。这种交流经验对职业发展有很大帮助，因为它可以让个人在国际环境中积累知识，并获得经济全球化的视角。此外，国际交流项目还能促进文化间的理解与合作，有助于个人在跨文化环境中建立网络。

商务合作项目则提供了跨文化职业发展的实际经验。这类项目通常涉及不同国家的公司或组织之间的合作，旨在推动跨国业务的发展。通过参与这些项目，个人可以与跨国团队共同工作，学习不同国家的商业习惯和沟通方式。这种商务合作经验可以帮助个人在跨文化环境中培养商业技能，并了解全球市场的运作方式。在这种合作环境中，个人可以学会如何在多元文化的团队中有效合作，以及如何在国际商业环境中应对挑战。

政府间项目是另一种跨文化职业发展途径。许多国家通过政府间合作项目，推动国际合作和文化交流。这类项目可能涉及外交、国际发展、教育、环境保护等领域，为参与者提供了在政府和国际组织中工作的机会。通过参与这些项目，个人可以获得宝贵的国际经验，并与来自不同国家的政府官员和专业人士建立联系。这种政府间合作经验不仅可以提升个人的跨文化沟通和协作能力，还可以帮助他们了解国际事务和政策制订过程。

（三）学术研究与教育

学术研究与教育在跨文化职业发展途径中扮演着关键角色。它们不仅提供了探索不同文化视角的机会，还为个人提供了在经济全球化环境中深度学习与互动的条件。通过学术研究与教育，个人可以获得丰富的知识、开拓跨文化视野，并与来自不同文化背景的专家和学者建立联系。这种跨文化经验可以为职业发展打下坚实的基础，促进个人在经济全球化的职业市场中取得成功。

在学术研究领域，跨文化研究是一个广泛且多样化的主题。它涉及对不同文化的深入理解以及文化间相互作用的研究。学者们可以通过比较不同文化的历史、社会结构、语言、宗教、艺术等领域的差异，揭示跨文化互动的复杂性。参与跨文化学术研究可以让个人培养多样化的视角，并在研究过程中学习如何在多元文化环境中进行分析和交流。这种研究经验可以提升个人的跨文化思维能力，为他们的职业发展提供宝贵的学术背景。

在教育领域，跨文化教育不仅传授知识，还关注培养跨文化意识和理解。在跨文化教育环境中，学生可以学习不同文化的习惯、价值观和行为方式。这种教育经历可以帮助学生拓宽视野，培养对全球问题的敏感性，并激发他们对多元文化的兴趣。许多学校提供国际课程和交换项目，让学生有机会在海外学习，体验不同文化的教育模式。这种经历可以帮助学生适应多样化的环境，并为未来的职业发展做好准备。

教育工作者可以通过跨文化教育促进文化间的理解，并培养下一代的全球公民。在跨文化教育环境中，教师需要具备跨文化沟通和教学技能，以有效地传达知识，并应对不同文化背景学生的需求。他们可以通过创造包容性课堂、鼓励多样性和组织跨文化活动来促进学生之间的互动与合作。通过这种方式，教育者可以在跨文化职业发展中发挥积极作用，推动全球范围内的文化交流。

学术研究与教育还提供了大量的职业发展机会。许多学者和教育工作者参与国际会议、学术合作和跨文化教学项目，以拓展他们的职业网络。通过与国际同行合作，他们可以分享研究成果，交流教学经验，并建立跨文化联系。这种国际合作可以为个人的职业发展提供更多机会，并帮助他们在跨文化环境中取得成功。此外，学术研究与教育领域还为个人提供了继续深造和职业转型的机会，通过获得高级学位和专业资格，个人可以进一步提升自己的职业前景。

第四节　跨文化就业心理个案分析

一、案例背景

赵亦是一位来自中国的年轻工程师，他在中国取得了工程学位，并在一家大型科技公司工作了两年。随后，他决定接受一家美国科技公司的邀请，前往硅谷工作。

二、跨文化心理挑战

在硅谷，赵亦遇到了一系列跨文化挑战。首先是语言障碍，尽管他在中国学过英语，但在实际工作环境中，他发现口语和专业术语的使用与他想象的不一样。其次是文化差异，他注意到同事之间的互动方式与中国非常不同。他们更加直接，会议中往往鼓励公开讨论，这让他感到不适应。此外，社会孤立也成为赵亦面临的一大挑战。在新环境中，他缺少亲朋好友的支持，无法轻松地与同事交往。他发现自己在下班后经常感到孤独，这对他的心理健康造成了一定影响。

三、应对策略

为了克服这些困难，赵亦采取了多种策略。他开始积极参加公司开设的英语课程，努力提高自己的语言能力。他还与同事多交流，尝试理解他们的沟通方式，学习如何在美国文化中与人相处。他还寻找跨文化指导，并加入了公司内的亚裔员工组织。这个组织为他提供了与其他亚裔同事交流的机会，让他感到更加舒适。他还通过这个组织认识了来自其他国家的员工，这拓宽了他的跨文化视野。赵亦还积极参加公司组织的社交活动，如团队建设活动和周末聚会，这些活动帮助他与同事建立了深厚的联系，减轻了社会孤立感。

四、结果

经过几个月的努力，赵亦逐渐适应了新的工作环境。他的英语水平有了明显提高，能够自信地参与会议和讨论。他与同事的关系也变得更加融洽，感受到团队的支持。更重要的是，他在硅谷的职业生涯取得了成功，并成为公司中备受尊重的一员。

赵亦的个案分析展示了跨文化就业心理学中的一些关键挑战，以及跨文化就业者可以采取的应对策略。通过积极应对语言和文化差异、寻求跨文化指导、建立社交网络以及保持积极心态，跨文化就业者可以成功适应新的文化和工作环境。

第七章　高校学生创业心理与创业精神培养

近年来，国家积极鼓励大学生在校期间创业，通过创业带动就业，出台了一系列鼓励大学生创业就业的政策措施。很多大学生创业者成立新企业，随着企业的发展，会逐渐增加对劳动力的需求，从而为社会创造新的就业机会。大学生就业可以为创业积累经验和资源。政府和学校通常会大力鼓励大学生创业，因为创业可以促进创新、增加就业和推动经济增长。因此，高校要了解掌握大学生的创业心理，积极增强创业意识，培育创业精神，提升创业能力，真正实现创业推动就业。

第一节　创业心理与创业意识

一、创业心理概述

创业心理是指在创业行为中，创业者从创业意识的觉醒到创业能力的培养，以及在创业中所经历的一系列心理活动。这一概念涵盖了从创业动机的产生到创业者在创业过程中面临的心理挑战和解决策略。创业心理的研究有助于揭示创业者在创业过程中的心理特征，并提供指导，帮助他们更好地应对创业带来的压力和不确定性。

创业心理的核心在于创业者的心理品质。这包括创业者的自信心、创造力、抗压能力、风险意识和韧性等关键特征。创业者通常是具有远见和冒险精神的人，他们能够在充满挑战的环境中保持动力并坚持不懈。这种心理品质并非天生的，而是通过后天的教育、环境的影响以及实践的锤炼逐步形成的。创业心理教育正是在这一基础上发展起来的，旨在培养创业者所需的心理素质，帮助他们在创业过程中应对各种挑战。

创业心理的形成过程通常始于创业意识的觉醒。这可能源于个人对自我实现的渴望、创新的热情，或者对社会需求的洞察。在这一过程中，创业者开始思考创业的可能性，并探索潜在的创业机会。这一过程涉及自我评估，创业者需要认清自己的优势与劣势，并确定是否具备创业所需的技能和知识。

创业能力的培养是创业心理的关键部分。创业者需要不断学习和发展，以适应创业过程中不断变化的环境。这包括学习商业知识、培养领导能力、掌握管理技能，以及加强沟通和团队合作的能力。在这一过程中，创业者可能会面临各种心理挑战，如面对失败的恐惧、应对压力和不确定性，以及处理与合作伙伴和团队成员的关系。创业者需要具备强大的抗压能力和灵活应对变化的能力，以在创业过程中保持积极的心态。

在创业过程中，创业者会经历一系列的心理变化。这包括创业初期的兴奋与激情，以及随着时间推移而出现的挫折感和压力感。创业者可能会经历成功的喜悦，但也会面临失败的打击。在这个过程中，创业者需要不断调整自己的心态，保持积极的创业精神，并学会从失败中吸取教训。这种心理活动的调节能力是创业成功的重要因素。

随着心理学基础理论的不断发展，创业心理的研究也越来越受到重视。学者们研究创业者的心理特征和行为模式，以揭示创业者在创业过程中所面临的心理挑战，并为创业者提供有效的心理支持和指导。创业心理教育则通过提供相关培训和辅导，帮助创业者培养必要的心理素质，并在创业过程中保持积极的心态。

二、创业意识概述

创业意识是指个人对创业的主动兴趣和积极态度，这种意识通常包括对机会的敏锐嗅觉、对创新的热情、对风险的承受能力以及对自我实现的渴望。创业意识的形成受到多种因素的影响，包括个人的教育背景、成长环境、社会文化以及自身的个性特点。它是一种复杂而动态的心理状态，决定了一个人是否会积极追求创业，并在创业过程中保持坚定不移的决心。

具备创业意识的人通常具有强烈的创新欲望，他们能够从日常生活中发现潜在的商机，并想办法将其转化为实际的创业项目。这种创新精神驱使他们不断寻找新的解决方案，并探索新的商业模式。同时，创业意识也与对市场的敏锐洞察力有关。创业者能够敏锐地捕捉市场变化，迅速调整自己的策略，以应对不断变化的商业环境。

创业意识的另一个关键要素是风险意识。创业者需要具备面对不确定性和风险的勇气。他们明白创业过程充满挑战，可能会面临失败，但他们不畏惧这些困难，而是将其视为成长的机会。具备创业意识的人通常拥有较强的抗压能力和心理韧性，他们能够在困境中保持冷静，并找到解决问题的方法。

创业意识还与自我实现的追求紧密相关。创业者通常有强烈的自我驱动力，他们希望通过创业实现个人价值。这种追求自我实现的意识让他们在创业过程中能够坚持不懈，即使遇到困难也不会轻易放弃。创业者通常有明确的目标，并致力于将自己的创意转化为现实，他们愿意为此付出努力。

创业意识的培养是一个持续的过程，它可以通过教育、实践和社会环境的影响来增强。教育在培养创业意识方面扮演着重要角色，高校可以通过创业课程和创业活动激发学生的创业兴趣。此外，社会环境也对创业意识的形成产生影响，开放的社会文化和积极的创业氛围能够鼓励更多的人投身创业。同时，创业实践是培养创业意识的关键，通过实际的创业经历，个人可以获得宝贵的经验和技能，进一步增强创业意识。

三、大学生创业心理与创业意识现状

（一）创业意识淡薄，缺少创业自信

当代大学生创业心理的现状存在创业意识淡薄、缺少创业自信等问题。作为我国当代创业的主力军，"90后"大学生年龄在25～35岁。他们出生在改革开放后，成长于相对优越的生活环境中，很多是独生子女，父母对他们的关爱甚至溺爱程度较高。加之传统的教育观念对他们影响很大，许多人习惯追求稳定的就业路径，缺少创业的意识，即使偶尔产生创业的想法，也常常在家长的反对和社会的压力下放弃。

这一现象的根源之一是"90后"大学生在成长过程中受到的教育和文化氛围。在许多家庭中，父母更倾向于让孩子选择稳定的职业，如公务员、教师或在大型企业工作。这种观念来自父辈们对稳定生活的追求，也是社会传统价值观的反映。因此，当大学生提出创业想法时，父母往往担心创业风险，甚至认为创业是"找不到工作"的无奈之举，从而极力劝阻。

创业本质上是一种自我价值追求的体现，是创业者自我认知、自我追求和自我实现的过程。在创业心理教育还不完善的情况下，大学生普遍缺少创业意识和创业自信。这种情况不仅源于父母的影响，还与高校教育体系中创业教育的缺失有关。许多大学课程偏重专业知识的传授，而对创业技能和创业心理的培养关注不足。这导致学生在毕业后倾向于选择传统的就业道路，而不敢迈出创业的第一步。

即使有些大学生有创业想法，也常常因缺乏创业自信而难以付诸实践。他们可能担心创业失败带来的经济和心理压力，害怕承担风险，并且对创业过程中的挑战没有足够的认识。此外，社会舆论也可能对创业者持有偏见，认为创业是“另辟蹊径”，甚至与“成功”的传统定义不符。这些因素共同导致大学生创业意识淡薄，缺少创业自信。

改善这一状况需要从多方面入手。高校应该加强创业教育，培养学生的创业意识和创业自信。这包括提供创业课程、组织创业活动，甚至设立创业孵化机制，为有创业意愿的学生提供资源和支持。社会应营造更加积极的创业氛围，消除对创业的偏见，鼓励创新与创业精神。家庭也应改变传统观念，支持孩子的创业选择，理解创业的价值和意义。

通过这些努力，大学生的创业意识和自信可以得到提升，从而激发他们的创业热情，为未来的创新和经济发展注入活力。创业不仅是经济行为，更是一种精神追求，是年轻人实现自我价值的重要途径。通过改善创业心理的教育和环境，大学生将能够更加勇敢地追求创业梦想，开创属于自己的未来。

（二）创业意志薄弱，缺少抗压能力

在改革开放的背景下，“90后”这一代大学生在成长过程中物质生活相对优越，习惯了父母的关爱和照顾，缺少艰苦奋斗的经历。这种成长环境导致他们在面对创业时，往往缺乏挑战的勇气和坚定的创业意志。很多大学生创业者在创业的道路上，由于缺少抗压能力，容易对创业的风险和不确定性感到畏惧。每一个成功的创业者在创业过程中都需要具备坚定不移的意志信念，但很多大学生创业者在遇到困难或挫折时，容易产生放弃的念头，进而引发焦虑、抑郁等心理问题，最终导致放弃创业或创业失败。

在创业过程中，创业者会面临各种挑战，包括市场的不确定性、资金的短缺、团队的磨合以及竞争对手的压力。这些挑战会给创业者带来巨大的心理压力。如果创业者缺少坚强的意志和抗压能力，他们很可能在创业初期就选择放弃，从而错过成功的机会。这种创业意志薄弱的现象在大学生创业者中尤为突出，成为创业成功率低的重要原因之一。

创业心理素质低是导致创业者产生心理恐惧和压力的主要原因。面对创业过程中的诸多问题，产生焦虑心理是一种正常的反应。然而，许多大学生创业者由于缺少实践经验，无法有效应对这些心理压力。他们可能不具备自我调节能力，无法正视自身的心理变化。在创业初期，创业者需要迅速适应各种突发情况，如果没有足够的心理准备和调节能力，他们可能会陷入消极情绪，影响创业进程。

为解决这一问题，创业者需要具备足够的心理准备来应对创业过程中的各种

心理变化。大学生创业者应加强心理锻炼，培养坚韧的意志和抗压能力。这可以通过参加创业训练营、与成功创业者交流经验，以及在创业过程中不断挑战自我来实现。创业者应学会合理缓解心理压力，保持积极的心态。适当的运动、冥想、与家人和朋友沟通等方式都可以帮助缓解创业压力。大学生创业者还应寻求专业的心理辅导和支持，以确保在面对创业挑战时能够及时调整心态。

创业者需要认识到，创业是一条充满挑战的道路，成功的关键在于坚持不懈和应对压力的能力。面对创业过程中的困境和挫折，大学生创业者应具备勇气和决心，不断激励自己前行。通过加强心理素质建设，培养坚定的创业意志和抗压能力，大学生创业者可以更好地应对创业挑战，提升创业成功的可能性。最终，创业者将能够在创业的道路上不断成长，取得成功，成为勇敢的创业者。

第二节　创业能力与创业素养培养

一、大学生创业能力培养策略

（一）开设创业教育课程

开设创业教育课程是培养大学生创业能力的关键策略之一。这类课程旨在帮助学生了解创业的基本概念，掌握创业的必要技能，并激发他们的创业兴趣。在大学教育中，创业教育课程的设立不仅能够帮助学生提升创业能力，还能增强他们的创新意识和实际操作能力。这种课程通常涵盖多方面的内容，包括创业理论、商业计划制订、市场调研、财务管理、法律法规、团队管理和风险控制等。

创业教育课程的核心目标是让学生从理论和实践两个角度了解创业。通过系统的课程设计，学生可以学习到创业的基本知识，掌握创业所需的技能。比如，在商业计划制订课程中，学生会学习如何构建商业模型、制订市场战略、评估财务可行性等。而市场调研课程则帮助学生了解市场趋势、分析竞争对手、识别客户需求等。这些课程旨在为学生提供全方位的创业知识，帮助他们为未来的创业过程打下扎实的基础。

创业教育课程还强调实践教学，通过实际案例和创业项目让学生获得真实的创业体验。许多高校通过创业比赛、商业模拟、创业孵化器等形式，为学生提供实践机会。在创业比赛中，学生可以将理论知识应用于实际场景，通过团队合作、商业计划展示等，获得宝贵的创业经验。商业模拟则让学生在模拟环境中体验创业过程，包括融资、市场推广、产品开发等环节。这些实践活动为学生提供了锻炼创业能力的机会，增强了他们的创业信心。

创业教育课程的另一个重要部分是创业导师的指导。高校通常邀请成功的创业者、企业家和行业专家作为导师，为学生提供创业指导。这种导师制不仅能够为学生提供宝贵的创业经验，还可以帮助他们建立行业人脉。通过与导师的交流，学生可以了解创业过程中可能遇到的问题，并学习到解决问题的有效方法。此外，创业导师还可以帮助学生规划职业发展路径，提供关于创业行业的最新资讯，帮助他们更好地融入创业生态系统。

在开设创业教育课程的过程中，高校还需要注重培养学生的创业精神和创新意识。这包括鼓励学生探索新想法、培养他们的领导能力和团队合作能力。通过设立创业俱乐部、组织创新活动，学校可以营造积极的创业氛围，激发学生的创业热情。创业教育不仅包括知识和技能的传授，还包括对学生创业精神的培养。

（二）举办创业竞赛和挑战活动

举办创业竞赛和挑战活动是培养大学生创业能力的有效策略之一。这些活动旨在为学生提供一个实践创业知识、展示创业才华和提升创业能力的平台。通过参与创业竞赛和挑战，大学生可以在真实的创业情境中锻炼自己，同时也能与同行进行竞争与合作，获得难得的实践经验。

创业竞赛和挑战活动提供了模拟创业环境的机会。在这些竞赛中，学生可以组成团队，共同制订商业计划，设计产品或服务，并提出市场推广策略。通过这些实际操作，学生能够将课堂上学到的创业理论与实践相结合，更好地理解创业过程中的关键环节。例如，商业计划书的撰写需要学生综合考虑市场调研、竞争分析、财务预测等多方面因素，这有助于培养他们的商业思维和综合能力。

在参与创业竞赛和挑战活动的过程中，学生不仅可以锻炼创业能力，还能够培养团队合作和领导能力。团队合作是创业竞赛的重要组成部分，学生需要在竞赛中分工合作，共同完成商业计划和其他任务。这有助于培养学生的沟通能力、团队协作精神以及领导能力。在创业过程中，团队合作能力和领导力至关重要，因此，通过创业竞赛和挑战，学生可以在实践中提升这些能力，为未来的创业作好准备。

创业竞赛和挑战活动也为学生提供了与导师和评委互动的机会。通常，这些活动会邀请行业专家、成功创业者和投资者担任评委，他们会对学生的商业计划和创业方案进行点评和指导。通过与这些专业人士的互动，学生可以获得宝贵的反馈，了解行业趋势，甚至可能获得投资和创业机会。这种互动不仅有助于学生完善创业思路，还可以帮助他们建立人脉，为未来的创业铺平道路。

创业竞赛和挑战活动还能够激发学生的创新精神和竞争意识。在这些活动中，学生需要提出独特的商业创意，并展示其可行性。这个过程要求他们不断创新，寻找与众不同的解决方案。这种竞争环境激励学生不断挑战自己，追求卓越，从而激发他们的创业激情。在创业竞赛和挑战活动中取得成功的经历也能增强学生的自信心，让他们在面对实际创业挑战时更有勇气和决心。

为了确保创业竞赛和挑战活动的效果，高校应提供充分的支持和资源。这包括提供专业的指导、充足的创业资源以及丰富的实践机会。通过举办创业竞赛和挑战活动，高校不仅能够培养学生的创业能力，还可以营造积极的创业氛围，促进大学生之间的创业文化交流。这些活动有助于激发学生的创业热情，增强他们的创业意识，为未来的创业作好准备。

（三）提供专业创业指导

提供专业创业指导是培养大学生创业能力的关键策略之一。这种指导旨在通过专业人士的经验和知识，帮助大学生在创业过程中明确方向，克服困难，并提高创业成功率。专业创业指导通常包括个性化的创业咨询、创业培训、实践项目的指导，以及行业专家的意见和建议。这一策略的核心在于将大学生的创业想法与实际市场需求相结合，为他们提供切实可行的创业路径。

专业创业指导的重要性在于它为大学生创业者提供了系统化的支持网络。在这个网络中，创业者可以获得专业的指导，了解创业过程中可能遇到的挑战，并获得克服这些挑战的方法。例如，创业者在启动阶段可能需要了解商业计划书的撰写、市场调研的方法，以及融资的渠道。专业创业指导可以帮助创业者系统地学习这些知识，确保他们在创业的每个环节都能获得所需的支持。

在提供专业创业指导的过程中，创业导师扮演着重要的角色。这些导师通常是行业专家、成功的创业者或具有丰富经验的商业顾问。他们通过一对一的咨询或小组培训，为大学生提供个性化的创业指导。导师的经验和见解对创业者来说是宝贵的资源，他们可以通过与导师的交流，获得对行业的深入理解，了解创业过程中的关键成功因素。此外，导师还可以帮助创业者制订合理的创业计划，并提供在不同阶段的创业建议。

专业创业指导的另一个重要方面是创业培训。高校可以通过举办创业工作坊、创业训练营和创业课程，为大学生提供系统化的创业培训。在这些培训中，学生可以学习到创业过程中所需的技能，包括领导力、团队管理、市场营销、财务管理和风险控制等。创业培训通常结合理论与实践，确保学生不仅能够理解创业的理论知识，还能通过实际操作获得实践经验。这种培训方式有助于增强大学生的创业能力，让他们在创业过程中更加自信。

除了创业导师和创业培训，提供专业创业指导还可以通过创业孵化器和创业加速器来实现。创业孵化器通常为初创企业提供办公空间、资源支持和专业指导，帮助他们在创业初期获得所需的资源。创业加速器则专注于帮助初创企业快速成长，提供一系列的支持和资源。这些机构可以为大学生创业者提供一个创业生态系统，帮助他们与其他创业者建立联系，分享经验，并获得更多的创业机会。

专业创业指导还应包括心理支持和创业文化的培养。创业过程充满挑战和不确定性，大学生创业者在这个过程中可能会感到压力和焦虑。通过提供心理辅导和建立积极的创业文化，高校可以帮助创业者应对这些压力，保持积极的心态。这种支持不仅有助于提高创业者的抗压能力，还可以帮助他们在创业过程中保持激情和动力。

二、大学生创业素养培养策略

（一）鼓励创新和创造

鼓励创新和创造是培养大学生创业素养的重要策略之一。在当前不断变化的全球经济环境中，创新和创造是创业成功的关键因素。因此，高校在培养大学生创业素养的过程中，应该注重激发学生的创新思维和创造能力，为他们提供发挥想象力和实践创新的机会。通过多样化的教学方法、创新型课程、开放的学习环境和鼓励自主探究的校园文化，大学生可以培养出创新意识，从而为创业奠定基础。

鼓励创新的一个重要途径是通过设计以问题为导向的课程和项目。这些课程和项目强调学生自主思考和解决实际问题的能力，要求学生运用创新思维来找到独特的解决方案。比如，高校可以设计跨学科的项目，让学生从不同角度探索和解决问题。在这种环境中，学生需要合作、分享想法，并通过团队讨论找到创新的解决方案。这种教学方式不仅可以培养学生的团队合作精神，还能激发他们的创新潜力。

鼓励创新和创造的策略还包括举办创新和创业活动。这些活动可以是创业竞赛、创意设计大赛、科技创新展览等。这类活动为学生提供了展示创新成果的机会，鼓励他们不断突破自我，追求卓越。通过参与这些活动，学生不仅可以获得宝贵的实践经验，还可以与其他创新者交流，学习不同的创新思维。成功的创新活动通常能够营造积极的创新氛围，激发整个校园的创新活力。

在鼓励创新和创造的过程中，教师应当扮演引导者和激励者的角色，鼓励学生尝试新的想法，提供积极的反馈，并帮助他们克服创新过程中可能遇到的困难。

教师还可以通过引入成功的创新案例，激发学生的创新灵感，帮助他们理解创新在创业中的重要性。通过与教师的互动，学生可以获得指导和支持，从而更加自信地追求创新和创业。

高校在鼓励创新和创造的同时，还应该提供支持性的创业资源和政策，包括创业孵化器、创业基金、创业导师等。这些资源可以帮助学生将创新的想法转化为实际的创业项目。此外，高校还可以与企业和创业机构合作，为学生提供更多的实践机会和创业平台。借助这些支持性的资源，大学生可以在创新和创造的基础上，逐步实现他们的创业梦想。

（二）建立创业社区和网络

建立创业社区和网络是培养大学生创业素养的关键策略之一。创业社区和网络为大学生创业者提供了相互交流、合作和学习的平台，让他们能够在一个支持性的环境中发展创业技能，建立人脉，并获得创业所需的资源和指导。通过构建这种生态系统，高校可以促进大学生之间的合作，帮助他们共享经验，并为他们提供在创业过程中所需的支持。

创业社区通常是一个开放且活跃的环境，汇集了来自不同学科和背景的学生。这种多样性是创业社区的一个重要特点，它为大学生提供了与不同领域的创业者交流的机会。在这个社区中，学生可以互相启发，激发创新思维，合作开发创业项目。通过与其他创业者的互动，学生能够了解不同的创业方式和思维模式，从而拓展自己的视野。

建立创业社区的重要目的之一是营造一种创业文化氛围。高校可以通过组织创业活动、创业竞赛和创业讲座等方式，激发学生的创业热情。在这些活动中，大学生可以分享他们的创业想法，讨论创业过程中的挑战，互相提供建议和支持。这种积极的创业文化氛围有助于提高大学生的创业素养，让他们在创业过程中更加自信和积极。

除了创业活动，创业社区还可以提供资源和服务，帮助大学生创业者更好地发展他们的项目。例如，创业社区可以设立创业孵化器，为创业者提供办公空间、技术支持和创业导师。创业导师在创业社区中扮演着重要角色，他们为大学生创业者提供专业的指导，帮助他们制订创业计划，解决创业过程中遇到的问题。通过与创业导师的交流，大学生可以间接获得宝贵的创业经验，了解创业的实际操作过程。

创业网络是创业社区的延伸，它涉及与外部资源和机构的合作。高校可以通过与企业、投资者和创业机构建立联系，为大学生创业者提供更多的机会。创业网络的建立有助于大学生获得更广泛的支持，包括融资渠道、市场推广资源和技术支持。通过创业网络，大学生可以与行业专家建立联系，了解行业趋势，甚至可能获得投资机会。这种广泛的创业网络不仅有助于大学生在创业过程中获得支持，还可以帮助他们在未来的创业道路上发现更多的机会。

（三）培养跨文化和全球视野

培养跨文化和全球视野是大学生创业素养培养策略中至关重要的一环。在经济全球化的今天，创业活动不再局限于本地市场，许多成功的创业项目都是跨越地域和文化界限的。因此，培养大学生的跨文化和全球视野，有助于他们在创业过程中具备更广阔的思维方式和更高的包容性，同时也能够应对多样化的创业环境和市场需求。

跨文化和全球视野的培养，首先需要引导大学生了解和尊重不同文化。在创业过程中，文化多样性是不可忽视的因素。不同国家和地区的文化、价值观、商业习惯和社会规范各不相同，这对创业者来说既是挑战也是机遇。高校可以通过开设跨文化课程，邀请国际创业者和专家讲座，或组织文化交流活动，帮助大学生了解不同文化的特点，以及这些特点如何影响商业行为。这种多样化的教育方式有助于学生在创业过程中避免文化冲突，建立跨文化合作关系。

培养全球视野需要鼓励大学生关注国际市场和全球创业趋势。全球视野意味着创业者需要具备经济全球化的思维方式，能够将创业项目与全球市场接轨。高校可以通过组织国际创业比赛、与海外大学合作举办创业活动，或安排学生参与国际交流项目，帮助他们获得国际经验。这种国际化的活动有助于学生了解全球市场的需求和趋势，为他们的创业项目注入经济全球化的元素。

跨文化和全球视野的培养还可以通过提供国际化的创业资源和机会来实现。高校可以与国际企业和机构建立合作关系，为大学生提供参与国际创业项目的机会。例如，通过国际企业实习、跨国企业的创业孵化器或国际创业论坛，学生可以与来自不同国家的创业者和专家进行互动，学习他们的创业经验。这种国际化的资源和机会有助于学生建立跨文化的人脉网络，为他们的创业项目提供更多的支持。

培养跨文化和全球视野还需要强调多语言能力和跨文化沟通技巧。在经济全球化的创业环境中，能够与不同文化背景的人进行有效沟通是关键。高校可以通过提供多语言课程和跨文化沟通培训，帮助大学生提高他们的语言能力和沟通技巧。这种培训不仅有助于学生在国际市场中进行有效的沟通，还能够增强他们的自信心和跨文化适应能力。

为了确保跨文化和全球视野的培养效果，高校应提供一个多样化和包容性的校园环境。这包括鼓励国际学生与本地学生的互动，举办多文化节日和活动，或支持跨文化学生组织的活动。通过这些措施，大学生可以在校园内体验到不同文化的丰富性，培养跨文化意识和全球视野。

第三节　创业机会识别与创业策略

一、创业机会识别方法

（一）进行市场研究与分析

创业机会的识别是创业成功的第一步，而进行市场研究与分析是其中最基础的方法之一。通过全面的市场研究与分析，创业者可以了解市场需求、消费者行为、竞争状况以及行业趋势，从而发现潜在的创业机会。这种方法通过收集、分析和解读大量的市场数据，帮助创业者制订准确的创业策略，并找到能够带来商业成功的机会。

市场研究与分析的首要任务是确定目标市场。在进行创业机会识别时，创业者需要明确他们希望服务的客户群体。这包括了解目标市场的人口统计、消费习惯、购买行为和偏好。通过确定目标市场，创业者可以聚焦他们的努力，确保创业项目与市场需求相匹配。此外，市场研究还包括识别市场中的空白和未满足的需求，这些是创业者可以利用的机会。

进行市场研究与分析的另一个关键步骤是了解竞争状况。创业者需要研究市场中的主要竞争对手，了解他们的产品和服务、市场份额、定价策略和营销方式。这有助于创业者了解市场的竞争环境，并找到在竞争中脱颖而出的机会。创业者还可以通过竞争分析，确定竞争对手的优缺点，从而制订合适的创业策略，发挥自己的优势。

除了了解竞争状况，市场研究与分析还需要关注行业趋势。创业者应密切关注市场和行业的发展动态，了解新技术、新产品和新的商业模式对市场的影响。这种趋势分析有助于创业者预测未来的市场变化，提前做好准备，并在行业变革中抓住机会。例如，数字化转型、人工智能、可持续发展等趋势可能为创业者提供新的创业机会。

市场研究与分析的方法多种多样。创业者可以通过定量和定性的方法收集市场数据。定量方法包括问卷调查、数据统计和市场分析报告，这些方法可以提供大量的数据支持，帮助创业者进行深入的市场分析。定性方法包括访谈、焦点小组和观察研究，这些方法有助于创业者深入了解消费者行为和市场需求。通过综合使用这些方法，创业者可以全面地洞察市场。

市场研究与分析还需要利用数据分析工具和技术。创业者可以使用数据分析软件来处理和分析市场数据，从中发现潜在的创业机会。这些工具可以帮助创业者识别市场趋势、预测市场变化，并进行竞争分析。此外，数据分析工具还可以帮助创业者评估创业项目的可行性，确定创业项目的盈利潜力。

在进行市场研究与分析时，创业者还应与行业专家和顾问合作。这些专家具有丰富的行业经验和知识，可以为创业者提供专业的建议和指导。与行业专家的合作有助于创业者更深入地了解市场，确保创业项目的成功。

（二）关注行业与技术趋势

关注行业与技术趋势是创业机会识别的关键方法之一。在科技迅速发展的时代，行业与技术趋势不仅塑造了新的市场，也提供了创新的创业机会。创业者通过密切关注这些趋势，能够预测行业的发展方向，抓住可能的商机，为创业项目的成功奠定基础。这个过程涉及对行业和技术领域的深入研究，以及对全球商业和科技动态的敏锐洞察。

行业趋势的分析通常是识别创业机会的重要方法。创业者需要关注所在行业的发展动向，了解新的商业模式和市场需求。例如，随着电子商务和数字支付的迅速发展，许多创业机会涌现出来，催生了在线零售、数字金融和电子支付等新领域。通过关注行业趋势，创业者可以及时调整创业策略，跟上市场的变化。

技术趋势是行业趋势的重要组成部分。在当前的商业环境中，技术创新往往是行业发展的驱动力之一。例如，人工智能、区块链、物联网和云计算等技术正引领着许多行业的变革。创业者关注这些技术趋势，可以发现新的创业机会，特别是在那些传统上受到技术颠覆影响较大的行业。创业者可以通过跟踪技术研究报告、参加科技会议和研讨会等方式，深入了解技术趋势，并探索将这些技术应用于创业项目的可能性。

对行业与技术趋势的关注不仅有助于识别新兴的创业机会，还可以帮助创业者从与之相关的配套产业发现创业机会。例如，随着新能源和电动汽车的普及，相关的充电基础设施和电池技术成为新的创业热点。创业者通过关注这些相关领域的趋势，可以找到更多的创业机会，并在整个产业链中寻找合作伙伴。

关注行业与技术趋势还需要与行业专家和领军企业保持联系。这些专家和企业往往是行业趋势的引领者，他们的见解和经验可以为创业者提供有价值的指导。与这些专家和企业的合作，不仅可以帮助创业者洞察行业，还可以拓展人脉，为创业项目寻找资源和合作机会。

在关注行业与技术趋势的过程中，创业者还需要具备敏锐的观察力和灵活的思维方式。创业机会往往隐藏在变化和不确定性之中，创业者需要不断学习和适应新知识，以便及时抓住商机。此外，创业者还应具备开拓精神，敢于挑战传统行业的局限，利用新的技术和商业模式创造新的价值。

关注行业与技术趋势还需要利用数据分析和市场调研。通过数据分析工具，创业者可以追踪市场的动态，预测行业的发展方向。这些数据分析有助于创业者发现市场上的潜在机会，并评估创业项目的可行性。此外，市场调研可以帮助创业者深入了解消费者需求，确定创业项目的定位，从而确保创业的成功。

（三）观察市场中未被满足的需求

观察市场中未被满足的需求是识别创业机会的一个有效方法。在复杂的市场环境中，往往存在许多未被满足的需求，这些需求可能是由于现有产品或服务无法满足，或者因为市场上没有相关的供应商。创业者通过深入观察市场，发现这些未被满足的需求，从而找到创新的创业机会。

要观察市场中未被满足的需求，创业者首先需要了解市场现状，包括当前的产品和服务、消费者的使用体验以及竞争状况。市场调研是这个过程中不可或缺的步骤。创业者可以通过问卷调查、焦点小组讨论和访谈等方式，了解消费者的需求和偏好。特别是通过询问消费者在使用现有产品或服务的过程中遇到的困难和不满，创业者可以发现潜在的机会。例如，如果消费者普遍反映某个产品使用起来不方便，或者服务质量不佳，这就意味着市场中存在未被满足的需求。

观察市场中的未被满足的需求还需要关注消费者的行为和趋势。创业者可以通过观察消费者的购买习惯、消费模式和生活方式，来识别他们的需求。例如，随着健康意识的增强，消费者越来越多地选择健康食品和有机产品，这表明在食品和饮料行业中存在新的创业机会。创业者可以通过分析这些趋势，找到市场中的空白，并提供相应的解决方案。

市场中未被满足的需求可能来自社会和经济变化。创业者可以关注社会发展、人口变化和经济状况，以此来识别新的创业机会。例如，随着老龄化社会的到来，人们对老年人服务和产品的需求不断增加，这为创业者提供了新的商机。类似地，随着环保意识的提高，绿色能源和环保产品也成为创业机会的热点。

观察市场中的未被满足的需求还需要创业者具备敏锐的观察力和创新思维。许多成功的创业项目都是从小的细节开始的，创业者需要在平凡中发现不平凡。例如，智能手机的普及带来了对手机配件的巨大需求，创业者可以通过观察这些需求，开发创新的手机配件产品。创新思维有助于创业者找到新的方法来满足消费者需求，并在市场上建立竞争优势。

为了确保准确识别市场中的未被满足的需求，创业者还可以借助数据分析和市场洞察工具。这些工具可以帮助创业者分析市场数据，预测市场趋势，并评估创业机会的潜力。此外，创业者可以通过与行业专家和顾问的合作，获得专业的见解和建议，以确保他们的创业机会识别过程更加准确和全面。

二、大学生创业策略

（一）制订清晰的创业计划

制订清晰的创业计划是创业成功的关键一步。创业计划就像一幅蓝图，指导创业者一步步实现目标。在创业的初期阶段，制订一份详尽的创业计划可以帮助创业者明确创业方向，识别潜在的风险，并制订有效的应对策略。

创业计划应包含创业项目的目标和愿景。创业者需要明确他们想要实现的商业目标，包括短期目标和长期目标。短期目标涉及产品开发、市场推广和初步的销售战略，而长期目标则包括企业的扩展和市场份额的增长。清晰的目标有助于创业者保持专注，并为团队提供共同的奋斗方向。

在创业计划中，创业者还需要描述商业模式，即如何通过创业项目实现盈利。商业模式应包括产品或服务的描述，目标市场的界定，以及定价和销售策略。例如，如果创业者计划销售实体产品，他们需要考虑生产成本、定价策略、渠道分销和营销计划。如果创业项目涉及在线服务，则需要考虑平台开发、用户增长和订阅模式等。

创业计划还应包含市场分析，详细描述创业项目所处的市场环境。这包括市场规模、竞争状况和目标客户的特征。创业者可以通过市场调研来获取这些信息，确保创业计划的准确性。通过市场分析，创业者可以了解市场中的需求和竞争压力，从而制订有效的市场进入策略。

创业计划还应包括财务预测和资金需求。创业者需要估算创业项目的初期投资、运营成本和预期收入。这些财务数据有助于创业者评估创业项目的可行性，并确定创业资金的来源。创业者可以考虑多种融资方式，包括创业投资、风险投资、天使投资和众筹等。财务预测可以帮助创业者制订预算，确保资金的有效使用。

团队结构和组织管理也是创业计划的重要部分。创业者需要描述创业团队的组成，包括各个成员的角色和职责。在这个过程中，创业者应考虑团队的多样化，确保团队具备必要的技能和经验。清晰的团队结构有助于提高工作效率，并确保创业项目的顺利开展。

创业计划还应包含风险评估和应对策略。创业者需要识别创业过程中可能出现的风险，并制订应对这些风险的计划。这可能包括市场风险、技术风险、运营风险和法律风险等。通过风险评估，创业者可以提前做好准备，减少创业失败的可能性。

创业计划应包含可行性研究和实施时间表。可行性研究可以帮助创业者评估创业项目的可行性，并评估潜在的障碍和挑战。实施时间表则可以帮助创业者设定关键里程碑，确保创业项目按计划推进。

制订清晰的创业计划需要创业者具备全面的商业知识和系统的思维方式。创业者可以通过学习创业课程、参考创业书籍、与创业顾问合作来获得这些知识。在制订创业计划的过程中，创业者还应保持灵活性，确保创业计划能够随着市场环境的变化而调整。

（二）寻找创业导师和顾问

寻找创业导师和顾问是创业策略中至关重要的一步。导师和顾问可以提供经验、知识、资源和人脉，从而帮助创业者克服创业道路上的各种挑战。在创业的过程中，导师和顾问的角色不仅是指导者，更是创业者的支持者和伙伴，他们的智慧和经验可以极大地提高创业成功率。

创业导师通常是经验丰富的企业家、投资者或行业专家。他们通过多年的创业实践，积累了丰富的知识和经验，了解创业过程中可能遇到的风险和机遇。与导师建立关系，创业者可以获得宝贵的指导，避免常见的错误，并学习如何更好地管理和发展创业项目。

创业顾问则更侧重专业领域，如法律、财务、市场营销或技术。他们通常在各自的领域内拥有深厚的专业知识，能够为创业者提供具体的建议和解决方案。例如，在法律方面，顾问可以帮助创业者处理知识产权、公司注册和合同等事务；在财务方面，顾问可以协助制订预算、进行财务分析和规划投资策略。

寻找创业导师和顾问的过程需要创业者的主动性和耐心。创业者可以通过多种渠道寻找导师和顾问。创业孵化器和创业加速器是常见的途径，这些机构通常与经验丰富的导师和顾问合作，为创业者提供指导和支持。此外，创业者还可以参加创业活动和会议，在这些场合与潜在的导师和顾问建立联系。

在寻找导师和顾问时，创业者应注重建立信任和互惠的关系。导师和顾问的指导应该基于相互理解和信任。创业者应积极沟通，并对导师和顾问的建议持开放态度。同时，创业者也应意识到，导师和顾问的时间和资源有限，因此在求助时要保持礼貌和尊重。

建立与导师和顾问的长期关系对创业者的持续发展至关重要。这种关系可以通过定期的交流和合作来维持。创业者可以定期与导师和顾问会面，讨论创业项目的进展，分享成功与挑战，并听取他们的建议。此外，创业者还可以邀请导师和顾问参加公司活动或项目展示，以保持密切联系。

导师和顾问的作用不仅在于提供建议，还可以帮助创业者建立广泛的人脉网络。这些网络可以为创业者提供合作机会、融资渠道和市场推广支持。创业者可以通过导师和顾问的引荐，结识其他创业者、投资者和行业专家，从而拓展商业机会。

与导师和顾问合作还可以帮助创业者建立更好的领导力和管理能力。导师和顾问可以分享他们在团队管理、战略规划和决策制订方面的经验，帮助创业者培养必要的技能。此外，导师和顾问还可以在创业者遇到困境时提供情感支持，鼓励他们克服困难，继续前进。

（三）参与创业竞赛和活动

参与创业竞赛和活动是创业策略中的关键一步，尤其对大学生创业者而言。这些竞赛和活动不仅提供了展示创业项目的平台，还为创业者提供了宝贵的学习、交流和拓展人际网络的机会。在创业的初期阶段，参与创业竞赛和活动可以帮助创业者获得资源、建立声誉，并为创业项目吸引投资和合作伙伴。

创业竞赛通常是创业者展示其项目的机会。通过这些竞赛，创业者可以向评委和观众展示他们的商业理念、商业模式和市场潜力。这些竞赛通常具有不同的主题和范围，从技术创新到社会企业，从区域到全球。参与这些竞赛可以帮助创业者获得曝光度，并可能赢得资金、奖品或创业孵化器的支持。

在准备参加创业竞赛时，创业者需要确保自己的创业项目准备充分。首先，创业者需要制订一份清晰且吸引人的商业计划，涵盖创业项目的关键要素，如目标、商业模式、市场分析、财务预测等。这份商业计划不仅是竞赛的核心，还可以帮助创业者在创业过程中保持方向感。其次，创业者需要具备良好的演讲和展示能力。在竞赛中，创业者通常需要进行演示或演讲，向评委和观众介绍他们的创业项目。良好的演讲技巧和展示能力可以增加创业项目的吸引力，帮助创业者在竞赛中脱颖而出。创业者可以通过参加演讲培训、练习演示技巧和观看其他创业竞赛的演讲来提升自己的能力。

除了创业竞赛，创业活动也是创业者获取资源和拓展人际网络的机会。这些活动包括创业峰会、创业博览会、创业培训营等。通过参与这些活动，创业者可以与其他创业者、投资者、行业专家和媒体建立联系。这种广泛的人际网络有助于创业者获取资源、找到合作机会，并从其他创业者的经验中学习。

在创业活动中，创业者还可以接触到最新的行业趋势和技术发展。创业活动通常会邀请业内专家进行演讲和讨论，为创业者提供前沿的信息。创业者可以通过这些活动了解行业的最新动态，调整自己的创业策略，确保创业项目始终保持竞争力。

创业竞赛和活动还提供了学习和成长的机会。通过参与这些活动，创业者可以获得专业指导、业务培训和创业资源。许多创业活动还设有创业孵化器和加速器，提供创业者所需的办公空间、技术支持和创业辅导。这些资源可以帮助创业者加速创业项目的发展，降低创业风险。

创业竞赛和活动也是创业者培养团队合作和沟通能力的机会。在这些活动中，创业者需要与团队成员合作，共同准备演示和展示。这种团队合作有助于提高团队凝聚力，增强团队成员的沟通和协调能力。此外，创业者还可以通过这些活动与其他团队合作，促进创业项目的跨界合作和资源共享。

参与创业竞赛和活动可以帮助创业者在创业过程中积累经验，建立信心，并获得外界的认可。这种认可不仅来自评委和观众，还包括媒体报道和社交媒体关注。创业者可以利用这些机会，扩大创业项目的影响力，为创业项目的推广和市场扩展打下基础。

第四节　高校学生创业心理案例分析

一、案例背景

李杰是某著名高校的计算机科学系学生。他在大二时开始对创业产生浓厚兴趣，主要原因是他在课程中接触到了一些激动人心的技术创新。他参加了学校组织的创业训练营，并在那里学到了很多创业的基础知识。这些经历使他产生了想要创建自己的公司的想法。

二、创业动机与挑战

李杰的创业动机来自对技术创新的兴趣，李杰对技术非常痴迷，尤其是人工智能和大数据。他认为通过创业可以更自由地探索这些领域。李杰希望通过创业实现自己的梦想，建立一个有影响力的科技公司。他想通过创业获得经济独立，并有机会获得巨大的财富。

李杰在创业初期面临着许多挑战，这些挑战既包括技术上的难题，也涉及心理上的压力。作为学生，李杰没有太多的资金，他必须想办法筹集启动资金，而这需要与潜在投资者谈判，这对他来说是一个新的领域。创业和学业之间的平衡是一个巨大的挑战。他经常因为创业事务而错过课程，这给他的学业带来了压力。李杰需要一个强大的团队来支持他的创业项目，但在高校环境中找到合适的人才并不容易，他还面临团队合作中的沟通和协作问题。创业的压力让李杰感到焦虑和疲惫，他担心失败，这种不确定性让他感到困扰。

三、心理应对策略

为了应对这些挑战，李杰采取了多种策略。李杰与学校的创业导师建立了联系，并积极参加创业社团。他还向成功的创业者请教，以获得他们的经验和建议。他不断学习新的知识，包括商业和管理技能。他参加了各种创业课程和研讨会，以提升自己的能力。尽管面临很多挑战，李杰始终保持积极的心态。他相信自己的创业项目具有潜力，并不断激励自己不要放弃。当压力过大时，李杰会向学校的心理咨询师寻求帮助，这帮助他减轻了焦虑。

四、结果

经过一段时间的努力，李杰的创业项目取得了一定的进展。他成功获得了一笔初创资金，并在学校的创业比赛中获得了奖项。这些成功让他更加自信，并激励了他的团队。然而，创业之路并非一帆风顺。李杰经历了一些失败和挫折，这使他意识到创业的复杂性。他学会了从失败中吸取教训，并调整自己的创业策略。最终，李杰的创业项目在学校的创业生态中获得了一定的认可，他的团队也开始稳定下来。这一过程让他更加坚定了创业的决心，同时也意识到，创业是一条需要坚持和不断学习的道路。

第八章　高校学生职业认同与职业幸福感

第一节　职业认同与职业发展的关系

一、职业认同的概念

职业认同是指个人对所从事的职业在主观上形成的认知和感受，这种认知与职业特征密切相关，包括对职业角色意义和价值的理解，以及工作是否有乐趣和吸引力。职业认同的重要性在于它影响人们在工作中的态度和表现程度。它是一种心理上的共鸣，使人们感到他们的工作具有价值、意义，并且值得他们投入时间和精力。职业认同的重要性在当今频繁的职业调整背景下显得尤为突出，因为缺乏职业认同可能导致消极怠工，进而影响工作的质量和个人的身心健康。

职业认同分为过程性职业认同和状态性职业认同两种类型。过程性职业认同是指个体在其职业生涯过程中逐渐发展并认可自己职业角色的过程。这通常是一个长期的发展过程，涉及个人价值观、兴趣、技能和职业目标的探索。在这个过程中，个人可能通过教育、培训、实习和实际工作经验，逐渐构建对职业的认同感。过程性职业认同强调成长与学习的重要性，因为个体在这个过程中需要不断适应和调整，以确保与职业的匹配。对高校学生来说，这个过程可以从学术课程、职业规划和职业指导中得到支持。通过这些活动，学生可以探索不同的职业领域，找到与自身兴趣和技能相匹配的职业，并逐渐形成对职业的认同。

状态性职业认同则是指个体当前对自己所从事职业的认同程度。这种职业认同反映了个体在某个时点对自己的职业角色的态度。状态性职业认同受到多种因素的影响，包括工作环境、职业发展机会、组织文化以及人际关系等。高状态性职业认同通常与更高的工作满意度和职业幸福感相关，而低状态性职业认同则可能导致工作表现下降和职业倦怠。因此，保持高状态性职业认同对于职业生涯的成功至关重要。

二、职业认同的形成过程

（一）探索阶段

职业认同的形成过程中的探索阶段是个体在寻找自身职业方向的初期阶段。在这一阶段，个体通过探索自己的兴趣、能力、价值观，以及职业的可能性，逐渐明确他们对职业的认同。这一过程通常从高中和大学时期开始，是职业生涯发展的基础。在这一阶段，个体试图理解自己与不同职业领域之间的关系，以便作出更明智的职业选择。

在探索阶段，个体往往面对广泛的选择和不确定性，因此，这一阶段的关键是通过不断尝试与学习，找到与自身特征相契合的职业方向。探索阶段的开始往往源于自我反思和对职业的认知。学生可以通过与家人、教师、导师或职业顾问的交流，获得对不同职业的初步了解。这种交流有助于他们形成对职业的基本概念，了解各种职业的特点和要求。接下来，个体会开始探索自己的兴趣和能力。这可能涉及参与各种活动和课程，以发现自己的特长和喜好。例如，学生可能参加学校的社团、志愿者活动，或者进行兼职工作，以了解自己在团队合作、领导能力、解决问题等方面的优势。在这一过程中，个体逐渐了解到自己在不同情境下的表现，从而更好地评估自己与不同职业的匹配度。

探索阶段的另一个重要部分是对职业的研究。个体可以通过阅读职业书籍、浏览职业网站、参加职业博览会等方式，进一步了解各种职业的职责和要求。这样做有助于他们获取有关职业生涯发展、薪资水平、工作环境等方面的信息。在这个阶段，个体也可能参加职业兴趣测试，以获得对自己职业倾向的客观评价。

在探索阶段，实践经验是帮助个体形成职业认同的重要途径。个体可以通过实习、志愿者工作、兼职等方式，获得实际的工作经验。这些经验不仅可以提供实践技能，还可以帮助他们了解职业环境和工作文化。在实践过程中，个体可以与行业专业人士互动，获得关于职业发展路径的第一手建议。这种实践经验有助于个体更好地理解自己在职场中的位置，并逐渐形成对职业的认同。

探索阶段的另一个关键方面是个体对自身价值观和职业价值观的探索。个体需要了解他们在职业选择中重视什么，是薪资、稳定性、成就感，还是社会影响力。在这个过程中，他们可以思考自身的价值观，并将其与职业选择相结合。这种探索可以帮助个体确保他们的职业选择与自身的价值观相符，从而增强职业认同感。

探索阶段还涉及个人对职业生涯的期望和目标的设定。在这一阶段，个体需要思考他们想要在职业生涯中实现什么，以及他们希望从职业中获得什么。这种期望和目标的明确性可以帮助个体在职业选择中保持专注，并在后续的职业发展中找到方向感。

（二）塑造阶段

职业认同的形成过程中的塑造阶段是个体在探索阶段之后，开始逐渐明确自己职业角色和巩固职业认同的阶段。在这一阶段，个体不仅要将探索阶段获得的经验和知识应用于实践，还要通过各种方式进一步确立自己的职业目标、角色和价值观。这一阶段是职业认同发展过程中至关重要的环节，因为它决定了个体如何在职业生涯中定义自己，并建立起对职业的持久认同感。

塑造阶段通常发生在个体进入职场初期，是从学校到职场的过渡期。个体在这一阶段的主要任务是将他们在探索阶段所获得的自我认知和职业知识转化为实际行动。在这个阶段，个体将开始接触真实的职业环境，并在实践中逐渐塑造自己的职业角色。这个过程包括适应工作文化、学习岗位职责、与同事和上司建立关系，以及发展职业技能。

每个组织都有自己的文化和价值观，个体需要在这个阶段中学会如何融入其中。这涉及理解公司的使命、愿景和核心价值观，以及适应公司的人际关系和沟通方式。个体需要通过观察和实践，找到与组织文化相符的行为方式。这个过程有助于个体在组织中建立归属感，进而增强职业认同。

个体在这一阶段需要掌握他们的工作职责，并了解组织对他们的期望。这可能包括学习新的技能、掌握工作流程，以及接受必要的培训。个体通过这些学习过程，逐渐形成对自己职业角色的理解，并确定自己在组织中的位置。这个过程不仅有助于个体提高工作效率，还可以增强个体对职业的信心和认同感。

塑造阶段个体开始与团队合作，并与同事建立人际关系。这包括学习团队合作的技巧，与上司保持沟通，以及在组织中建立支持性网络。通过与他人的互动，个体可以获得反馈，了解自己在团队中的角色，并逐渐明确职业认同。这种人际关系的建立不仅有助于个体在组织中获得支持，还可以增强个体在职业生涯中的归属感。

塑造阶段是个体发展职业技能的关键阶段，在这一阶段，个体需要不断提升自己的技能水平，以满足职业发展的需求。这可能包括参加专业培训、获得相关认证，以及积极参与职业发展活动。通过这些方式，个体可以巩固自己的职业知识，并提高自己在职场中的竞争力。这种技能的发展有助于个体在职业生涯中取得成就，并增强个体的职业认同。

塑造阶段的另一个重要方面是确立职业目标。在这个阶段，个体需要思考自己在职业生涯中想要实现的目标，并制订实现这些目标的计划。这可能涉及设定短期和长期的职业目标，以及制订明确的职业发展路径。通过确立职业目标，个体可以保持在职业生涯中的方向感，并对自己的职业认同有更清晰的认识。

（三）阶段性巩固

职业认同的形成过程中的阶段性巩固是个体在塑造阶段之后，通过进一步的经验积累和角色深化，稳固其职业身份与认同感的过程。在这一阶段，个体将逐渐将职业认同转化为持续的职业习惯、态度和行为，并通过不断获得的职业成就感来增强职业认同。这一阶段的重要性在于，它确保个体在职业生涯中持续感受到稳定感与归属感，同时也提供了进一步发展的基础。

阶段性巩固包括对职业角色的深入理解。个体在这一阶段中，已经逐渐适应了工作环境，了解了组织文化，并与同事和上司建立了基本的人际关系。在这个基础上，个体开始更加深入地理解自己的职业角色，以及如何让这个角色发挥更大的作用。这可能涉及在工作中承担更多责任，参与更复杂的项目，或者主动寻求职业发展的机会。通过这些方式，个体可以进一步深化对职业的理解，并将职业认同融入日常工作。

通过阶段性巩固个体将进一步扩展他们的人际关系网络，并建立与行业内其他专业人士的联系。通过参加行业会议、加入专业协会，或者参与行业相关的社交活动，个体可以与更多的专业人士建立联系。这些关系不仅有助于个体获得更多职业发展的机会，还可以为个体提供支持和指导。稳固的职业人际网络可以增强个体对行业的认知，并进一步巩固个体的职业认同。

阶段性巩固需要个体保持学习的动力，并不断提升自己的技能。这可能包括获得高级认证，参加高级培训课程，或者自学新的知识和技能。通过不断学习，个体可以确保他们的技能保持与行业需求的同步，并在职业生涯中保持竞争力。这种持续的职业发展不仅有助于职业成功，还可以增强个体的职业认同，因为个体会感到自己在不断进步。

在这一阶段，个体开始在工作中取得显著的成就，并受到同事和上司的认可。这种成就感可以增强个体的职业自信心，并强化他们的职业认同。通过成功完成重要的项目，获得公司内部的奖励，或者在行业内获得认可，个体可以感受到自己的职业努力得到了回报。这种成就感可以激励个体在职业生涯中追求更高的目标，并保持对职业的积极态度。

阶段性巩固还包括对职业目标的调整和完善。随着个体职业生涯的不断发展，他们可能需要对职业目标进行重新评估和调整。在这一阶段，个体可能会反思他们最初的职业目标，并根据实际经验进行调整。这种调整可能涉及改变职业方向，追求新的职业机会，或者在同一领域中进一步专业化。通过这种动态的目标调整，个体可以确保他们的职业认同始终与自身的发展相一致。

三、职业认同影响职业发展方向

职业认同与职业发展是相互关联的两个概念。职业认同描述了一个人对其职业的认同感和归属感，以及对自己的工作角色的理解和接受程度。职业发展则涉及一个人在职业生涯中的成长、进步和成就。在职业认同影响职业发展方向的情况下，职业认同的强烈程度和质量直接决定了一个人在职业生涯中作出的选择以及追求的目标。

职业认同的形成受多种因素影响，包括文化、教育、家庭和社会期望等。一个人对自己的职业角色的看法通常从小就开始形成，这与个体在成长过程中所受到的教育和周围的环境密切相关。例如，在家庭中受到特定职业的启发，或在学校里受到教师和同学的影响，这些都可能在职业认同的形成中起到一定的作用。

职业认同的一个重要方面是个人价值观与职业目标之间的契合度。当个人的价值观与其从事的职业相吻合时，他更有可能在职业中获得满足感和归属感。这种内在的认同感会激励他在职业生涯中不断追求卓越，从而对职业发展产生积极的影响。

强烈的职业认同会引导个人选择与其认同的角色和目标相符的职业道路。这种认同感使他在面对职业选择时更加明确，更加坚定。例如，一个对环保事业有强烈认同感的人，可能会选择在环保相关的领域工作，而不会考虑与环保相矛盾的职业。这种明确的认同感不仅帮助个人确定职业发展方向，还使他在职业生涯中更加有动力和决心。

职业认同还可以增强个人的职业弹性。当一个人对其职业角色有深刻的理解和认同感时，他更有可能在职业生涯的挑战和变化中保持稳定。这种稳定性来自他对自己的角色和目标的清晰理解，使他在职业生涯的起伏中更能保持冷静和积极的心态。

职业认同还可以激发个人的职业创造力和创新能力。当一个人对其职业角色感到强烈的认同时，他更有可能在工作中寻找创新的解决方案，并尝试新的方法来推动职业发展。这种创新精神不仅有助于个人的职业发展，还可能对整个行业产生积极的影响。

四、职业认同还影响职业发展规划

职业认同与职业发展规划之间存在密切的关联。职业认同是一种个人对其职业角色和工作的认同感，而职业发展规划则是指个人为自己的职业生涯制订的短期目标和长期目标，以及实现这些目标的策略和步骤。当职业认同在职业发展规划中发挥影响时，个人往往会更具动力，制订的规划也会更加明确和切实可行。

当一个人对自己的职业角色有强烈的认同感时，他在职业发展规划的过程中会更明确地知道自己想要什么。这种明确性源自对自己的职业身份和价值的认知，以及与该职业相关的目标和理想。当个人在职业认同方面感到自信时，他制订的职业发展规划更符合他的兴趣和价值观。这种认同感会驱使他作出更明智的职业选择，并制订切合实际的职业发展目标。

职业认同在职业发展规划中的作用不仅限于明确方向，还包括激发动力和决心。当一个人对自己的职业感到认同时，他在规划自己的职业发展时往往会表现出更大的积极性。这种动力来自他对职业的热情和对自身能力的信心，他相信自己能够在所选的职业领域取得成功。这种强烈的职业认同感还可以帮助个人克服职业生涯中的障碍和挑战，因为他的目标与他的认同感紧密相连。

职业认同还可以影响职业发展规划中的学习和成长要素。当一个人对自己的职业角色有强烈认同时，他会更愿意投资自己的职业技能和知识。这意味着他在制订职业发展规划时，会更加关注学习和发展机会，并主动寻求各种培训和教育资源。这种持续学习的态度不仅有助于个人的职业成长，还能增强其在职业生涯中的竞争力。

职业认同也会对职业发展规划中的人际关系和人际网络建设产生影响。当一个人对其职业认同感强烈时，他往往会积极建立与职业相关的人际关系和专业人际网络。这些关系和网络在职业发展中起到重要作用，帮助个人获取职业信息、寻求指导，并获得更多的职业机会。职业认同越强，个人就越有可能在职业生涯中建立稳固的人际网络，这对于实现职业发展规划至关重要。

职业认同在职业发展规划中还可以影响个人的职业弹性和适应能力。当个人对其职业角色有深刻认同时，他在规划职业发展时会考虑职业领域中的变化和不确定性。他会制订灵活的职业发展策略，以确保自己在职业生涯中能够适应变化，并在面对挑战时保持冷静和积极的心态。这种弹性使个人能够在职业发展规划中充分考虑各种可能性，并为未来的不确定性作好准备。

五、职业发展强化职业认同

职业发展可以通过多种方式强化职业认同。职业认同是指个人对其职业的认知与归属感，而职业发展则是个人在职业生涯中的进步与成长。职业发展不仅是在职业生涯中攀登更高职位或获得更高收入的过程，更是一个不断增强个人职业认同感、提升职业自我效能的过程。

在职业发展的过程中，个人的能力和经验逐渐积累。这种积累带来了工作上的成就感与满足感。当一个人感受到自己在职业生涯中取得了进步并且在职业领域得到了认可时，他的职业认同感会被显著强化。这种正向反馈机制会激励个人在职业生涯中更加投入，并进一步追求更高的职业目标。随着他在职业生涯中不断前进，职业认同感也随之加强，这种增强的认同感又反过来推动他更加努力工作，形成一种良性循环。

职业发展还会带来更多的学习与成长机会。这些机会不仅能够帮助个人提升技能与知识，还可以深化他对职业领域的理解。随着个人对职业的理解加深，他的职业认同感也会逐渐增强。当一个人通过职业发展获得了更多的专业知识，并能够在工作中自信地运用这些知识时，他对自己在职业领域中的位置感到更为舒适与自信。这种信心在职业认同感的形成中扮演着关键角色。

在职业发展的过程中，个人也可能会建立更广泛的专业人际网络。这些网络包括同行、导师和其他专业人士，他们不仅提供了支持与指导，还可以成为个人在职业生涯中的参考点。当一个人建立了牢固的专业关系网，他会感受到自己在职业领域中的归属感。这种归属感是职业认同的核心之一，因为它让个人觉得自己是一个更大的社区的一部分。随着职业发展带来更多的社交机会和更大的专业人际网络，个人的职业认同感也会相应得到增强。

职业发展的另一个重要方面是对个人贡献的认可。随着个人在职业生涯中取得成就，他的工作通常会受到同事、上司或整个行业的认可。这种认可不仅是一种奖励，更是职业认同的强大驱动力。当一个人感觉到他的努力得到了认可，他会对自己的职业产生更强烈的认同感，并更加坚定地朝着职业目标前进。

职业发展还可以带来更多的领导机会与责任。随着个人在职业生涯中逐渐承担更多的责任，他会对自己的角色和影响力有更深的理解。这种理解有助于增强职业认同感，因为个人开始意识到他在团队或组织中的重要性，并看到自己对他人和整个行业的影响。通过承担更多的领导工作，个人可以进一步加强职业认同感，并获得更大的职业满足感。

第二节　职业发展与职业幸福感的关系

一、职业发展概述

职业发展是一个持续的、动态的过程，涵盖了从教育和职业初期选择，到工作经验的积累和领导力的培养，再到职业生涯的顶峰以及退休后的反思。职业发展不仅涉及专业技能的提升，还包括个人成长、社交网络的扩展，以及在职业生涯中找到意义和满足感。

职业发展的基础在于教育和培训。许多人在学校时期就开始了他们的职业探索，通过学习基础知识、获取专业技能，以及参与课外活动、实习或志愿者工作来积累经验。这一阶段的重要性在于为职业发展打下了基础，同时也帮助个人确定自己的兴趣和能力。扎实的教育基础有助于开启职业生涯的第一步，使人们在进入劳动力市场时具有竞争力。

随着职业生涯的展开，工作经验成为职业发展的关键组成部分。在职业生涯发展初期阶段，个人不仅在技术能力上有所增长，还通过工作中的实践积累经验。这一阶段可能伴随着频繁的角色转变、职位提升，以及对新技术和方法的学习。重要的是，个人需要保持学习的心态，灵活应对不断变化的工作环境。此外，建立良好的职场人际关系和职业网络也至关重要。这些关系可以帮助个人获取新机会、新建议，并在职业生涯中获得支持。

随着经验的积累，职业发展进入了更高级的阶段。在这一阶段，领导力和管理能力变得至关重要。许多人开始承担更多的责任，可能成为团队的领导者或管理者。这一阶段的职业发展不仅涉及自身能力的提升，还包括培养他人和推动团队成功。领导力不仅是指管理团队，更包括激励、沟通和制订战略的能力。一个成功的领导者需要具备出色的沟通技巧，能够激励团队成员，并在复杂的环境中作出明智的决策。

职业发展的另一个重要方面是找到工作的意义和满足感。随着职业生涯的推进，许多人开始反思他们的工作是否与他们的价值观和人生目标相符。这可能引发职业方向的调整，或者促使个人参与更具社会意义的项目。找到工作的意义可以增强工作满意度，提升工作动力，并帮助个人在职业生涯中保持持续的热情。

职业发展的终点通常是退休。然而，这并不意味着职业生涯的结束。退休后，许多人继续追求自己的兴趣，参与志愿者工作，或者创业。在这个阶段，个人可能更加关注个人生活、家庭和社区服务。这是一个重新定义生活目标的机会，可以帮助个人在职业生涯的后期找到新的意义。

二、职业幸福感的内涵与影响因素

（一）职业幸福感的内涵

职业幸福感是指在职业领域中体验到的持续快乐感。这种幸福感源于个体在工作过程中满足了自身的需求、激发了潜能并感受到个人力量的增长。职业幸福感不仅影响个人的职业生涯发展，还影响整体生活质量和幸福水平。理解职业幸福感的内涵有助于我们更好地认识自身的职业状态，进而找到提升职业幸福感的方法。

在追求职业幸福感的过程中，物质和情感是两个主要的驱动力。物质层面的幸福感通常源于薪酬、福利、工作环境等外在因素。这些因素虽然重要，但其带来的幸福感往往是短暂的，而且呈递减趋势。当人们习惯了特定的收入水平和工作条件时，这种物质层面的幸福感会逐渐减弱。因此，单纯依赖物质激励来提升职业幸福感并不能持续带来快乐。

与此相对，情感层面的幸福感则更加持久且具有深远的影响。它包括了工作中的归属感、成就感、认同感以及与同事、上司之间的情感纽带。当人们在工作中找到内在的动力，感受到自身的价值并与团队产生情感联结时，这种幸福感就会更加持久。情感层面的职业幸福感不仅让人们在工作中感受到快乐，还可以激发他们的潜力，推动他们不断进步。

幸福感并没有固定的定义。即使是相同的职业环境也会给不同的人带来不同的体验和感受。这取决于个体的生活态度、生活价值观以及心理状态。因此，职业幸福感的构建需要考虑个人的差异和需求，不能一概而论。

（二）职业幸福感的影响因素

1. 工作环境与文化

职业幸福感是人们在工作领域感受到的持续快乐和满足感，而工作环境与文化是影响职业幸福感的关键因素之一。一个积极、支持性的工作环境，以及鼓励合作和创新的企业文化，往往能够显著提高员工的职业幸福感。

工作环境是指员工在工作场所中所接触到的物理和社会条件。这包括办公室布局、设备设施、工作空间、空气质量、噪声水平等物理因素，以及同事之间的互动、团队合作、领导风格等社会因素。一个舒适、整洁且安全的工作环境能够让员工感到愉悦，并提升工作效率。比如，开放的办公室布局可以促进沟通和协作，而良好的通风和照明条件则能增强员工的工作积极性。此外，合理的工作设备和工具也有助于减少工作压力，使员工能够更顺利地完成任务。

企业文化是指一个组织中普遍存在的价值观、信念、行为规范和习惯。企业文化对员工的行为和态度有着深远的影响，并在很大程度上决定了员工的职业幸福感。如果企业文化鼓励开放、包容和创新，那么员工会更愿意表达自己的想法，并参与到公司的发展过程中。这样的文化环境有助于营造一种归属感，使员工在工作中感受到自己被重视和认可。

与此相反，如果工作环境不佳或者企业文化存在负面因素，员工的职业幸福感可能会受到严重的负面影响。例如，办公环境狭窄、设备老旧，或者工作场所存在安全隐患，都会导致员工感到不安和压力增大。同样，如果企业文化倾向于控制、缺乏沟通，或者存在办公室政治等负面现象，员工可能会感到被忽视或被压迫，这将直接影响他们的职业幸福感。

领导风格也是工作环境与文化的重要组成部分。领导者的行为和态度对员工的幸福感具有直接影响。如果领导者能够倾听员工的意见，给予适当的鼓励和支持，员工将更有动力去追求卓越，并在工作中获得更多的满足感。反之，如果领导者专制、不愿沟通，或者缺乏同理心，员工的职业幸福感将受到负面影响。

2. 工作内容与职责

工作内容与职责是职业幸福感的核心要素之一。它们不仅定义了员工每天需要做什么，还决定了员工在工作中的体验和感受。对工作内容和职责的理解，直接影响员工的职业幸福感。下面将探讨工作内容与职责如何影响职业幸福感，以及如何调整这些因素来提升员工的幸福感。

工作内容通常指员工在工作岗位上需要完成的任务和活动。这些任务的多样性、复杂性和挑战性对员工的职业幸福感具有重要影响。一个令人满意的工作内容能够激发员工的兴趣和创造力，同时提供成长和发展的机会。例如，在一个创新型的科技公司，员工可能需要参与产品设计、开发和测试等多样化的任务，这些工作内容能够激发他们的热情，提升他们的职业幸福感。

反之，工作内容的重复性、单调性和缺乏挑战可能会导致员工感到厌倦和失去动力。如果员工每天面对相同的任务，缺乏创新和自主权，他们的职业幸福感可能会下降。为了提高职业幸福感，组织可以通过提供更多的职业培训和发展机会，让员工在工作中不断学习和成长。此外，给员工一定的自主权，让他们有机会参与决策，能够增强他们的参与感和成就感。

工作职责是员工在岗位上承担的责任和义务。明确的职责划分有助于员工了解自己的角色和目标，从而更好地完成任务。如果职责不明确，或者责任过重，可能会导致员工感到困惑和压力，进而影响职业幸福感。因此，清晰的岗位描述和合理的工作分配是关键。

在提升职业幸福感的过程中，工作职责的平衡也非常重要。如果员工的职责过多，他们可能会感到压力过大，甚至面临职业倦怠。这种情况不仅会降低员工的幸福感，还可能导致组织的生产力下降。为了避免这种情况，组织应该定期评估员工的工作量，确保职责分配合理。同时，提供灵活的工作方式，如远程办公、弹性工作时间等，也可以帮助员工在工作和生活之间找到平衡。

工作内容与职责的关联性也是影响职业幸福感的一个因素。如果员工的工作内容与他们的技能和兴趣相符，他们将更容易在工作中找到快乐和满足感。反之，如果员工从事的工作与他们的职业目标和兴趣相悖，他们的职业幸福感可能会受到影响。因此，组织在分配工作时应考虑员工的兴趣和能力，确保他们在岗位上能够发挥所长。

良好的沟通能够帮助员工了解自己的职责，明确工作目标，并建立良好的团队合作氛围。如果组织缺乏有效的沟通机制，员工可能会感到孤立和困惑，这将降低他们的职业幸福感。因此，组织应该建立开放的沟通渠道，鼓励员工表达意见，及时提供反馈。

3. 工作认可与奖励

工作认可与奖励是职业幸福感的重要影响因素之一。它们直接影响员工的自我价值感和工作积极性。通过认可员工的努力和给予适当的奖励，组织可以显著提升员工的职业幸福感。

工作认可是指组织对员工的工作表现、贡献和成就给予肯定和认可。它可以以多种形式呈现，包括口头赞扬、公开表扬、奖状、绩效奖励等。员工在工作中获得认可后，会感到自己的努力得到了重视和尊重，这有助于提高他们的职业幸福感。此外，认可能够激发员工的内在动力，促使他们更加努力地工作并追求更高的成就。

奖励则是对员工的工作表现给予物质或非物质回报。这可以是奖金、加薪、额外休假、晋升机会等。奖励不仅能够激励员工努力工作，还能提高他们的满意度。当员工感到他们的努力得到了公平的回报时，他们的职业幸福感会增强。此外，奖励可以促进员工之间的竞争，从而提高整个组织的生产力。然而，工作认可与奖励在提升职业幸福感方面也存在一些挑战。认可与奖励的方式需要符合员工的需求和期望。如果组织给予的奖励形式与员工的价值观不一致，或者认可的方式不够真诚，可能无法达到预期的效果。例如，某些员工可能更重视公开表扬，而不是物质奖励；而另一些员工可能更看重晋升机会。如果组织忽视了这些差异，员工可能会感到被忽视或误解，进而影响职业幸福感。

如果员工感觉到组织在认可和奖励方面存在偏见或不公平，他们的职业幸福感将受到负面影响。为了避免这种情况，组织应确保认可和奖励的标准透明且一致，并给予员工平等的机会。这样，员工会感到他们的努力被公平对待，从而增加他们的职业幸福感。

如果员工的工作表现得不到及时的认可，他们可能会感到沮丧和不被重视。同样，奖励的延迟可能会降低其激励效果。因此，组织应及时给予认可和奖励，确保员工能够在短时间内感受到他们的努力得到了肯定。

在提升职业幸福感的过程中，沟通也扮演着重要角色。组织应积极与员工沟通，了解他们对认可与奖励的需求和期望，并根据员工的反馈进行调整。通过建立开放的沟通渠道，组织可以确保认可与奖励的方式与员工的需求相符，进而提升职业幸福感。

三、职业发展与职业幸福感的关系

（一）职业发展可以显著提升职业幸福感

职业发展与职业幸福感之间有着密切的联系。职业发展不仅是职位的上升或薪水的增长，更重要的是个人能力的提升、工作环境的改善，以及工作与个人生活等多个因素的协调。在职业发展过程中，这些因素的改善往往会显著提升职业幸福感，从而使人们在工作中感到满足和快乐。

职业发展带来的职业幸福感来自能力的提升。通过不断的学习、培训和经验积累，员工能够获得新的技能和知识。这种进步不仅为他们在工作中取得更高的成就奠定了基础，还让他们感受到个人成长的快乐。举例来说，当一名软件工程师通过培训掌握了一门新的编程语言，并能够在项目中运用自如时，这种成就感会直接转化为职业幸福感。此外，掌握新的技能还可以增加工作安全感，使员工在面对职业生涯中的不确定性时更具信心。

职业发展提供了更多的职业选择和更高的灵活性，进而增强职业幸福感。随着经验和能力的积累，员工通常会有更多的选择，包括晋升到更高的职位、转到其他部门，甚至在其他公司寻找更好的机会。这种灵活性让员工能够根据自身兴趣和需求作出职业选择，从而避免陷入职业停滞的困境。当员工能够选择他们真正感兴趣的工作时，他们的职业幸福感自然会提升。此外，灵活的职业选择还能帮助员工在工作与生活之间找到更好的平衡，从而减轻职业压力。

职业发展带来的职业幸福感还体现在工作环境的改善上。随着职业发展进入更高级的阶段，员工通常能够获得更好的办公环境、更多的资源支持，以及更好的团队协作。比如，在职业发展的过程中，员工可能会从开放式办公室转移到私人办公室，或者获得更多的技术支持。这种环境的改善不仅可以提高工作效率，还可以减少工作中的压力，从而提升职业幸福感。此外，团队协作的增强也有助于营造积极的工作氛围，让员工在工作中感到更加舒适和受支持。

职业发展还可以带来更多的职业认同感，进而提升职业幸福感。当员工在职业生涯中取得进展并获得认可时，他们会感到自己的工作有意义。这种职业认同感来自对工作成果的认可、领导的赞赏，以及团队成员的支持。当员工感到他们的努力得到了认可，他们的职业幸福感自然会提升。同时，职业认同感还能提高员工对公司的忠诚度，促使他们在工作中更加投入。

职业发展可以带来职业成功的机会，而这也是提升职业幸福感的重要因素。通过职业发展，员工可以获得更高的职位、更高的薪水，以及更多的福利。这种职业成功不仅是对努力工作的奖励，也是对职业生涯的肯定。这种成就感和满足感会显著提升职业幸福感，让员工在职业生涯中找到动力。

（二）职业幸福感可以反过来推动职业发展

职业幸福感与职业发展之间存在相互影响的关系，职业幸福感可以显著推动职业发展。当员工在工作中感受到快乐、满足和成就感时，他们往往更有动力去追求更高的职业目标，并愿意投入更多的精力和时间。这种积极的情绪和态度不仅能改善员工的工作表现，还可以推动职业发展和事业进步。

职业幸福感可以提高员工的工作积极性和创造力。当员工感到幸福时，他们更愿意主动承担挑战，并寻求创新的方法来解决问题。这种积极的态度有助于提高工作效率，并使员工在工作中取得更大的成就。比如，一个对工作充满热情的员工，可能会提出新颖的想法，或找到改进工作流程的方法。这种创造力和创新精神不仅能推动员工自身的职业发展，还能为团队和公司带来价值。

职业幸福感可以增强员工的忠诚度和团队合作精神。这种积极的情感氛围有助于培养更强的团队凝聚力，使员工在工作中更愿意互相支持和合作。当团队成员之间充满信任和互相尊重时，他们更容易共同实现目标，并在工作中取得成功。这种团队合作精神也为员工的职业发展提供了支持和动力，因为良好的团队环境可以帮助员工学习新技能，并获得他人的支持和建议。例如，一个在幸福感较高的团队中工作的员工，更容易获得导师的指导，或者从同事那里获得有益的反馈，这都有助于他的职业发展。

职业幸福感可以提升员工的自信心和职业承诺。当员工感到他们的工作有意义，并且他们的努力得到了认可时，他们会对自己的能力充满信心，并愿意为职业发展付出更多努力。这种自信心可以促使员工积极寻求职业晋升和成长的机会，并在工作中勇于挑战新的领域。同时，职业承诺也会促使员工对自己的职业目标保持专注，并在职业生涯中持续努力。举例来说，一个感到幸福的员工，可能会主动参加培训课程，或者寻求新的项目来提升自己的技能，这些行为都能推动他的职业发展。

职业幸福感还可以提高员工的抗压能力和工作韧性。当员工在工作中感到幸福时，他们更容易应对压力，并在面对挑战时表现出韧性。这种抗压能力有助于员工在职业生涯中克服困难，并在逆境中保持积极的态度。一个拥有高职业幸福感的员工，可能在面对挫折时，更容易找到解决办法，并能迅速恢复士气。这种韧性有助于员工在职业生涯中持续成长，并在长远的职业发展中取得成功。

职业幸福感可以提高员工的工作满意度，并促使他们更愿意留在公司内发展。这对职业发展至关重要，因为员工在一个他们感到舒适和受尊重的环境中，往往更愿意长期发展。这种稳定性可以为员工提供更好的职业发展机会，因为他们可以在公司内部逐步晋升，并在同一行业中建立稳固的人际关系网。

第三节　高校学生职业认同与就业心理的调适

一、提供职业指导和规划

高校学生在毕业后面临的就业压力往往是多重的。这其中不仅包括找到合适的工作，还包括对职业的期望与现实之间的差距，以及对未来职业生涯的不确定感。为了应对这些压力并提高学生的职业认同感，高校可以提供有效的职业指导和规划。这些服务可以帮助学生明确职业方向，找到自身优势，并制订可行的职业发展计划，从而减轻就业心理压力。

职业指导的首要目标是帮助学生了解自己的兴趣、技能和职业目标。这种自我了解过程是职业认同的基础，因为它使学生能够认识到自己在职业领域的独特价值。通过职业指导，学生可以获得各种评估工具和咨询资源，这些工具和资源可以帮助他们明确职业兴趣，并确定适合他们的职业道路。职业指导还可以帮助学生将个人兴趣与现实的职业机会相结合，减少他们在职业选择过程中的迷茫和不安。

高校可以通过职业规划帮助学生制订短期和长期的职业目标，并为实现这些目标提供指导。在职业规划的过程中，学生可以获得关于不同职业的信息，并学习如何在不同的职业路径之间作出明智的选择。这种职业规划不仅可以帮助学生建立对未来的信心，还可以增强他们的职业认同感，因为他们开始看到自己的职业生涯有清晰的方向和目标。

通过实习、合作项目和行业见习等方式，学生可以获得宝贵的实践经验。这些实践机会可以让学生将理论知识应用于实际工作中，并在真实的职业环境中探索自己的兴趣和技能。通过这些经历，学生可以更好地理解职业的本质，并对自己的职业选择产生更大的信心。这些实践经验不仅可以减轻就业心理压力，还可以增强学生的职业认同感，因为他们在真实的工作环境中获得了实际的成功和成就感。

职业指导和规划还可以提供职业技能培训和职业发展资源。这些资源包括简历写作、面试技巧、沟通技能和合作团队等。在职业发展过程中，这些技能是至关重要的，它们不仅有助于学生在求职过程中获得优势，还可以增强他们对自身能力的信心。通过职业技能培训，学生可以更好地准备应对职场中的挑战，这有助于减轻他们的就业焦虑，并增强他们的职业认同感。

二、倡导积极的职业认同

在高校学生的就业心理与职业认同调适过程中，倡导积极的职业认同是关键。职业认同是指个人对其职业角色和职业生涯的认知、归属感以及价值观的融合。积极的职业认同意味着学生对未来的职业生涯持有正面的态度，愿意通过努力实现自己的职业目标，并从工作中获得满足感。倡导积极的职业认同需要从多个层面入手，帮助学生在即将步入职场时建立信心，明确职业目标，并接受职业生涯中的挑战与变化。

积极的职业认同首先来源于对自我价值的肯定。高校可以通过多种途径，帮助学生发掘自身的潜力和优势，并鼓励他们相信自己的能力。这种自我价值的肯定可以通过课程、研讨会、职业指导和实践经验等方式实现。学校可以组织各种活动，帮助学生识别自身的特长，了解自身的兴趣，并将其与现实的职业机会相结合。这一过程中的关键是让学生认识到每个人都有独特的能力和价值，只要他发挥自己的优势，就能在职业生涯中找到成功的道路。

倡导积极的职业认同还需要建立开放和包容的校园文化。在这样的文化中，学生能够自由表达他们的职业理想和目标，而不会受到负面评价或歧视。学校应鼓励多样性，认可不同职业选择的价值，并尊重每个学生的职业愿望。通过提供多样化的职业指导和发展资源，学校可以确保每个学生都有机会探索他的职业兴趣，无论他的背景或专业是什么。在这种包容性的环境中，学生更容易形成积极的职业认同，因为他们感受到学校对他们的支持和认可。

职业生涯中的挑战和变化是不可避免的，学校应帮助学生学会面对这些挑战，并从中获得成长。这可以通过提供应对压力和管理不确定性的课程，以及引入在职业生涯中获得成功的榜样来实现。当学生看到其他人在面对职业困难时表现出韧性和创造力，他们更有可能培养积极的职业认同，并愿意接受职业生涯中的未知与变化。通过培养职业韧性，学生可以更自信地面对未来，并在职业生涯中保持积极的态度。

高校应为学生提供与行业专家、校友和其他专业人士互动的机会，这可以通过职业博览会、校友活动和行业讲座等方式实现。通过与专业网络的联系，学生可以获得关于不同职业领域的实际见解，并建立重要的职业关系。这些互动不仅可以丰富学生的职业知识，还可以提供职业发展所需的指导和支持。当学生与行业中的成功人士建立联系时，他们对职业生涯的信心会增强，从而产生积极的职业认同。

倡导积极的职业认同需要强调工作与生活的平衡。高校应帮助学生理解职业生涯不仅是工作和收入，还包括生活质量和个人幸福感。通过强调工作与生活的平衡，学校可以鼓励学生在职业生涯中寻找他们真正热爱的事物，并在追求职业目标的同时保持身心健康。这样的职业认同有助于培养一种持续的职业动力，使学生在职业生涯的长路上能够保持积极的态度与精神。

三、鼓励学生积极参与实习实践

在高校学生就业心理与职业认同的调适过程中，鼓励实习和实践是至关重要的一步。这一举措不仅能帮助学生获得宝贵的职业经验，还能在他们与现实职业世界建立联系的过程中增强他们的职业认同感。实习和实践是将课堂理论与实际工作环境相结合的桥梁，对学生的就业准备和职业认知具有不可替代的价值。

通过实习和实践，学生可以获得对职业的第一手体验。这种体验有助于他们了解不同工作角色的真实要求，以及在实际工作环境中所需的技能和态度。对许多学生来说，课堂上的知识可能是抽象的，而实习和实践能够让他们将这些知识付诸实践，并深入了解自己的职业兴趣和适应性。例如，在一家企业的实习过程中，学生可以了解到公司内部的运作方式、团队协作的重要性，以及如何在职场中与同事和上司沟通。这些体验不仅丰富了他们的职业知识，还能增强他们对职业生涯的自信心。

实习和实践还能帮助学生建立与行业的联系。这些联系可能包括与公司的员工、行业专家以及其他实习生的互动。这种互动为学生提供了与职业领域的专业人士建立关系的机会，并可能为未来的就业铺平道路。通过与专业人士的接触，学生可以获得关于不同职业道路的宝贵建议，了解行业的发展趋势，并学习如何在职业生涯中取得成功。此外，这些联系可能成为学生职业认同感的强大推动力，因为他们看到自己在职场中的位置，并感受到与行业的关联。

在实习和实践过程中，学生还可以发展关键的职业技能。这些技能包括技术技能，如编程、数据分析，或行业特定的操作技巧，也包括软技能，如沟通技巧、团队协作技巧和时间管理。通过在实际工作环境中运用这些技能，学生不仅能够提高自己的职业能力，还能增强对自身职业能力的认知。这种技能的发展有助于提高他们在求职市场上的竞争力，并增强他们对职业生涯的信心。

鼓励实习和实践还可以帮助学生更好地应对就业心理压力。在实习和实践中，学生可以体验真实的职场环境，这有助于消除他们对职业生涯的恐惧和不确定感。实习和实践可以让学生了解职场的现实，从而减轻他们对职业生涯的焦虑。此外，实习和实践中的成功体验可以增强学生的自尊心和职业认同感，因为他们看到自己在实际工作中取得了成就。

通过实习和实践，高校还可以帮助学生更好地规划职业生涯。实习和实践为学生提供了探索不同职业的机会，使他们能够在毕业前更明确地了解自己的职业目标。通过在不同环境中工作，学生可以找到自己真正感兴趣的领域，并调整他们的职业规划。这种实践经验有助于学生在毕业后作出明智的职业选择，从而减轻就业压力。

四、鼓励学生扩展人际关系网络

在高校学生就业心理与职业认同的调适过程中，鼓励学生扩展人际关系网络是至关重要的一环。一个广泛而多样的人际关系网络不仅有助于学生获取职业信息，还可以提供职业发展的机会和支持，从而增强他们的职业认同感。扩展人际关系网络不仅涉及与同学和校友建立联系，还包括与行业专家、企业领导以及专业组织的成员互动。这种互动能够帮助学生在职业生涯的早期阶段建立稳固的职业基础。

人际关系网络的扩展首先可以通过高校内部的社交活动和学生组织实现。高校通常拥有丰富的社团和学生组织，这些组织涵盖了从学术到社交再到职业发展的各个方面。通过参加这些组织，学生不仅可以与志趣相投的同学建立联系，还可以结识来自不同背景和专业的同学，这有助于拓宽他们的视野。此外，学生组织经常举办各种活动，如职业讲座、研讨会和行业见面会。这些活动为学生提供了与行业专家和校友互动的机会。在这些活动中，学生可以获取关于职业生涯的重要信息，并学习如何建立和维持专业关系。

除了校内的活动，学生还可以通过参加行业会议和职业博览会来扩展他们的人际关系网络。行业会议通常汇集了来自各个领域的专业人士，是学生了解行业趋势和与行业领导者互动的绝佳机会。在这些会议上，学生可以获得宝贵的职业建议，并建立与行业内人士的联系。此外，职业博览会是学生与潜在雇主面对面交流的机会，这有助于学生更好地了解就业市场的需求，并为未来的求职作好准备。通过这些机会，学生可以扩展他们的人际关系网络，并为自己的职业生涯奠定基础。

鼓励学生扩展人际关系网络还包括与校友保持联系。高校校友网络是学生进入职业领域的重要资源。通过校友活动和校友导师计划，学生可以结识已经在职业生涯中取得成功的校友，学习他们的经验，并获得职业上的指导。校友通常乐意帮助母校的学生，这种帮助不仅体现在职业建议上，还包括提供实习和工作机会，以及在求职过程中提供支持。通过与校友建立联系，学生可以在职业生涯的早期阶段获得强有力的支持，并增强他们的职业认同感。

在人际关系网络的扩展过程中，学生还应该注重建立长久且有意义的关系。这意味着不要为了建立联系而建立联系，而是要通过真诚的互动和共同的兴趣来维持关系。建立稳固的人际关系网络需要时间和精力，但这种努力是值得的，因为它可以为学生的职业生涯带来持续的回报。学生应该学习如何在专业环境中建立和维持关系，包括如何有效沟通、如何参与团队合作以及如何展现专业态度。这些技能不仅有助于扩展人际关系网络，还可以增强学生的职业认同感。

第四节　高校学生就业心理与职业幸福感的调适

一、职业规划与目标设定

职业规划与目标设定是高校学生就业心理调适的关键策略之一。这一过程不仅有助于学生在职业道路上明确方向，还能提升他们的职业幸福感，从而更好地应对就业压力。在高校学生面临就业压力和未来不确定性的情况下，职业规划和目标设定可以提供一种结构化的方法来帮助他们导航职业生涯。

职业规划的首要环节是自我评估。学生需要深入了解自己的兴趣、技能、价值观以及职业动机。通过进行自我评估，学生可以明确他们在职业领域中的优势和劣势，这将帮助他们选择适合自身特长和兴趣的职业方向。高校可以提供多种资源来支持这一过程，如职业兴趣测试、心理辅导、技能评估等。这种自我认知不仅可以帮助学生在职业选择中作出明智的决定，还能增强他们的自信心，减轻就业焦虑。

在自我评估的基础上，学生应制订职业目标和发展计划。职业目标设定是一个系统化的过程，要求学生思考他们想要在职业生涯中达到的具体里程碑，并设定可实现的目标。这些目标应具备明确性、可衡量性、可实现性、相关性和时间限制。例如，一个学生可以设定在毕业后的五年内晋升到管理职位，或者在两年内完成某个专业资格证书的考取。这种明确的职业目标可以为学生提供动力和方向感，帮助他们在职业道路上保持专注。

在设定职业目标的同时，制订详细的职业发展计划也非常重要。职业发展计划是实现职业目标的具体步骤和策略。它包括教育和培训需求、技能提升计划、实习和实践经验，以及与行业专业人士的网络建立。学生可以通过参与学校的职业发展活动、加入专业协会、寻找导师等方式来实现这些计划。一个详细的职业发展计划可以帮助学生逐步迈向他们的职业目标，减轻他们在就业过程中面临的压力。

职业规划和目标设定还可以提高学生的职业幸福感。通过明确职业目标和制订发展计划，学生能够增强对自己的职业生涯的掌控感，这种掌控感有助于减轻就业不确定性带来的焦虑。此外，明确的职业目标和发展计划可以让学生看到自己的职业发展路径，从而激发他们的职业动力。职业幸福感往往与成就感和意义感相关，而职业规划可以为学生提供实现这些感受的机会。

职业规划与目标设定也可以帮助学生建立积极的职业心态。通过制订明确的职业目标和计划，学生可以更好地应对就业过程中的挫折和挑战。他们能够在职业生涯中保持积极的态度，并在面对困难时保持韧性。这种积极的职业心态有助于学生在就业市场中脱颖而出，并在职业生涯中取得成功。

学校可以通过提供职业咨询服务、举办职业发展研讨会、组织招聘会等方式，帮助学生制订职业规划。此外，学校还可以鼓励学生参与实习和志愿者活动，以获得实践经验。这些活动可以为学生提供宝贵的学习机会，帮助他们在职业生涯中取得成功。

二、强化软技能和适应能力

在当前竞争激烈的就业市场中，强化软技能和适应能力是高校学生就业心理与职业幸福感调适的重要策略。软技能，包括沟通能力、团队合作能力、领导力、解决问题的能力以及情商等，是职业发展中不可或缺的素质。强化这些软技能不仅有助于学生在就业中脱颖而出，还可以提升他们在职业生涯中的幸福感和成就感。

沟通能力是软技能中最重要的部分之一。有效的沟通不仅涉及清晰地表达观点，还包括倾听他人、理解对方的立场，以及在团队中有效互动。高校学生在进入职场后，常常需要在不同的环境中与各种人打交道。强大的沟通能力可以帮助他们更好地与同事、上司和客户沟通，确保信息流畅，避免误解。这种技能的提升可以增强学生的自信心，缓解工作中的紧张感，从而提升职业幸福感。

团队合作能力是另一项关键的软技能。在现代职场中，合作是成功的基础。学生需要学习如何在团队中有效协作，分享资源，共同解决问题，并在必要时提供支持。通过在高校期间参与团队项目、社团活动和志愿者工作，学生可以培养这种能力。良好的团队合作精神不仅可以帮助他们在工作中建立积极的人际关系，还能提高他们在团队中的地位，推动职业发展。

领导力也是软技能的重要组成部分。即使学生不在领导职位上，领导力也可以体现在主动性、责任感以及在关键时刻的决策能力上。高校学生可以通过参与领导角色扮演或组织活动来培养这些技能。拥有领导力的学生更容易在职业生涯中获得机会，并能在团队中发挥关键作用。这种能力的增强有助于提升学生的职业幸福感，因为他们会感到自己在团队中具有价值，并对职业生涯的发展有更多掌控感。

解决问题的能力和情商也是重要的软技能。解决问题的能力包括分析问题、制订计划，以及执行解决方案的能力。这种能力在职场中非常重要，因为它可以帮助学生在面对挑战时保持冷静，并找到有效的解决方案。情商则涉及识别和管理自己与他人的情绪。这种能力可以帮助学生在职场中处理复杂的人际关系，避免冲突，并在紧张的环境中保持稳定。

强化适应能力也至关重要。在当前快速变化的职场环境中，适应能力是保持竞争力的关键。学生需要学习如何应对变化，接受新技术，并在不断变化的环境中保持灵活性。高校可以通过提供多样化的课程、鼓励学生参与实习，以及推动学生跨学科学习来帮助他们培养适应能力。增强适应能力可以帮助学生在职业生涯中面对变化时更从容，并在不同的环境中找到成功的路径。

三、提供辅导和心理支持，增强学生的自我效能感

在高校学生就业压力逐渐增大的背景下，提供辅导和心理支持，增强学生的自我效能感，成为调整就业心理与提升职业幸福感的重要策略。自我效能感是指个人对自己在某一任务或领域中取得成功的信念。增强自我效能感可以帮助学生更好地应对就业压力，并在职业生涯中保持积极的态度和动力。

辅导和心理支持是增强自我效能感的有效途径。高校可以通过提供专业的职业咨询、心理辅导，以及建立支持性社区来帮助学生应对就业过程中的压力与不确定性。职业咨询是帮助学生制订职业规划、选择合适的职业道路，并解决就业困惑的重要工具。通过与职业顾问的交流，学生可以更好地了解自己的兴趣、能力和职业目标，获得明确的职业方向，从而制订清晰的职业规划。这种清晰的职业规划有助于增强学生的自我效能感，使他们在就业过程中更加自信。

心理辅导是帮助学生应对就业焦虑和压力的关键环节。在面对就业市场的激烈竞争和未来的不确定性时，许多学生会感到焦虑、压力大甚至绝望。心理辅导师可以通过倾听、支持和引导，帮助学生克服这些负面情绪，培养积极的心态。

通过心理辅导，学生可以学会如何管理压力、提高情绪调节能力，以及建立积极的自我认知。这些技能有助于增强自我效能感，使学生在职业生涯中保持韧性。

建立支持性社区也是增强学生自我效能感的重要策略。高校可以通过组织学生社团、校友网络和专业团体等方式，为学生提供一个互相支持的环境。在这种社区中，学生可以与志同道合的人交流，分享经验，并获得他人的鼓励。通过与他人的互动，学生可以建立人际网络，并获得有关就业和职业发展的建议。这种支持性社区有助于增强学生的自我效能感，因为他们可以从他人的成功案例中获得灵感，并相信自己也能在职业生涯中取得成功。

高校可以鼓励学生参与实习、志愿者工作和项目实践，以获得实际的工作经验。这些实践机会可以帮助学生将理论知识应用到实际情境中，培养实用技能，并增强自信心。当学生在实践中取得成就时，他们的自我效能感会显著增强。这种实践经验还可以为学生提供宝贵的职业网络，增加他们在就业市场中的竞争力。

为了确保辅导和心理支持的有效性，高校应提供全面的资源和服务。这包括建立专门的职业中心，提供个性化的职业咨询，以及开设心理健康课程，以确保每个学生都能获得他们所需要的支持。通过提供丰富的资源和服务，高校可以帮助学生增强自我效能感，减轻就业焦虑，并在职业生涯中取得成功。

四、提供心理健康支持，确保学生在面临压力和困境时能得到及时的帮助

在高校学生就业压力日益增大的环境中，提供心理健康支持是确保学生在面对压力和困境时得到及时帮助的关键策略。心理健康支持不仅可以缓解学生在就业过程中的焦虑和压力，还可以提升他们的整体职业幸福感，让他们在职业生涯中更加从容自信。

心理健康支持对于缓解就业压力具有显著效果。随着就业市场竞争的加剧，很多高校学生在就业准备阶段感到巨大的压力，尤其是在简历撰写、面试准备和职位选择方面。心理健康支持可以通过专业的心理辅导，帮助学生识别和处理这些压力源。心理辅导师可以指导学生使用放松技巧、时间管理策略以及正念练习，以减轻焦虑。此外，心理健康支持还可以提供应对压力的工具，让学生在面临就业困境时能够保持冷静和积极的心态。

心理健康支持对于学生的情绪健康至关重要。就业压力可能导致学生出现负面情绪，如焦虑、沮丧甚至绝望。通过提供心理健康支持，高校可以帮助学生调节情绪，减少就业压力带来的负面影响。心理辅导师可以与学生深入沟通，帮助他们理解情绪变化的根源，并引导他们采用积极的方式应对情绪挑战。通过这种

支持，学生可以学会如何在压力下保持稳定，提高他们的情绪管理能力。

心理健康支持还可以增强学生的自我效能感和职业幸福感。当学生在就业过程中获得有效的心理支持时，他们会对自己的能力更有信心。心理健康支持可以帮助学生树立积极的自我认知，增强他们在面临就业挑战时的韧性。心理辅导师可以鼓励学生设定可实现的目标，并帮助他们识别自身的优势和潜力。这种自信心和自我效能感可以激发学生在职业生涯中的动力，提升他们的职业幸福感。

心理健康支持对于防止职业倦怠和过度工作也起着重要作用。在激烈的就业竞争中，很多学生可能会过度投入工作，忽视了自身的心理和身体健康。心理健康支持可以帮助学生保持工作与生活的平衡，避免因过度工作而导致的职业倦怠。辅导师可以指导学生制订合理的工作计划，强调休息和恢复的重要性，并鼓励他们保持健康的生活方式。这有助于确保学生在职业生涯中保持活力和热情。

第九章　高校学生就业心理与职业道德

职业道德是指从业人员在职业活动中应该遵循的行为准则，它包括诚实守信、爱岗敬业、办事公道、服务群众和奉献社会等方面。就业心理与职业道德之间存在密切关系。良好的职业道德能够增强个人在职场中的信誉和形象，有助于建立和维护良好的工作环境。良好的心理素质能够帮助学生在面对就业压力时从容应对，寻找解决方法，并与其他工作人员和谐相处，提升人际交往能力。在就业市场中，具备良好职业道德的学生往往能以饱满的热情投入工作，尽职尽责，从而提升自身的就业竞争力。综上所述，就业心理与职业道德相辅相成，共同影响着学生的职业发展。

第一节　职业道德的基本原则与规范

一、忠于职守，乐于奉献

忠于职守和乐于奉献是职业道德的重要原则，代表了一个人在工作中所具有的责任感和对职业的热情。这两个原则不仅关系到个人的职业表现，还直接影响到团队和组织的整体氛围。忠于职守意味着在工作中遵守职业规范，按时按质地完成任务，并对自己的工作负责。而乐于奉献则意味着在工作中展现出超越基本职责的投入和奉献精神，愿意为团队和组织的目标而努力。

忠于职守首先要求员工对他们的工作职责有清晰的理解，并遵守职业伦理和道德规范。这意味着他们要尊重公司政策，遵守法律法规，并按照工作标准执行任务。在这一过程中，员工需要展现出职业上的诚实和正直，不做欺骗或损害他人利益的事情。同时，忠于职守还包括对团队和组织的忠诚，确保不泄露公司机密，不滥用职权，并保持职业行为的高度标准。通过遵守这些原则，员工可以建立起工作上的信任，并成为团队中的可靠成员。

乐于奉献是忠于职守的补充，它强调在工作中展现积极的态度和超越基本职责的热情。乐于奉献的员工愿意承担额外的责任，积极参与团队活动，并在工作中展现出创新和创造力。他们乐于帮助同事，为团队的成功作出贡献，并在工作中表现出积极的态度。这种奉献精神不仅有助于提高团队的凝聚力，还可以激发其他员工的工作热情，形成一种良好的工作氛围。在这种氛围中，员工之间相互支持，共同努力实现组织的目标。

忠于职守和乐于奉献的原则在职业发展中具有重要意义。员工在工作中展现出这些特质，往往能够获得上司和同事的认可，从而获得更多的职业发展机会。忠于职守的员工往往是团队的骨干，他们以高度的责任感和职业精神履行自己的职责，而乐于奉献的员工则在团队中扮演着积极的角色，推动团队不断前进。这种积极的职业态度可以为员工带来更多的成长和发展机会，帮助他们在职业生涯中取得成功。

忠于职守和乐于奉献的原则也与组织文化密切相关。一个重视职业道德的组织通常会提倡这些原则，并通过各种方式来鼓励员工遵守这些原则。公司可以通过培训和教育，帮助员工理解忠于职守和乐于奉献的重要性，并提供相应的支持和激励措施。这些激励措施可能包括设立奖励制度、提供职业发展机会以及认可与表彰等。在一个倡导职业道德的组织中，员工更容易展现出忠于职守和乐于奉献的精神，从而推动整个组织向着积极的方向发展。

二、依法行事，严守秘密

依法行事和严守秘密是职业道德的基本原则，体现了在工作中遵守法律法规以及维护信息安全的重要性。这两个原则不仅关系到员工个人的职业行为，也直接影响到组织的合法性和信誉。在现代社会，法律和隐私保护变得越来越重要，员工必须在职业活动中严格遵守法律，并确保不泄露机密信息。

依法行事是指在工作中遵守国家和地方的法律法规，以及行业相关的规章制度。对员工而言，这意味着要了解并遵守与其职业相关的所有法律要求。此外，依法行事还包括遵守公司内部的政策和道德准则，确保在工作中不违反组织的规章制度。员工在职业活动中必须始终保持法律意识，确保自己的行为符合法律要求，避免因违法行为而给公司和个人带来法律风险。

依法行事的重要性不仅在于避免法律风险，还在于维持组织的诚信和信誉。一个遵守法律的组织更容易赢得客户、合作伙伴和公众的信任。这种信任是组织长期发展的基石，可以帮助公司建立良好的声誉，并吸引更多的业务机会。员工在工作中依法行事，不仅是对公司负责，也是对社会负责，因为他们的行为会影响公司在公众眼中的形象。通过依法行事，员工可以为公司创造一个合法、诚信的工作环境，为组织的可持续发展奠定基础。

严守秘密是职业道德的另一个关键原则，强调在工作中保护机密信息和商业秘密的重要性。在现代商业环境中，信息安全和数据保护变得至关重要。员工在工作中接触到各种机密信息，包括客户数据、商业战略、知识产权和内部运营信息等。这些信息是公司最宝贵的资产之一，必须严加保护。严守秘密要求员工在处理这些机密信息时，遵循严格的保密规定，确保不泄露、不滥用、不擅自传播机密信息。

严守秘密不仅是为了保护公司的商业利益，也是为了维护客户的信任。在当今信息化时代，客户数据的安全和隐私保护备受关注。员工在工作中必须确保客户信息的安全，防止数据泄露和滥用。这种保密责任不仅是道德义务，也是法律义务，因为国家对数据保护和隐私制定了严格的法律法规。员工在工作中严守秘密，可以维护客户的信任，确保公司在市场上的声誉不受损害。

为了确保依法行事和严守秘密，组织应制订明确的政策和程序，并通过培训和教育来强化员工的法律意识和保密意识。这包括定期举办法律知识培训，让员工了解相关的法律法规，以及强调机密信息的重要性。组织还可以实施严格的信息安全措施，如数据加密、访问控制和网络安全，以确保机密信息的安全。此外，组织应制订严格的纪律措施，对违反法律和泄露机密信息的行为进行严厉处罚，以确保全体员工都能遵守职业道德。

三、公正透明，服务社会

公正透明和服务社会是职业道德的核心原则，体现了在工作中坚持公平、公正，并以社会利益为导向的重要性。这两个原则不仅是员工在职业行为中的基本规范，也是组织在经营过程中赢得公众信任和尊重的关键。在一个日益关注道德和社会责任的时代，公正透明和服务社会的原则变得愈发重要，企业和员工都需要在工作中展现出对这些原则的实践。

公正透明意味着在职业活动中坚持公平和诚实的态度，并确保信息的公开和透明。在企业环境中，公正透明涉及多个方面，包括招聘与晋升的公平、工资和福利的合理分配，以及企业决策的公开透明。对员工而言，公正透明意味着在处理与同事、客户和供应商的关系时，始终坚持公平公正，不因个人利益或偏见而作出不公平的决策。员工需要确保自己的行为符合道德标准，并在工作中维护公开透明的原则，以确保公司内部的公正和外部的信任。

公正透明在职业道德中具有重要意义，因为它有助于建立企业内部和外部的信任。内部方面，员工在公正透明的环境中工作，能感受到公平待遇，并且对公司的决策和政策更加信任。这种信任感可以增强员工的忠诚度，促进团队合作，并提高组织的整体士气。外部方面，公正透明的企业更容易赢得客户、合作伙伴和公众的信任。在一个重视道德和社会责任的时代，公正透明的企业更具竞争力，因为它们被视为诚信和可靠的合作伙伴。

服务社会强调在职业活动中考虑社会利益，并努力为社会创造正面价值。这不仅包括通过商业活动为社会提供有价值的产品和服务，还包括积极参与社会公益和慈善事业。员工在工作中体现服务社会的精神，意味着他们在履行职业职责时，始终考虑对社会的影响，并努力为社会作出贡献。这种服务社会的态度不仅有助于提升公司的社会形象，还可以激发员工的工作热情和责任感。

四、实事求是，一票否决

实事求是和一票否决是职业道德中的两个重要原则，强调了在工作中追求真实和诚实，并对不符合职业道德或严重违反规则的行为保持零容忍的态度。这两个原则对于维护组织的诚信和责任感至关重要，确保员工在职业活动中坚持真实、透明和公正的态度。

实事求是是职业道德中的核心原则之一，要求员工在工作中坚持真实和诚实。这意味着员工在处理事务时，应基于事实作出判断，而不是被主观偏见或个人利益所左右。实事求是原则强调在工作中要尊重事实、承认错误，并积极寻求解决问题的方法。对员工来说，实事求是意味着在数据分析、报告和决策过程中要确保准确性和完整性，避免夸大、隐瞒或歪曲事实。这种态度有助于建立团队内部的信任，因为员工知道他们可以依靠真实的信息来作出决策。

实事求是在企业环境中具有重要意义，因为它是确保组织诚信和透明的基础。组织内部的沟通、协作和决策都需要基于真实的数据和信息。坚持实事求是原则可以防止误导、欺诈和不正当行为，为企业创造一个诚实可信的环境。这不仅有助于组织内部的运作，还可以增强客户和合作伙伴对企业的信任。在一个强调透明度和社会责任的时代，坚持实事求是原则是企业成功的关键。

一票否决是指对某些严重违反职业道德或不符合组织价值观的行为采取零容忍的态度。这个原则强调了在工作中必须坚持高标准的道德行为，并且对可能损害组织声誉或诚信的行为坚决反对。一票否决原则通常适用于涉及道德风险、重大失误或严重违规的情况。对员工而言，一票否决意味着他们需要对不道德行为保持警觉，并在必要时采取行动，以确保组织的道德标准不被破坏。

一票否决的重要性在于维护组织的道德准则和整体诚信。当企业在某些关键问题上坚持一票否决原则时，这表明它对道德标准和行为准则的高度重视。这个原则可以防止腐败、欺诈和其他不正当行为在组织中蔓延，确保企业的运作符合道德和法律的要求。此外，一票否决还可以增强员工的道德意识，因为他们知道在某些情况下，公司会严肃对待违规行为，并可能采取严厉措施。

一票否决原则还可以起到预防作用，阻止潜在的不道德行为。员工知道某些行为会被视为不可接受，他们在工作中会更加谨慎，从而降低违规风险。此外，组织可以通过明确的政策和纪律措施，强调一票否决原则，并告知员工那些可能导致严重后果的行为。这种预防性的做法有助于维护组织的道德环境，并确保员工在职业活动中遵循高标准的职业道德。

第二节　高校学生职业道德的培养与引导

一、开设专门的职业道德课程

开设专门的职业道德课程是高校培养学生职业道德和职业素养的重要举措。这些课程旨在向学生传授职业道德的基本原则、规范，以及在职场中如何应对道德挑战。通过系统的课程设计和深入的学习，高校可以帮助学生建立正确的职业道德观念，并为他们的未来职业生涯奠定坚实的道德基础。

职业道德课程的设置应以实践和理论相结合为目标。课程内容应涵盖职业道德的基本原则，如诚实、正直、公正、透明、责任、奉献等，并且通过案例分析和角色扮演等方式，帮助学生理解这些原则在实际工作中的应用。理论学习可以让学生对职业道德有一个全面的认识，而实践活动可以使他们在真实场景中体验和应用道德原则。通过这种综合性的学习方式，学生可以更好地理解职业道德的复杂性，并培养在职场中坚持道德行为的能力。

职业道德课程应当重视案例教学，以生动的实际案例引导学生思考和讨论职业道德问题。通过分析来自不同行业和不同职业场景的案例，学生可以更直观地了解职业道德在职场中的重要性，并从真实的道德困境中汲取经验。案例教学还可以激发学生的批判性思维和道德判断能力，使他们能够在面对复杂的道德挑战时作出明智的选择。此外，通过小组讨论和团队合作，学生可以在学习过程中相互交流，分享不同的观点和看法，从而加深对职业道德的理解。

职业道德课程中还应包括对职业道德规范和行业标准的学习。不同的行业和职业领域可能有不同的道德要求和规范，学生需要了解他们未来职业领域中的道德标准。课程可以邀请行业专家和职业顾问进行讲座，分享他们在职业生涯中的道德经验和教训。这不仅可以使学生获得来自行业内部的专业知识，还可以帮助他们建立与行业专家的联系。通过与行业专家的互动，学生可以更好地了解职业道德在实际工作中的作用，并为未来的职业生涯作好准备。

职业道德课程应注重培养学生的道德领导力和社会责任感。这意味着课程不仅要教导学生如何在职场中保持道德行为，还要鼓励他们在工作中积极影响他人，并为社会作出贡献。道德领导力的培养可以通过实践项目和社区服务等方式实现，这些活动让学生有机会将他们的道德理念转化为实际行动。社会责任感的培养则需要强调企业社会责任和可持续发展的重要性，引导学生在职业生涯中以更广阔的视角看待职业道德。

通过开设专门的职业道德课程，高校可以帮助学生建立正确的职业道德观念，培养他们在未来职业生涯中坚持道德行为的能力。这种课程不仅对学生个人的发展至关重要，还可以为整个社会培养具有高道德标准和社会责任感的职业人才。最终，这将有助于构建一个更加道德和可持续的职场环境，并为社会的进步和繁荣作出贡献。

二、组织职业道德方面的培训和研讨会

组织职业道德方面的培训和研讨会是高校培养学生职业道德意识和引导其形成正确职业观的重要途径。这类活动旨在提供生动、实用的学习体验，帮助学生更好地理解职业道德在实际工作环境中的意义，并让他们学会如何在复杂的职场环境中作出道德决策。通过这种互动式的学习方式，高校可以有效地强化学生的职业道德素养，为他们的职业生涯提供坚实的道德基础。

职业道德培训通常以实际案例为基础，着重探讨在工作环境中可能遇到的道德挑战和困境。在这些培训中，学生可以通过角色扮演、案例分析和小组讨论等方式，深入理解职业道德的核心原则，并思考如何在各种情境下保持高道德水平。培训还可以模拟职场中的典型场景，要求学生就不同的道德问题提出解决方案。通过这种实践性的活动，学生可以更好地掌握职业道德的具体应用，并提高他们在面对道德决策时的信心和能力。

研讨会是一种更开放、更具互动性的学习方式，鼓励学生与行业专家、学者和从业人员进行面对面的交流。研讨会的主题可以包括职业道德的基本原则、行业规范、企业社会责任以及可持续发展等。在研讨会上，专家们可以分享他们的经验，讨论在实际工作中遇到的职业道德挑战，以及如何在道德困境中作出正确的决策。学生通过与专家的互动，不仅可以获得宝贵的经验，还可以提出自己的问题，从而进一步深化对职业道德的理解。

职业道德培训和研讨会还可以引入道德教育方面的创新技术，如使用虚拟现

实（VR）或增强现实（AR）来模拟职场环境，让学生沉浸在逼真的职业场景中，体验各种道德问题，并在虚拟环境中作出决策。这种身临其境的学习方式可以帮助学生更深入地理解职业道德的实际应用，并提高他们在现实生活中的道德判断能力。此外，这些技术还可以增强学生的参与度和学习兴趣，使职业道德教育变得更加生动和有趣。

为了确保职业道德培训和研讨会的效果，高校应当邀请行业背景多样化的专家和讲师，确保学生可以从不同的角度学习职业道德。讲师可以包括来自企业界的道德顾问、从事企业社会责任工作的专业人士，以及学术界的学者。这种多元化的讲师阵容可以为学生提供丰富的学习资源，帮助他们从不同的角度思考职业道德的问题，并鼓励他们在职业生涯中保持道德行为。此外，高校还可以与企业合作，邀请来自不同行业的专业人士进行演讲或分享经验，从而加强培训和研讨会的实践性。

三、举办校内职业活动和竞赛

举办校内职业活动和竞赛是高校培养学生职业道德意识和引导其形成正确职业观的重要途径之一。这些活动和竞赛通过多种形式，将职业道德与实践相结合，帮助学生在竞争与合作的氛围中加深对职业道德的理解，并激发他们在职业生涯中坚持高道德标准的动力。校内职业活动和竞赛不仅提供了一个展示才华和技能的平台，也为学生提供了与同龄人和行业专家交流的机会。

职业活动通常包括一系列与职业发展相关的内容，如职业指导、面试技巧培训、职业规划研讨会、企业参观等。这些活动旨在帮助学生了解职业生涯中的各种挑战，并向他们展示在工作中如何保持职业道德。通过参与职业活动，学生可以学习到不同的职业道德原则，以及在各种情境下如何应用这些原则。例如，职业指导可以教会学生在求职过程中如何诚实地展现自我，并在与雇主的交流中保持真诚；面试技巧培训可以帮助学生学习如何在面试中展示道德水平，并在职业选择中坚持原则。

职业竞赛是一种更具竞争性和互动性的方式，帮助学生在实战环境中锻炼职业道德。高校可以举办各种类型的职业竞赛，如商业案例分析竞赛、创业竞赛、模拟面试竞赛等。这些竞赛通常要求学生在团队合作和解决实际问题的过程中展现职业道德。在商业案例分析竞赛中，学生需要基于真实的商业案例，提出具有道德和社会责任感的解决方案；在创业竞赛中，学生则需要展示他们的商业理念，并证明其符合道德规范和可持续发展的原则。

职业竞赛的设计应强调职业道德的重要性，并为学生提供机会在竞赛过程中展示高道德标准。例如，在商业案例分析竞赛中，评委可以重点考察学生的解决方案是否符合职业道德标准，以及他们在解决问题时是否考虑了社会责任和企业诚信；在模拟面试竞赛中，评委可以观察学生在应对压力和挑战时是否能够保持诚实和正直。通过这种方式，竞赛不仅培养了学生的职业技能，还帮助他们树立了正确的职业道德观念。

举办校内职业活动和竞赛还有助于强化学生的人际关系网络。在这些活动中，学生可以与来自不同专业和背景的同学交流，建立联系，并相互学习。这种互动有助于学生开拓他们的视野，了解其他职业领域中的职业道德标准，并获得不同角度的职业指导。此外，职业活动和竞赛通常会邀请行业专家和从业人员作为评委或嘉宾，这为学生提供了与业界建立联系的机会。通过与行业专家的交流，学生可以获得职业建议，并了解行业内的职业道德实践，这对他们未来的职业生涯发展大有裨益。

职业活动和竞赛的另一个重要作用是培养学生的团队合作精神和领导能力。在这些活动中，学生需要与团队成员协作，共同解决问题，并在竞赛中展示团队精神。这有助于培养学生的合作能力，并教会他们在团队环境中如何坚持职业道德。此外，职业活动和竞赛还可以通过让他们在团队中扮演领导角色，负责组织和管理团队工作，培养学生的领导能力。在这个过程中，学生可以学习如何在团队中倡导职业道德，并确保团队在工作中坚持高道德标准。

四、制订学生职业道德准则或行为守则

制订学生职业道德准则或行为守则是高校培养和引导学生树立职业道德的重要步骤。这一准则为学生提供了明确的道德标准和行为指南，帮助他们在学业和实习过程中明确何为正确的行为，并在未来职业生涯中培养道德意识。制订准则不仅有助于建立一个有序、诚信的校园环境，还为学生提供了一个参考框架，以确保他们在进入职场后能够坚持职业道德。

职业道德准则的制订需要以广泛的调查和研究为基础，确保其内容具有针对性和实用性。高校应当根据不同学科和专业的特点，制订具有行业特色的职业道德准则。这些准则通常涵盖了职业道德的基本原则，如诚信、正直、责任、公正、透明、保密等，并具体说明了在不同场景中如何应用这些原则。例如，准则可以指导学生在学术研究和实验过程中确保数据的准确性和可靠性，避免抄袭和学术不端行为；在实习和就业过程中，教会学生如何在面试、工作任务和团队合作中保持诚实和公正。

在制订职业道德准则时，高校还需要考虑与社会责任和可持续发展相关的内容。准则可以强调学生在职业生涯中应承担的社会责任，包括环保、社区参与、慈善和可持续发展等方面。这种扩展性的道德准则有助于培养学生的全局意识，

鼓励他们在未来职业生涯中以更广阔的视野看待职业道德。此外，准则还可以涉及企业社会责任和道德领导力的重要性，鼓励学生在工作中倡导道德行为，并积极为社会作出贡献。

为了确保职业道德准则的有效性，高校应当将其纳入学生的日常学习和生活之中。高校可以在新生入学时分发职业道德准则资料，并在学生手册和校规中明确列出。此外，准则的内容应当在课堂教学、研讨会和职业道德培训中得到强调，确保学生对其内容有充分的理解。高校还可以通过举办职业道德讲座和活动，向学生传达准则的重要性，并展示其在职业生涯中的实际应用。

高校在制订职业道德准则的同时还应当为学生提供反馈和咨询渠道。学生在学业和实习过程中可能会遇到各种道德挑战和困境，提供一个开放的反馈和咨询平台可以帮助他们及时解决问题，并确保准则得到有效执行。高校可以设立职业道德委员会，负责处理学生的职业道德相关问题，并提供咨询服务。此外，高校还可以组织成立职业道德论坛和讨论小组，让学生分享他们在实践中遇到的道德问题，并共同探讨解决方案。这种互动性的活动有助于加强学生对职业道德准则的理解，并促进校园内的道德文化建设。

职业道德准则的制订和实施还有助于增强高校与企业界的联系。高校可以邀请行业专家和企业代表参与准则的制订过程，确保准则内容符合行业标准，并为学生未来的职业生涯提供指导。此外，高校与企业的合作还可以通过职业道德相关的实习和培训项目得到加强，这有助于学生在真实的工作环境中实践职业道德准则，并获得宝贵的经验。

第三节 职业伦理与职业行为

一、职业伦理的定义

职业伦理是指在专业环境中指导和规范行为的道德原则、价值观和准则。它涉及在工作和职业活动中如何作出道德决策，如何处理复杂的道德困境，以及如何保持诚信、公正和责任感。职业伦理通常涵盖一系列道德概念，包括诚实、正直、保密、公平、责任、透明等。在不同的职业领域，职业伦理的具体应用和规范可能有所不同，但其核心目标是确保在工作环境中行为符合道德和道义。

职业伦理的定义还包括与职业道德相关的法律、法规、行业标准和专业守则。

这些规定旨在确保在工作中行为合规，维护公众利益，保护消费者权利，防止滥用权力和不正当行为。职业伦理的定义反映了一个行业或职业领域的道德期望，并为从业者提供了明确的行为框架。

二、职业行为概述

职业行为是指在职业环境中表现出的行为方式、态度和工作方式的总和。它涉及个人在职业生涯中如何与他人互动，如何执行工作任务，以及如何维护专业标准和道德规范。职业行为的关键在于体现职业精神、责任感、诚信和公正，同时展示良好的职业道德和团队合作精神。

职业行为首先包括对工作的责任感和敬业精神。在任何职业环境中，责任感是职业行为的基石，它意味着个人对自己的工作任务、团队目标以及组织的整体成功负责。这种责任感要求从业者在履行职责时保持高度的专业水准，认真对待每一项任务，并对自己的行为负责。敬业精神则体现为在工作中表现出积极主动、不断学习和追求卓越的态度。这种精神使从业者在面对挑战时充满信心，并不断寻求改进和创新。

良好的职业行为要求从业者在工作中展现出良好的沟通技巧、团队合作精神和尊重他人的态度。沟通是职业行为的核心要素之一，涉及与同事、客户、上司和其他利益相关者的有效互动。良好的沟通不仅包括准确表达自己的想法，还包括积极倾听他人的意见，理解他人的需求，并在工作中保持公开透明。团队合作精神则意味着从业者在团队中愿意协作，分享资源，支持同事，并共同追求团队目标。尊重他人是职业行为的重要组成部分，要求从业者在工作中尊重多样性，包容不同观点，并避免歧视和骚扰。

在任何职业环境中，职业道德和规范为从业者提供了明确的行为框架，确保他们在工作中遵循道德和法律标准。良好的职业行为要求从业者在工作中保持诚信、正直，并遵守行业规则和法规。良好的职业行为有助于建立信任，确保工作过程中的公平和透明，并维护组织的声誉。此外，职业行为还涉及保密、利益冲突和廉洁等方面的要求，确保从业者在工作中保持道德标准。

职业环境不断变化，新的技术、知识和技能不断涌现。因此，良好的职业行为要求从业者在职业生涯中不断学习，保持对新知识的开放态度，并积极参与培训和职业发展活动。持续学习有助于从业者保持竞争力，并为组织带来创新和改进的动力。此外，自我提升也包括对职业行为的反思，从业者需要定期审视自己的行为，寻找改进的机会，并在职业生涯中追求卓越。

当所有从业者都展示出良好的职业行为时，整个组织将受益于更高的工作效率、更强的团队合作以及更好的客户服务。这种积极的职场氛围有助于吸引和留住优秀人才，并提高组织的竞争力。

三、职业伦理与职业行为的关系

（一）职业伦理为职业行为提供了道德框架和原则

职业伦理为职业行为提供了道德框架和原则，这一关系是职业生活中道德和行为之间的基本纽带。职业伦理通常是指在工作和职业活动中指导行为的道德原则和价值观，它们为从业者提供了明确的道德准则和行为规范。职业行为则是指从业者在实际职业环境中表现出的行动和态度，是从业者在工作中与同事、客户和其他利益相关者互动的方式。因此，职业伦理是职业行为的道德基础，确保从业者在工作中保持正直和高道德水平。

职业伦理为职业行为提供了道德框架，确保从业者在履行职责时遵循道德标准。这个道德框架包括一系列核心原则，如诚信、公正、透明、责任感和尊重他人。这些原则构成了职业行为的基石，为从业者在工作中提供了行为指南。例如，诚信是职业伦理的核心原则之一，要求从业者在工作中保持诚实，不隐瞒事实，不做出虚假陈述。公正则意味着在工作中公平对待每一个人，避免歧视和偏见，并在决策时考虑利益相关者的权益。

职业伦理还规定了在工作中应遵守的行为准则。这些准则确保从业者在工作中保持道德标准，并提供了一套明确的行为规范。例如，职业伦理可能规定从业者在处理机密信息时必须保密，在处理利益冲突时必须公开透明，在工作中不得参与贿赂或不正当行为。通过遵循这些准则，从业者能够确保他们的职业行为符合道德和法律要求，并维护组织的声誉。

职业伦理不仅为职业行为提供了道德框架，还为从业者应对道德困境提供了指导。在职业生涯中，从业者可能会面临各种道德挑战，如利益冲突、数据造假、滥用权力等。职业伦理为这些困境提供了道德指南，帮助从业者在复杂的情况下作出正确的决策。例如，当从业者面临利益冲突时，职业伦理要求他们公开利益关系，并确保在决策中避免偏袒或不公平行为。当从业者面临道德选择时，职业伦理提供了道德原则作为决策依据，帮助他们在工作中坚持道德标准。

职业伦理的另一个重要作用是保证职业行为的自我监管。职业行为是从业者在工作中采取的行动和态度，需要从业者自我监管，确保他们的行为符合职业伦理的要求。职业伦理为职业行为的自我监管提供了道德框架，从业者可以根据职业伦理的原则和准则来评估自己的行为，确保他们在工作中保持高道德水平。此外，职业伦理还可以通过职业道德委员会和职业道德培训等方式促进职业行为的自我监管，为从业者提供反馈和指导。

职业伦理与职业行为的关系还体现在职业文化的塑造中。职业伦理的原则和准则在组织中发挥着重要作用，帮助塑造积极的职业文化。当职业伦理的道德框架在组织中得到广泛认可和实施时，整个组织将受益于更高的道德标准、更强的团队合作以及更好的客户服务。这种积极的职业文化有助于提高组织的声誉，增强组织的竞争力，并吸引和留住优秀人才。

（二）职业行为是职业伦理的实际表现

职业行为是职业伦理的实际表现，它将道德原则和规范转化为具体的行动和态度。在职业环境中，职业伦理为从业者提供了指导行为的道德框架，包含了一系列核心原则，如诚信、责任、公正和透明。而职业行为是将这些道德原则付诸实践的过程，它反映了从业者在实际工作中如何运用职业伦理。两者之间的关系可以理解为理论与实践的结合：职业伦理提供了道德指导，而职业行为则是道德指导在职业活动中的具体体现。

职业行为是职业伦理的实际表现，意味着从业者在工作中的一言一行都应体现职业伦理的核心原则。比如，诚信是职业伦理的基本原则之一，而在职业行为中，这体现为从业者在工作中保持诚实，不虚假陈述，不欺骗客户或同事。这种诚信的职业行为不仅有助于建立信任，也确保了从业者在执行任务时遵循道德标准。同样，职业伦理强调公正和公平，而职业行为则通过在工作中平等对待每一个人、不偏袒或歧视、在决策时保持公正来体现这一原则。

职业行为是职业伦理的实际表现，这表明从业者的行为直接反映了他们对职业伦理的理解和接受程度。良好的职业行为通常由良好的职业伦理观念支撑，而不良的职业行为则表明职业伦理的缺失或偏差。因此，通过观察从业者的职业行为，可以判断他们是否遵循了职业伦理的道德框架。这也为组织提供了评估员工道德行为的方法，可以通过职业行为来衡量员工的道德合规性，并采取必要的措施确保职业伦理在组织中得到有效实施。

职业行为作为职业伦理的实际表现，在于它如何在组织文化中塑造道德标准。职业伦理的核心原则只有通过实际的职业行为才能真正渗透到组织文化中。当所有从业者在工作中都表现出良好的职业行为时，整个组织的道德氛围将得到提升，这反过来也强化了职业伦理的影响力。职业行为的表现直接影响组织的声誉和公众形象，当员工在与客户、供应商和其他利益相关者互动时表现出高道德水平和职业精神，组织就会建立起良好的声誉。

每个职业领域都有其独特的道德挑战和行为规范，职业行为通过适应这些挑战和规范，展示了职业伦理的灵活性和多样性。例如，在医疗领域，职业伦理要求医生和护士遵守保护患者隐私和医患保密原则，而职业行为则通过保密患者信息、遵循患者同意程序等方式来体现这一原则。在商业领域，职业伦理强调诚信和透明，而职业行为则通过公开财务信息、避免利益冲突等方式来展示这一原则。

良好的职业行为需要从业者具备职业伦理的基本知识，并在实际工作中加以应用。因此，职业道德教育和培训对于塑造职业行为至关重要。通过职业道德培训，从业者可以学习职业伦理的核心原则，并获得在实际工作中应用这些原则的技能和知识。这有助于确保职业行为符合职业伦理的要求，并促进职业道德在整个组织中的传播。

第四节　职业道德与职业发展的关系

一、职业道德为职业发展提供了坚实的基础

（一）职业道德能够增强个人和组织的信誉和可信度，有利于个人职业发展

职业道德是一个广泛的概念，涉及专业人士在工作中的道德标准和行为准则。它不仅与个人的道德行为有关，还涉及组织文化和商业实践。职业道德为职业发展提供了坚实的基础，其影响深远且意义重大。

职业道德能够增强个人和组织的信誉和可信度，从而有助于个人和组织的发展。信誉和可信度是职业成功的重要基石，它们反映了个人或组织在社会和行业中的声誉。当一个人或一个组织遵循高标准的职业道德时，他们的行为会被认为是诚实、正直和负责任的，这会增强他们在同行和客户中的信任感。

在商业世界中，信任是关键。无论是与同事合作，还是与客户或合作伙伴进行交易，信任都是维系关系的基本要素。如果一个人被认为是不诚实的、不可靠的，那么他的职业生涯可能会遭受重大损害。如果一个人以诚实和公正的方式行事，他们的信誉会增强，职业机会也会随之而来。

职业道德不仅体现在个体行为上，还体现在组织文化中。组织内部强烈的职业道德氛围会吸引高质量的员工，同时也会吸引更多的客户和业务机会。当一个组织以道德的方式运作时，它不仅赢得了员工的尊重，还赢得了外部利益相关者的尊重。这种良好的声誉将有助于组织的长期成功，同时也为员工提供了更好的职业发展机会。进一步来说，职业道德能够促进团队合作和组织凝聚力。道德行

为鼓励开放的沟通、诚实和透明度，这些都是有效合作的关键。团队中的每个成员都可以依赖其他成员遵循高标准的道德行为，这将促进团队的凝聚力和生产力。一个高效的团队可以为组织带来更多的成功，而在这样的环境中工作也有助于个人职业的发展。

职业道德与职业发展的关系体现在遵循职业道德的人往往能够在职业生涯中获得更多的领导机会。领导力要求诚信和责任感，而这些特质都是职业道德的核心要素。一个遵循职业道德的人更容易被视为可信的领导者，他的行为会激励他人，并有助于建立健康的组织文化。

（二）职业道德可以增强个人的职业道德感和职业归属感，有利于个人职业发展

职业道德是职业责任感的体现，是指从业人员在职业活动中遵循的道德标准和行为准则。它不仅仅是一套指导职业行为的准则，还在一定程度上影响了从业者的职业心态和职业归属感。

职业道德的准则通常包括诚实、正直、责任感和公平等，这些准则为从业者提供了明确的指导。在此框架内工作，有助于从业人员树立正直的职业形象，并获得同事和客户的信任。这种信任是职业发展中不可或缺的要素，因为它会促进团队合作，减少工作中的摩擦，甚至能够促进业务增长。

当一个人遵循职业道德，他往往更愿意承担责任，参与团队合作，并与其他同事建立更紧密的联系。职业归属感意味着从业人员感到他们是团队的一部分，并且他们的工作对于团队的成功至关重要。当一个人有了这种归属感，他往往会更加努力，追求卓越，并且致力于自我提升，这有助于他们在职业生涯中取得更大的成就。

当一个人在工作中按照高标准行事时，他会感到自豪。这种自豪感可以增强工作满意度，减少工作倦怠，并激励他在职业生涯中不断追求卓越。职业道德的这种激励作用可以帮助从业人员克服工作中的困难，勇敢面对挑战，从而在职业生涯中取得更大的成功。

二、职业发展影响职业道德的形成

职业发展是指一个人在职业生涯中的成长和进步，包括技能的提升、职位的变迁、薪酬的增加以及职业成就的不断累积。职业发展与职业道德的关系密切，职业发展对职业道德的形成有深远的影响。

职业道德是职业行为的基本准则和价值观，它决定了从业人员在职业活动中如何行事。职业发展在职业道德的形成中起着重要作用，因为它会影响从业人员

的心态和行为。随着职业发展的推进，从业人员可能会获得更多的权力，承担更大的责任，这会对他们的职业道德产生影响。在这样的过程中，他们需要作出更重要的决策，并面对更大的道德挑战。

随着从业人员获得更高的职位，他们通常会被赋予更多的权力和责任。这意味着他们可能需要作出影响广泛的决策，涉及公司的利益、员工的福祉以及客户的需求。这种新的责任要求从业人员具备更高的职业道德标准，以确保他们的决策符合道德准则。这时，职业道德的形成可能会受到从业人员自身的价值观、教育背景和职业环境的影响。那些在职业发展过程中保持高职业道德水平的人往往更能赢得团队和客户的信任。

随着权力和责任的增加，他们可能会受到利益的诱惑，或者因为追求职业上的成功而忽视职业道德。这种情况下，职业道德的坚守依赖从业人员的自我约束、道德观念和职业道德培训。如果从业人员在职业发展中保持坚定的道德信念，他们更有可能在职业生涯中取得长远的成功。而如果在追求职业发展的过程中背离了职业道德，他们可能会面临职业生涯上的风险，甚至可能引发法律和道德上的问题。

职业发展不仅涉及职位和薪酬的变化，还可能涉及跨行业、跨职能的转变。这种灵活性意味着从业人员需要在不同的环境中调整自己的职业道德准则。在这种情况下，职业道德的形成需要适应多样化的职业发展路径，并遵循普适的道德原则。

第十章　高校学生就业心理与职业发展智力

第一节　职业发展智力的内涵与结构

一、职业发展智力的内涵

职业发展智力是一种综合能力，涵盖了在职业生涯中所需的多种知识、技能和态度。职业发展智力不仅包括传统的认知能力，如分析和解决问题的能力，还包括社交智力、创新思维和适应能力等方面。认知能力是职业发展智力的基础，包括从业人员在工作中处理信息、学习新知识和作出明智决策的能力。它帮助从业人员在快速变化的环境中保持敏锐，并能够解决复杂问题。社交智力则关注与他人互动的能力，还涉及有效沟通、建立关系和团队合作。在职业发展中，这些能力有助于从业人员与同事、客户和领导建立良好关系，保证职业生涯的持续发展。创新思维是职业发展智力中的创造性元素，促使从业人员在工作中提出新想法，推动变革。而适应能力则确保从业人员能够在不断变化的职场中保持灵活，应对挑战。

二、职业发展智力的结构

（一）认知智力

认知智力是职业发展智力的核心组成部分，它指的是个体在工作中处理信息、解决问题、学习和理解复杂概念的能力。在职业发展中，认知智力的重要性不容忽视，因为它涉及从业人员的知识储备、逻辑思维、分析能力以及决策能力。

认知智力的一个关键组成部分是知识的积累和应用。职业发展要求从业人员具备扎实的专业知识，并能够将这些知识应用于实际工作中。知识积累不仅涉及对行业内基本概念的理解，还包括持续学习、与最新趋势保持同步以及不断扩展知识领域。在职业生涯中，具备丰富知识储备的人更容易在竞争激烈的环境中脱颖而出，因为他们能够以独特的视角看待问题，并提出创新的解决方案。

逻辑思维和分析能力是认知智力的重要组成部分。逻辑思维指的是个体能够通过合理的推理过程解决问题，而分析能力则涉及分解复杂问题、识别关键要素以及确定解决方案的能力。在职业发展中，逻辑思维和分析能力有助于从业人员在面对复杂问题时保持冷静，并制订有效的行动计划。这些能力对于许多职业角色至关重要，尤其是在需要快速决策或处理大量数据的环境中。

认知智力中的学习能力至关重要。在职业发展过程中，环境和技术不断变化，工作内容和要求也随之变化。具备强大学习能力的人能够迅速适应新的工具、方法和流程，并在不断变化的环境中保持竞争力。学习能力不仅包括自我驱动的学习，还包括从他人和经验中学习，以及接受反馈并进行改进的能力。

创造性思维也是认知智力的重要部分。创造性思维涉及从不同角度看待问题，并提出创新的解决方案。在职业生涯中，创造性思维可以帮助从业人员在面临挑战时找到新的路径，并推动组织创新。具有创造性思维的人通常更能在工作中提出新想法，促进团队合作，并在职业发展中走得更远。

决策能力是认知智力的关键要素之一。决策能力指的是在信息不完全或环境复杂的情况下作出合理决策的能力。在职业发展中，决策能力影响着从业人员的职业路径和成功的可能性。一个具备强大决策能力的人通常能够在复杂的环境中迅速作出明智的选择，并在团队中发挥领导作用。

（二）社交智力

社交智力是职业发展智力的重要组成部分，是指个体在人际交往中建立和维护关系的能力。社交智力决定了从业人员在职业环境中如何与他人互动、沟通以及合作。社交智力的强弱在很大程度上影响职业发展，因为它决定了从业人员能否在团队中建立良好的关系，获得支持，并在关键时刻获得机会。下面将详细探讨社交智力的结构以及其在职业发展中的重要性。

社交智力的核心是沟通能力。有效的沟通不仅是表达自己的想法，还包括倾听他人、理解他们的观点以及在必要时给出反馈。高水平的沟通能力能够帮助从业人员在团队中建立信任，增强合作，并确保任务和目标的明确性。无论是在面对面的交谈中，还是通过书面形式，沟通能力在职业环境中都扮演着重要角色。对于职业发展而言，良好的沟通能力可以帮助从业人员在团队中脱颖而出，并赢得领导和同事的支持。

在职业环境中，从业人员需要与各种不同性格和背景的人打交道，情感智力使他们能够在这个过程中保持敏感和灵活。通过识别他人的情感信号，从业人员可以调整自己的行为，以促进团队和谐并解决冲突。这对于团队合作和客户关系管理至关重要，因为它能够帮助从业人员在复杂的人际关系中保持平衡。

社交智力还包括人际关系的建立和维护能力。这一能力涉及从业人员如何在工作中与同事、客户和领导建立持久且良好的关系。在职业发展中，人际关系往往是成功的关键。通过建立广泛的人际网络，从业人员可以获得更多的职业机会，并在职业生涯中获得支持。人际关系的维护同样重要，它要求从业人员在职业生涯中持续与他人保持联系，并在需要时提供帮助。这种能力有助于从业人员在职业道路上得到他人的支持，并在关键时刻获得机会。

社交智力还包括谈判和冲突解决能力。在职业环境中，谈判是日常事务的一部分，涉及与同事和客户就各种问题达成一致。谈判能力可以帮助从业人员在职业发展中实现自己的目标，同时维护团队和客户的利益。冲突解决能力则涉及在紧张的情况下保持冷静，并找到解决问题的最佳方法。这些能力在职业发展中非常重要，因为它们可以帮助从业人员在复杂环境中有效应对挑战，并确保团队的稳定和谐。

（三）创新思维

创新思维是职业发展智力的关键组成部分，指的是在职业环境中产生新想法、提出独特解决方案和推动变革的能力。它在职业发展中的重要性日益凸显，因为现代职场充满变化和挑战，创新思维可以帮助从业人员在竞争激烈的环境中脱颖而出。

创新思维的核心是创造力。创造力涉及产生新颖而有价值的想法，并将这些想法转化为实际行动。在职业发展中，创造力可以帮助从业人员找到新的工作方式，解决复杂问题，并推动组织创新。通过培养创造力，从业人员可以在面对传统思维无法解决的问题时，找到独特的解决方案。创造力不仅在技术和产品开发领域重要，在管理、营销和人力资源等领域同样发挥重要作用。

创新思维包括开放性和适应能力。开放性是指对新想法和新经验持积极态度，愿意尝试不同的方法和观点。在职业环境中，开放性可以促进团队合作，并激发创新。适应能力则涉及在不断变化的环境中调整自身，并快速适应新的挑战。具有开放性和适应能力的人更容易接受变化，并在职业发展中保持竞争力。这两种能力共同构成了创新思维的灵活性，使从业人员能够在多变的环境中找到新的发展路径。

创新思维还涉及批判性思维和问题解决能力。批判性思维是指对信息和想法进行深入分析，并评估其有效性和潜在影响。在职业发展中，批判性思维可以帮助从业人员避免盲从，并在决策时作出明智的选择。问题解决能力则是创新思维的实用部分，涉及将创造力和批判性思维相结合，找到可行的解决方案。在职业环境中，这种能力非常重要，因为它可以帮助从业人员在面对复杂问题时找到有效的解决途径。

创新思维中的合作与协同能力也不可忽视。创新往往是团队合作的结果，而合作与协同能力可以确保团队成员共同努力，产生更大的创新成果。通过有效的合作，团队可以集思广益，将不同的观点和技能结合在一起，找到创新的解决方案。在职业发展中，具备合作与协同能力的从业人员通常更容易在团队中发挥关键作用，并推动组织的发展。

创新思维还包括愿景和领导力。愿景是指对未来的清晰洞察力，以及制订长远目标的能力。在职业生涯中，愿景可以引导从业人员朝着更高的目标努力，并激励他们在职业发展中取得成功。领导力则是将愿景转化为现实的能力，包括激励他人、推动团队合作和带领团队实现目标。具备领导力的人在职业发展中更容易获得机会，并在团队中发挥重要作用。

第二节　职业决策与职业发展智力

一、职业决策概述

职业决策是职业生涯中的关键环节，涉及从业人员在职业发展过程中所作的各种决策和选择。这些决策可能涵盖从选择职业领域、公司和工作环境到选择技能发展、继续教育以及职业转型等多方面。职业决策的质量在很大程度上影响着从业人员的职业路径、成就和满意度。职业决策通常开始于职业选择阶段。在这个阶段，从业人员需要根据自己的兴趣、技能和市场需求选择合适的职业领域。这一决策过程涉及对自身能力和兴趣的评估，同时考虑外部因素，如行业趋势、经济环境和职业机会。准确的自我评估和深入的行业研究是这一过程的关键，因为它决定了从业人员是否能够在职业生涯中找到适合自己的方向。在选择了职业领域之后，从业人员面临的第二个重要决策是选择公司和工作环境。这一阶段的决策关系到从业人员的工作满意度和职业发展机会。从业人员需要考虑公司的文化、价值观、团队氛围以及职业发展前景。选择一个与自身价值观相符的公司有助于从业人员在职业生涯中保持动力和激情。此外，良好的工作环境和团队合作可以促进从业人员的职业发展，并带来更多的成长机会。

二、职业发展智力对职业决策的影响

（一）职业发展智力使个体具备在复杂和不确定的环境中作出决策的能力

职业发展智力是一种综合能力，涉及认知、社交、创新等多方面的智能水平。职业发展智力对于在职业生涯中作出有效决策至关重要，特别是在面对复杂和不确定的环境时。职业发展智力使个体能够在动态和多变的职业环境中迅速应对挑战，并作出明智的决策。下面将深入探讨职业发展智力如何帮助个体在复杂和不确定的环境中作出有效决策。

认知智力在职业决策中起到基础性作用。在复杂环境中，个体需要具备强大的信息处理和分析能力，以便从众多变量中提取有用信息。认知智力使从业人员能够运用逻辑思维和批判性思维来解读复杂数据，并得出合理的结论。在不确定的环境中，具备高认知智力的人能够迅速适应新的情况，并调整决策策略，以应对变化。

社交智力在复杂环境中的职业决策中也非常重要。复杂和不确定的环境往往涉及多个利益相关者和多种观点。社交智力使个体能够与他人有效沟通，理解不同的意见，并在决策过程中建立共识。在职业决策中，社交智力可以帮助从业人员在团队中发挥合作作用，借助他人的知识和经验作出更明智的决策。高社交智力的人往往能够在复杂环境中与团队成员建立良好的关系，促进合作，并确保决策的顺利实施。

创新思维在复杂和不确定的环境中尤其有用。创新思维涉及产生新想法和找到独特解决方案的能力。在复杂环境中，传统的方法可能无法解决新出现的问题，这时创新思维可以帮助个体找到突破口。具有创新思维的人通常能够在不确定的环境中找到创造性的解决方案，并以独特的方式应对挑战。

（二）职业发展智力使个体能够根据行业和职业的发展趋势调整自己的职业规划

在面对不断变化的行业和职业发展趋势时，职业发展智力起着关键作用，因为它使个体能够根据外部环境的变化调整职业规划，从而保证职业生涯的持续发展和成功。

个体具备高水平的认知智力，能够密切关注行业和职业的发展趋势，并从中提取关键信息。这种能力使从业人员能够迅速识别行业内的新方向、新技术和新的职业机会。在职业规划中，认知智力可以帮助个体确定职业发展目标，并制订有效的行动计划。

社交智力涉及与他人建立和维持关系的能力。在职业生涯中，拥有良好的人际网络可以帮助从业人员获得行业内的最新信息，并与行业领导者和专业人士建立联系。高社交智力的人能够在职业生涯中建立广泛的人脉，从而在调整职业规划时获得更多支持和资源。社交智力还包括沟通能力，这使从业人员能够有效地与同事和领导沟通，确保职业规划的顺利实施。

在职业生涯中，传统的方法可能无法应对行业和职业发展趋势的变化。这时创新思维可以帮助从业人员找到新的职业路径，并制订独特的职业规划。具有创新思维的人通常能够在变化的环境中找到机会，并在职业生涯中取得成功。

（三）职业发展智力有助于作出与个人能力和愿望相符的职业决策

职业发展智力是一种综合能力，涉及从业人员在职业生涯中所需的多种智能和技能。它包括认知智力、情感智力、社交智力、创新思维和适应能力等多个方面。这些能力有助于从业人员在职业决策中作出与自身能力和愿望相符的选择，从而在职业生涯中获得成功和满足感。下面将详细探讨职业发展智力如何帮助个体作出符合个人能力和愿望的职业决策。

职业发展智力中的认知智力使个体能够明确自己的能力范围，并了解自身的技能和知识水平。在职业决策过程中，认知智力可以帮助从业人员客观评估自身的专业能力，并根据这一评估作出合理的职业选择。这种自我评估能力在职业规划中至关重要，因为它确保从业人员选择与自身技能相匹配的职业道路，避免因为高估或低估自己而作出错误的决策。认知智力还包括分析能力，这使个体能够深入研究不同职业选择的要求，确保决策与自身能力相匹配。

情感智力在帮助个体作出符合个人愿望的职业决策方面发挥重要作用。情感智力涉及识别和理解自己的情感需求，并根据这些需求作出决策。在职业生涯中，情感智力可以帮助从业人员明确自己的职业兴趣、工作动机和情感目标，并根据这些因素选择适合的职业路径。高情感智力的人能够更好地理解自己的职业愿望，并在职业决策中追求符合这些愿望的选择。这有助于从业人员在职业生涯中保持动力和热情。

社交智力对职业决策也有重要影响。社交智力使个体能够与他人建立关系，并从他人那里获取建议和支持。在职业决策过程中，从业人员可以利用社交智力与行业专家、同事和职业顾问建立联系，获取关于不同职业选择的信息。这种人际交往能力可以帮助从业人员更好地理解职业市场的需求，并获得关于职业发展的宝贵建议。通过社交智力，从业人员可以更准确地作出与自身能力和愿望相符的职业决策。

创新思维也是职业发展智力的重要组成部分，它为职业决策带来创造性思维和灵活性。在职业生涯中，创新思维使个体能够从不同角度看待职业选择，并找到独特的职业发展路径。在职业决策过程中，创新思维可以帮助从业人员超越传统的职业选择，探索更符合个人能力和愿望的职业机会。高创新思维的人往往能够在职业决策中保持开放，并根据自身兴趣寻找新的发展方向。

适应能力使个体能够在不断变化的职业环境中保持灵活，并根据个人能力和愿望调整职业规划。在职业生涯中，适应能力可以帮助从业人员在不同环境中调整职业策略，并根据新的信息作出合理的职业决策。这种能力确保从业人员在职业决策过程中能够灵活应对变化，作出与自身能力和愿望相符的选择。

第三节 职业规划与职业发展智力

一、职业目标方面

职业规划与职业发展智力是两个密切相关的概念。职业规划指的是个人在职业生涯中所设定的目标和方向，而职业发展智力则是一种综合能力，涉及在职业生涯中作出明智决策、应对变化和抓住机会的能力。两者在职业目标的设定和实现方面有着重要的联系。

在职业目标的设定方面，职业规划起到了明确方向的作用。职业规划可以帮助个人确定长远的职业目标，并制订通向这些目标的路线图。这些目标涉及职业晋升、技能发展、工作与生活平衡、行业转型等。然而，制订职业目标不仅是设定一个明确的目标，更是一个持续调整和优化的过程。这时，职业发展智力发挥着关键作用。

职业发展智力包括一系列能力，如自我认知、适应性、创造力、学习能力、决策能力等。这些能力可以帮助个人在职业规划中设定合理的职业目标，并根据环境变化及时调整。例如，一个具有高职业发展智力的人，能够有效地识别自己的优势和劣势，找到适合自己的职业目标。同时，他们能够敏锐地察觉行业和市场的变化，确保职业目标的设定与现实环境相符。

职业发展智力在职业目标的实现过程中也起到关键作用。即使职业目标设定得当，在实现的过程中也可能会遇到各种挑战和不确定性。职业发展智力可以帮助个人应对这些挑战，并找到最佳解决方案。它鼓励个人不断学习和适应，保持开放的心态，以应对职业生涯中的变化。例如，当一个行业面临技术变革时，具有高职业发展智力的人能迅速识别这些变化，并调整职业目标，以确保自身在市场中的竞争力。

职业规划与职业发展智力的关系还体现在个人成长和职业发展上。职业规划提供了一个长远的视野，让个人能够看到职业生涯的整体发展方向。而职业发展智力则帮助个人在这个过程中保持灵活性和创造力。具有高职业发展智力的人，能够将职业目标与个人兴趣、价值观相结合，找到职业规划中的动力源泉。他们不仅关注职业生涯的成功，还注重个人成长和满足感。

为了在职业目标方面充分利用职业规划和职业发展智力，个人可以采取一些策略。首先，定期审视职业目标，确保它们与自身能力和外部环境相匹配。其次，培养职业发展智力，包括学习新技能、拓展人际网络、接受多样化的职业体验等。此外，建立一个支持性的环境，与导师、同事和行业专家保持联系，也可以为职业目标的实现提供帮助。

二、职业变化方面

职业规划与职业发展智力在应对职业变化方面具有重要作用。职业变化是职业生涯中的常态，可能由内部因素（如个人兴趣和技能变化）或外部因素（如经济形势、行业趋势等）驱动。为了在职业变化中保持稳定与成长，职业规划提供了结构与方向，而职业发展智力提供了应对变化的工具和方法。

职业规划在应对职业变化时扮演着关键角色。它帮助个人设定明确的职业方向，并制订应对变化的策略。通过职业规划，个人可以在面临职业变化时保持方向感，确保职业目标的一致性和连贯性。然而，职业规划需要具备灵活性，以适应不断变化的职业环境。这时，职业发展智力成为关键，它代表了个人在变化中保持灵活和适应的能力。

职业发展智力包括了多种能力，如应变能力、学习能力、决策能力和问题解决能力。这些能力在职业变化过程中至关重要。职业发展智力高的人，能够在变化中保持冷静，快速调整职业规划，并找到新的机会。例如，当公司进行重组或裁员时，具有高职业发展智力的人能迅速评估情况，决定是寻找内部新职位，还是转向新的职业领域。这种应变能力来自他们对自身技能和市场需求的深刻理解。

职业变化也提供了个人成长和发展的机会。在这种情况下，职业规划与职业发展智力的结合能够最大限度地利用这些机会。职业规划可以帮助个人面对职业变化时保持长远视野，设定新的职业目标。而职业发展智力则提供了实现这些目标所需的灵活性和创造力。例如，当一个行业受到技术革新的影响时，具有高职业发展智力的人会主动学习新技能，并调整职业规划，以确保他们在新环境中具有竞争力。

应对职业变化时，职业规划与职业发展智力的关系还体现在应对不确定性和风险上。职业规划可以通过制订多样化的计划和策略，减少职业变化带来的风险。而职业发展智力则通过快速学习和适应，帮助个人在不确定的环境中找到方向。例如，当一个行业萎缩时，职业发展智力高的人可以迅速找到替代职业，并确保他们的职业规划符合新的市场需求。

为了在职业变化中充分利用职业规划和职业发展智力，个人可以采取一些策略。首先，保持开放的心态，接受变化是职业生涯的一部分。其次，定期审视职业规划，确保它具有灵活性和多样性。再次，培养职业发展智力，包括学习新技能、建立广泛的人际网络、接受多样化的职业体验等。最后，寻求职业导师或教练的指导，可以帮助个人在职业变化中获得宝贵的建议和支持。

三、持续学习和发展方面

持续学习和发展是职业规划与职业发展智力的核心要素。它们共同构成了职业生涯成功的基础。在这个日新月异的世界中，技术和行业趋势不断变化，持续学习与发展能力成为职业人士保持竞争力和应对变化的重要手段。职业规划为持续学习提供了方向，而职业发展智力则确保在学习与发展过程中具备灵活性和创新力。

职业规划是持续学习和发展的起点。通过职业规划，个人可以设定长期和短期的职业目标，明确需要学习的技能和知识。职业规划可以帮助个人确定职业发展的方向，确保学习和发展与职业目标一致。例如，如果一个人希望在五年内晋升到管理职位，他可能会制订一个学习计划，包括领导力培训、学习项目管理课程和沟通技能的提升。职业规划提供了学习的框架和目标，帮助个人在职业生涯中保持前进的动力。然而，职业规划需要具备灵活性，以应对不断变化的职业环境。这时，职业发展智力发挥了关键作用。职业发展智力包括自我认知、适应能力、学习能力和创新思维等，它帮助个人在职业规划中保持开放的心态，愿意接受新的挑战和机遇。在持续学习和发展方面，职业发展智力可以激发个人的学习兴趣，鼓励他们不断探索新的知识领域。例如，一个具有高职业发展智力的人，能够识别市场趋势的变化，并主动学习新的技能，以确保他在职业生涯中始终保持竞争力。

持续学习和发展需要多种策略的结合。职业规划指明了学习的方向，而职业发展智力确保学习过程中的灵活性和创造性。个人可以通过多种途径进行持续学习，包括参加培训课程、在线学习、阅读专业书籍、参加研讨会和行业会议等。此外，与同行和导师建立联系，参与专业社交活动，也可以提供宝贵的学习机会。职业发展智力高的人，通常会在这些机会中找到学习的动力，并将其转化为职业发展的实际成果。

持续学习和发展还与职业生涯的稳定性和成功息息相关。在一个快速变化的职业环境中，持续学习可以帮助个人保持职业灵活性，并在需要时转向新的职业领域。职业发展智力在这一过程中起到关键作用，因为它能够帮助个人应对不确定性，迅速适应变化。例如，当一个行业发生重大变化时，具有高职业发展智力的人能够快速调整职业规划，并通过持续学习掌握新技能，确保他们在职业市场上始终保持竞争力。

为了在持续学习和发展方面充分利用职业规划与职业发展智力，个人可以采取一些策略。首先，制订个人学习计划，确保学习目标与职业规划相符。其次，保持开放的心态，愿意接受新的学习机会。再次，培养职业发展智力，包括适应能力、创新思维和问题解决能力。最后，寻求职业导师或教练的指导，可以帮助个人在持续学习和发展过程中获得专业的建议和支持。

第四节　高校学生就业心理与职业发展智力的培养

一、提供职业规划方面的指导

高校学生就业心理与职业发展智力的培养是确保学生顺利踏入职场并获得成功的重要因素之一。随着社会和经济环境的不断变化，大学生面临的就业形势日益复杂，职业规划和职业发展智力的培养成为他们在职业生涯中取得成功的关键。

职业规划是学生在职业生涯中制订的路线图，帮助他们明确目标，找到实现目标的途径。在高校学习阶段，职业规划的指导至关重要，因为它能帮助学生找到适合自己的职业道路。职业规划的核心在于了解自己的兴趣、能力和价值观，同时了解职业市场的需求和发展趋势。高校应为学生提供职业规划方面的指导，帮助他们更好地了解自己，并制订可行的职业目标。

高校可以通过职业辅导课程、职业咨询服务和职业测评工具，帮助学生了解自己的兴趣和能力。这些资源可以帮助学生认识到自己的优势和劣势，并将其与职业市场的需求相结合。例如，学生可以通过职业测评工具找到适合自己的职业领域，然后根据结果制订职业规划。

高校应提供职业信息和行业趋势的指导，帮助学生了解当前的就业市场和未来的发展方向。这包括邀请行业专家开设讲座、组织行业展览，以及提供实习和合作机会。通过这些活动，学生可以更好地了解他们感兴趣的行业，并了解该行业所需的技能和知识。

职业规划的指导还包括职业技能的培养和简历、求职信的撰写技巧。高校应为学生提供相关的技能培训课程，帮助他们在进入职场前掌握必要的技能。同时，学校可以组织模拟面试、求职讲座等活动，帮助学生为求职作好准备。

发展职业智力可以预防或应对学生在职业规划过程中可能面临的焦虑、不确定和压力。正确的就业心理指导可以帮助他们保持积极的心态，增强自信心。

二、通过实际工作经验，帮助学生培养实用技能

当今社会，高校学生在就业心理和职业发展方面面临着前所未有的压力和挑战。就业市场的竞争愈加激烈，企业对员工的技能和经验要求越来越高。因此，培养学生的实用技能、增强他们的就业心理韧性，是确保学生能够顺利进入职场并在职业生涯中取得成功的关键。通过实际工作经验来帮助学生培养实用技能，不仅是对理论教育的补充，也是增强学生综合能力的重要途径。

实际工作经验是指学生通过参与实际的工作环境，积累实践技能和经验的过程。这种经验包括实习、兼职工作、参与项目、志愿服务等。实际工作经验在培养实用技能方面具有独特的价值，因为它可以帮助学生将理论知识转化为实践能力，同时了解真实的职场环境和企业文化。

通过实际工作经验，学生可以培养一系列实用技能。这些技能包括但不限于以下几个方面：一是专业相关技能。学生可以通过实习或兼职工作，获得与其专业相关的实际经验。这不仅能帮助他们巩固专业知识，还能让他们在进入职场后更加自信和熟练。二是实用的沟通技能。在工作环境中，沟通是关键。学生通过与同事、上级、客户的互动，能够提高他们的沟通技巧。这包括书面沟通和口头沟通，帮助学生在不同情境下自如表达。三是实际工作经验。实际工作经验可以让学生了解团队合作的重要性。在职场中，协作是完成任务的关键。通过团队合作实践，学生可以学会如何在团队中发挥自己的作用，如何与他人合作，以及如何解决团队内部的冲突。实际工作环境中会遇到各种各样的问题，学生通过亲身

参与实际工作，能够学会如何分析问题、制订解决方案，并在压力下作出决策。

除了培养实用技能，实际工作经验还有助于锻炼学生的就业心理。就业心理涉及学生在求职和职场中可能面临的心理压力和挑战。通过实际工作经验，学生可以学到如何应对这些压力，如何保持积极的心态，以及如何适应不断变化的工作环境。

实际工作经验可以帮助学生适应不同的职场环境。他们会发现每个工作场所都有其独特的文化和流程，快速适应新环境将帮助他们更好地融入职场。

工作中的压力是不可避免的。学生通过实际工作经验，能够学会如何在压力下保持冷静，如何有效处理压力，以及如何在压力下保持高效。

通过参与实际工作，学生可以更好地了解自己的职业兴趣和目标。这有助于他们在职业生涯的早期阶段作出明智的选择，并为他们的职业发展奠定基础。

三、提供学生在职场中所需的核心技能培训

在现代社会中，高校学生面临的就业压力不断增加，企业对员工的技能要求日益提升。为了确保学生能够顺利过渡到职场，并在职业生涯中取得成功，提供核心技能培训至关重要。核心技能不仅涵盖了技术和专业领域，还包括软技能、领导能力、沟通技巧以及情商等。

职业核心技能指的是学生在职场中取得成功所需的基本能力。这些能力包括专业知识和技能、软技能、情商、沟通技巧、团队合作能力，以及创新与问题解决能力等。这些技能不仅在求职时起到关键作用，还能帮助学生在职业生涯的不同阶段保持竞争力。

专业知识和技能是核心技能的基础。高校学生通常在校期间学习理论知识，但如何将这些知识应用于实践是一个挑战。为了提供学生在职场中所需的核心技能培训，高校应该确保他们掌握了专业领域的最新知识，同时具备操作技能。这包括使用现代化的设备和技术、了解行业标准，以及进行实践练习。学生可以通过实验室、工作坊、项目实践等途径，将理论知识转化为实际能力。

沟通和团队合作是职场中不可或缺的核心技能。高校应通过团队项目、演讲和讨论等方式，帮助学生培养有效的沟通能力。沟通不仅包括口头表达，还包括书面沟通、倾听以及非语言交流。在团队合作方面，学生可以通过小组项目、社团活动等形式，学习如何在团队中发挥作用，如何协调与他人的关系，以及如何解决团队中的冲突。

情商和心理素质是学生在职场中取得成功的重要因素。情商包括自我认知、情绪管理、同理心等。这些能力有助于学生在职场中建立良好的人际关系，处理压力和挑战。高校可以通过心理辅导、情商培训课程等方式，帮助学生培养这些

能力。此外，学校应提供职场模拟和角色扮演等实践机会，让学生在真实的情境中锻炼情商。

在职场中，创新与问题解决能力是核心技能之一。企业通常需要员工能够快速适应变化，并在面对复杂问题时提供有效的解决方案。高校应通过项目实践、创新竞赛等形式，培养学生的创新思维和问题解决能力。这包括案例分析、设计思维、原型制作等，让学生在模拟环境中尝试不同的方法，激发创造力。

四、鼓励学生参与创新项目或创业竞赛，培养创造力和问题解决能力

在当今快速变化和高度竞争的世界中，创造力和问题解决能力成为学生在职业生涯中成功的关键要素。高校作为人才培养的摇篮，扮演着引导学生拥抱创新思维、鼓励学生探索创业机会的重要角色。通过参与创新项目或创业竞赛，学生可以培养出一种开拓性思维方式。这种思维方式不仅有助于他们在未来的职业生涯中脱颖而出，还能为社会带来创新与活力。

创新项目是一种以创意为基础的实践活动，旨在激发学生的创造力和探索精神。在高校中，创新项目通常以团队合作的形式进行，涉及多学科的知识和技能。这种跨学科的合作模式有助于学生从不同的角度看待问题，培养他们的职业发展智力。

通过参与创新项目，学生可以培养创造性思维。创新项目要求学生提出独特的想法，并将其转化为实际行动。这种过程鼓励学生跳出思维定式，寻求创新的解决方案。创新项目通常需要学生在团队中协作，这有助于培养他们的沟通能力、合作精神和领导能力。创新项目可能涉及诸多不确定性，学生必须学会在面对挑战和困难时保持积极态度，并找到有效的解决办法。创新项目提供了一个将理论知识转化为实践的机会，学生可以将课堂上学到的知识应用到实际情境中。

第十一章　高校学生就业心理与职业沟通

研究表明，就业心理和职业沟通在职场中相互关联、相互影响。优化就业心理和提升职业沟通能力对于个体的职业发展至关重要。职业沟通是职场中不可或缺的一部分，它能够帮助个体了解行业动态、把握职业机会。在职场中，个体难免会遇到挫折和困难。通过积极的沟通，个体可以建立广泛的人脉关系，为职业发展铺平道路。有效的职业沟通能够减少误解和冲突，增强团队凝聚力和合作效率。这种积极的沟通氛围有助于提升个体的职业满意度，使其在工作中获得满足感和成就感。有效的职业沟通能够帮助个体及时寻求帮助和支持，共同解决问题。这种经历有助于增强个体的心理韧性，使其在面对挑战时更加从容不迫。

第一节　职业沟通的基本原则

一、积极倾听原则

积极倾听是职业沟通中不可或缺的原则，它不仅是一种技术，更是一种态度。它表明了对他人的尊重和关注，是建立有效沟通、促进团队合作、解决问题和增强信任的关键。在职业环境中，积极倾听涉及的不仅是听到对方说什么，还包括理解、分析、回应和反馈，从而实现更高水平的沟通。

在职场中，积极倾听通常被定义为全身心地关注对方所说的内容，不仅是言语上的，还包括非言语上的信息。这需要在沟通中保持开放的心态，避免打断他人的讲话，同时给予适当的反馈，让对方感受到被理解和被重视。积极倾听不仅有助于准确理解信息，还可以减少误解，避免不必要的冲突。

积极倾听的一个核心要素是专注。在职业沟通中，这意味着在与人交谈时，必须全神贯注，排除干扰，不受外部环境或其他思绪的影响。例如，当与同事或上级交谈时，避免看手机、四处张望或分心于其他任务，而是将目光集中在对方身上，保持目光接触。这不仅是尊重的表现，也能促进沟通的顺畅。

积极倾听还包括在适当的时候给予回应。这些回应可以是点头、微笑、简单的言语确认，也可以是在对方说话时适当地加入一些鼓励性的语句，如“我明白了”“我同意”“这很有意思”等。这些小小的回应不仅可以让对方感到被重视，还能推动沟通的进程。

另一个积极倾听的重要技巧是重述与反馈。当对方表达了一个观点或提出了一个问题，重述对方的观点不仅可以确认自己的理解，还可以让对方知道你在认真倾听。这可以通过重复对方的关键字句，或是用自己的话重新表述对方的观点。例如，如果同事在讨论一个项目时提到了关键问题，可以回应：“所以，你的意思是我们需要更深入地研究这个部分，对吗？”这种方式可以确保双方在同一层面上交流，同时也能引导进一步的讨论。

除了重述与反馈，积极倾听还包括提出开放性的问题，以引导对方进一步表达自己的想法。开放性的问题通常以“你怎么看”“你觉得”等开头，旨在激发对方的思考，鼓励他们深入展开。这在职业沟通中尤其重要，因为它可以带动更多的互动，让对方感到他们的意见被重视，有助于在团队中建立积极的氛围。

在实践中，积极倾听还要求对沟通的情感成分保持敏感。在职业环境中，人们常常因为压力大、紧张或其他原因而情绪激动。在这种情况下，积极倾听不仅包括听取对方的言语内容，还包括观察他们的肢体语言、面部表情、声音变化等，借此判断他们的情绪状态。通过适当的同理心和理解，积极倾听可以帮助缓解紧张局势，促进更好的沟通。

积极倾听的另一个关键方面是尊重多样性。在一个多元化的职场环境中，不同的人可能有不同的沟通方式和文化背景。积极倾听意味着要尊重这种多样性，并在沟通中体现出来。这可以通过对不同观点的包容，避免先入为主的偏见，确保每个人都有机会表达自己，从而促进团队的和谐与合作。

二、清晰表达原则

在职业环境中，清晰表达是确保沟通顺畅和高效的核心原则之一。清晰表达意味着信息的传达应该简单明了、不引起歧义，并且在必要时能提供足够多的细节，确保所有参与者都能准确理解。这一原则对于职场中的各个层级和各类沟通场景至关重要，从团队内部的协作，到跨部门的交流，再到与客户或外部合作伙伴的沟通，清晰表达都是关键。

清晰表达的第一个关键要素是使用明确的语言。在职业沟通中，含糊其辞或使用过于复杂的术语可能导致误解或混淆。因此，沟通者应尽量使用简单、直接的语言来表达自己的观点和要求。例如，在与团队讨论项目进度时，使用具体的数字、时间表和行动计划，而不是模糊的描述或泛泛的术语。这样可以避免不同成员对同一信息产生不同的理解，从而减少沟通错误。

清晰表达也要求沟通者在传达信息时保持条理清晰。逻辑严谨、结构分明的沟通方式有助于听众更容易地理解。可以通过列出要点、使用明确的过渡词或将信息分解成易于消化的部分来实现这一点。例如，在做汇报时，可以按照问题、解决方案、结果和下一步行动的顺序进行，这样可以让听众更容易跟随你的思路。

除了结构上的清晰，沟通者还应该注意他们的语气和语调。在职业沟通中，语气应该友好而坚定，避免带有攻击性或不确定的语气。例如，使用积极的语言，如“我建议”“我们可以”，而非消极或质疑的语言，如“你确定吗”“这可能不会奏效”。这种积极的语气不仅有助于传达自信，还能营造良好的沟通氛围。

视觉辅助工具也是清晰表达的重要部分。在职业沟通中，特别是进行演示或汇报时，视觉辅助工具可以帮助增强表达的清晰度。例如，使用图表、幻灯片或示意图来说明复杂的概念，或是用图像来支持口头表达。这样可以帮助听众更直观地理解信息，避免纯粹文字或口头表达带来的歧义。

清晰表达也包括及时反馈。在职业沟通中，信息的双向传递是确保清晰表达的关键。在传达信息后，沟通者应及时询问对方是否理解，或是提供机会让对方提问。这可以通过一些简单的方式实现，例如，询问对方是否有任何问题，或是在总结时请对方复述要点。及时的反馈有助于确认信息传达的准确性，并能在沟通过程中纠正任何可能的误解。

在跨文化沟通中，清晰表达显得尤为重要。不同的文化可能有不同的沟通风格和习惯，可能导致在跨文化环境中出现沟通障碍。因此，沟通者在表达时应注意文化差异，避免使用可能引起误解的词汇或手势。此外，了解并尊重对方的文化背景，也可以帮助建立更有效的沟通桥梁。

清晰表达的另一个关键方面是简洁。在职业环境中，冗长和重复的信息可能会导致注意力涣散或混乱。沟通者应尽量在较短的时间内传达关键信息，避免不必要的细节。这不仅有助于提高沟通效率，还能让听众更容易理解和记住核心内容。

清晰表达需要与积极倾听相辅相成。一个好的沟通者不仅需要清晰地表达自己的观点，还需要倾听对方的反馈和意见。通过积极倾听，沟通者可以确保自己在表达过程中没有遗漏或误解，从而进一步提高沟通的准确性和有效性。

三、尊重他人原则

尊重他人是职业沟通中的核心原则之一，它既是有效沟通的基石，也是营造积极工作环境、促进团队合作的重要前提。在职场中，尊重他人意味着承认并重视每个个体的价值、观点和感受，同时避免歧视、偏见和不当言辞。这一原则在与同事、上司、客户和其他利益相关者的沟通中起着至关重要的作用，有助于建立相互信任和理解的关系。

尊重他人的首要体现是重视每个人的意见和观点。在职业环境中，人们常常需要参与各种讨论和决策过程。在这些过程中，尊重他人意味着给予每个参与者充分的发言权，并认真倾听他们的意见。无论对方的职位高低、资历长短，尊重他人要求我们对所有人一视同仁。在团队会议上，鼓励每个成员发表观点，并确保没有人被忽视或打断，这有助于营造一种包容和开放的氛围。

尊重他人的关键方面是礼貌和礼节。在职业沟通中，礼貌不仅体现了对他人的尊重，也是树立专业形象的重要组成部分。礼貌的沟通包括使用合适的礼貌用语、避免侮辱性或冒犯性的言辞，以及在沟通中保持专业和得体。例如，在邮件和书面沟通中，使用恰当的称呼和问候语；在口头交流中，保持友善的语气和肢体语言；在与同事互动时，尊重他们的个人空间和时间。这些行为不仅能传达对他人的尊重，还能促进更顺畅的沟通。

尊重他人还包括理解和包容多样性。在一个多元化的职场环境中，人们可能来自不同的文化、宗教、性别、年龄和背景。尊重多样性意味着在沟通中避免偏见和歧视，承认并接受每个人的独特性。在团队合作中，尊重他人要求我们避免以个人偏见来判断他人，努力理解并尊重他们的观点和生活方式。比如，尊重他人的宗教信仰，不在工作场所中进行歧视性的评论，并确保每个人都有平等的机会参与和贡献。

在职场中，尊重他人还体现在保护对方的隐私和机密信息。在职业沟通中，沟通者常常会接触到敏感的个人或商业信息。尊重他人的原则要求我们在处理这些信息时保持谨慎，避免将他人的隐私和机密信息泄露给不相关的人。在团队合作中，保护对方的隐私可以增强彼此之间的信任，为团队合作创造更加安全和和谐的环境。

尊重他人也包括承认和尊重不同的沟通风格。在职业环境中，每个人可能有不同的沟通方式，有些人喜欢直接而简洁的沟通，而另一些人则倾向于详细和深入的讨论。尊重他人要求我们适应不同的沟通风格，避免强加自己的沟通方式。例如，当与喜欢深入讨论的同事沟通时，应给予他们充分的时间和空间表达观点；而在与喜欢直接沟通的同事合作时，应该简洁明了。这种对他人沟通风格的尊重有助于建立更有效的沟通关系。

尊重他人还包括在沟通中保持透明和诚实。在职业环境中，透明和诚实的沟通是建立信任的重要基础。尊重他人意味着在沟通中避免隐瞒重要信息，不散布谣言或不实信息，并在发生误解或错误时及时纠正。例如，在团队会议中，如果需要传达不利的消息，应坦诚相告，并解释背后的原因。这种透明和诚实的沟通方式有助于增强团队的凝聚力，促进更有效的合作。

四、诚实有分寸原则

在职业沟通中，诚实有分寸是一个至关重要的原则，它确保信息传达的准确性，同时避免在沟通中造成不必要的冲突或误解。诚实有分寸不仅是一种沟通技巧，更是一种价值观的体现。它要求沟通者在表达观点时保持坦诚，但同时要考虑沟通的场合、对象以及可能的影响。在这个原则中，沟通者既要保持诚实的态度，又要展现出适当的情商，以确保沟通的有效性和专业性。

诚实是沟通的基础，它为建立信任和可靠性提供了保障。在职场中，诚实意味着在沟通中不隐瞒重要信息，不歪曲事实，也不散布谣言或误导性信息。无论是与同事、上司、客户还是其他利益相关者进行沟通，诚实都是建立良好关系的基石。诚实的沟通方式可以促进团队合作，减少误解和冲突，同时增强组织内部的透明度。然而，诚实并不意味着没有分寸。在职业环境中，沟通者需要意识到诚实表达可能对他人产生的影响。分寸感是指在诚实沟通时，注意沟通的方式、内容和时机，确保信息传达不会对他人造成不必要的伤害或困扰。例如，在反馈员工工作表现时，诚实是必要的，但表达方式应谨慎，避免给对方带来过多压力或自尊心的伤害。沟通者可以通过建设性反馈的方式，既保持诚实，又在沟通中展现关怀和理解。

在团队合作中，诚实有分寸可以帮助建立积极的团队氛围。团队成员之间的沟通需要坦诚，但同时要注意不破坏团队的凝聚力和合作精神。例如，在团队讨论中，诚实地表达自己的观点是必要的，但应避免过度批评或否定他人。分寸感可以通过积极的语言、提供建设性意见以及尊重他人的观点来体现。这样可以确保团队成员在诚实沟通的基础上，保持合作和信任。

在职业沟通中，沟通者可能接触到敏感或机密的信息。诚实有分寸要求沟通者在处理这些信息时保持谨慎，不随意泄露或传播。这不仅关系到个人职业道德，也涉及公司的利益和声誉。在与外部合作伙伴或客户沟通时，确保信息的保密性是保持诚实有分寸的关键。

在跨文化沟通中，诚实有分寸尤为重要。不同文化可能对诚实的表达方式有不同的理解。在一些文化中，直接的表达方式被视为诚实，而在其他文化中，这种方式可能被认为过于激进或不礼貌。因此，沟通者在跨文化沟通中需要注意分寸感，理解并尊重对方的文化背景。在表达诚实观点的同时，可以通过柔和的方式或间接的方法来避免引起误解或冲突。

诚实有分寸还包括及时沟通和澄清误解。在职业环境中，误解是不可避免的，诚实的沟通可以帮助解决这些问题。然而，沟通者需要注意纠正误解的方式和时机。例如，如果在团队会议中发现错误信息，沟通者应诚实地指出，但同时要注意不让对方感到难堪。通过使用适当的措辞和积极的态度，沟通者可以在确保纠正错误的同时，保持沟通的和谐。

在职业沟通中，诚实有分寸也与积极倾听相辅相成。当沟通者认真倾听他人的观点时，他可以更好地理解对方的需求和情感，从而在表达诚实观点时更加有分寸。通过积极倾听，沟通者可以确保自己在沟通中既保持诚实，又不会对他人造成不必要的伤害。

五、同理心原则

同理心是职业沟通中一个至关重要的原则，它体现了对他人的理解、关怀和尊重。同理心要求沟通者在与他人互动时，能够感受并理解对方的情感、需求和观点，从而建立更加深入的沟通关系。在职业环境中，同理心不仅有助于缓解冲突、增强团队合作，还可以促进更有效的沟通，改善工作氛围。有同理心的沟通者可以更好地理解他人，从而在工作中建立更深层次的联系。

在职业沟通中，同理心的第一步是倾听他人的需求和感受。这不仅是简单听到对方说了什么，而是要深入理解对方的心情和处境。积极倾听是培养同理心的基础，它要求沟通者在沟通中全神贯注，关注对方的语言和非语言信号。在团队会议、个人面谈或客户交流中，沟通者应表现出对他人意见的兴趣，通过眼神接触、点头和适当的回应来表明自己在认真倾听。

在职业环境中，人们可能会因为工作压力、紧张的人际关系或其他原因而产生各种情感。同理心要求沟通者能够识别这些情感，并给予适当的回应。例如，当同事表达焦虑或不安时，沟通者应表现出理解和关怀，而不是忽视或贬低对方的感受，可以通过简单的问候、关切的言语，甚至是一个友好的微笑来表达同理心。这种情感上的理解有助于缓解紧张局势，促进更和谐的沟通。

团队成员可能有不同的背景、经验和沟通风格。同理心要求沟通者尊重这种多样性，并在合作中展现包容和理解。在团队讨论中，同理心可以帮助每个成员感到被重视和被接受，这可以通过鼓励每个人发表意见、避免打断他人以及承认不同观点的有效性来实现。这种包容性的沟通方式有助于增强团队凝聚力，促进更有效的合作。

在职业环境中，沟通者需要注意自己的言辞和行为，避免伤害他人的自尊心或情感。例如，在给予反馈或进行批评时，沟通者应选择合适的方式，避免使用过于激烈或负面的言辞。可以通过建设性的反馈方式，强调积极的方面，并提供改进的建议，而不是仅仅指出问题。这种沟通方式不仅能展现同理心，也能促进更积极的工作氛围。

在职业环境中，冲突和误解是不可避免的。同理心要求沟通者在处理这些问题时，能够理解对方的观点和感受，从而找到合适的解决方案。当面对冲突时，同理心可以帮助缓解紧张情绪，通过倾听和理解对方的立场，找到共同点，最终达成共识。在纠正误解时，同理心可以帮助沟通者以合适的方式解释问题，避免引发更大的争议。

在跨文化沟通中，同理心尤为重要。不同文化可能有不同的沟通习惯和价值观，同理心要求沟通者能够尊重和理解这种差异。在与来自不同文化背景的同事或客户沟通时，同理心可以帮助消除文化隔阂，建立更紧密的沟通联系。这可以通过学习对方的文化、避免文化偏见以及展现开放的态度来实现。

六、有效反馈原则

有效反馈是职业沟通中的关键原则之一，它指的是在沟通过程中及时、准确且有建设性地给予或接收反馈。有效的反馈可以帮助团队成员理解自己的表现和改进方向，同时促进团队协作和提高整体绩效。在职业环境中，反馈往往涉及对工作的评估、对行为的纠正以及对团队合作的优化，因此，掌握有效反馈的技巧和原则至关重要。

有效反馈的首要原则是及时性。在职业沟通中，及时反馈可以帮助纠正错误，防止问题扩大，同时也能让人们在工作中不断进步。当员工完成一项任务或项目后，管理者应尽早给予反馈，以便员工了解他们的优点和需要改进的方面。及时反馈不仅有助于提高工作的质量，还能激励员工继续努力。在团队合作中，及时反馈也有助于确保团队成员之间的信息流通，避免因沟通不畅导致的误解和冲突。

反馈应该清晰明确，避免含糊其辞或模棱两可的表达。在职业环境中，反馈通常与工作表现和行为有关，因此，反馈者需要准确地描述具体的行为或结果，并提供相关证据。例如，如果要反馈某个员工的工作表现，应明确指出具体的行为或任务，并解释其影响。这样的明确反馈有助于员工理解需要改进的地方，并采取相应的行动。

有效反馈还应该具有建设性。建设性的反馈不仅包括指出问题，还包括提供改进的建议和指导。在职业环境中，反馈往往涉及对员工的评估和绩效管理，因此，反馈者在给予反馈时应以帮助对方成长为目标，而不是简单地批评或指责。建设性的反馈可以通过积极的语言、具体的建议和鼓励的方式来实现。例如，在指出某个员工的不足时，反馈者可以提出具体的改进方法，并提供必要的支持和资源。

在职业沟通中，有效反馈也需要考虑情感因素。反馈可能涉及个人的情感和自尊心，因此，反馈者在给予反馈时需要展现同理心和关怀。通过温和的语气、积极的肢体语言和适当的关怀，反馈者可以确保反馈过程不会给对方造成过多压力或不适。在团队合作中，情感因素尤为重要，因为过于激烈或负面的反馈可能破坏团队的凝聚力和合作氛围。

有效反馈也需要确保反馈过程的公平性。在职业环境中，反馈不应该基于个人偏见或歧视，而应该基于事实和工作表现。反馈者在给予反馈时应保持公正，避免个人偏见或偏好影响反馈的内容。公平的反馈有助于建立信任，确保员工感到被尊重，并激发他们的积极性。

在团队合作中，有效反馈还包括接受和回应反馈的能力。在一个高效的团队中，反馈是双向的。团队成员不仅要给予反馈，还要愿意接受反馈。通过接受反馈，团队成员可以了解自己的不足，并不断改进。在接受反馈时，沟通者应表现出开放的心态，避免防御性反应，并认真考虑对方的意见。这种双向反馈的沟通方式有助于促进团队合作，提高整体绩效。

有效反馈在跨文化沟通中也需要特别注意。不同文化对反馈的接受方式和反馈的表达方式可能有所不同。在一些文化中，直接的反馈可能被视为冒犯，而在其他文化中，这种方式可能被认为是诚实和坦诚的表现。因此，反馈者在跨文化沟通中需要理解和尊重文化差异，选择合适的反馈方式。通过采用温和的语言、间接的表达方式以及展现尊重和同理心，反馈者可以确保跨文化沟通中的反馈过程顺畅有效。

第二节　职业沟通的障碍与应对策略

一、职业沟通的障碍

（一）接收障碍

在职业沟通中，接收障碍是一个常见且复杂的现象，涉及人们在接收信息时受到各种因素的影响导致的沟通不畅甚至扭曲。在沟通过程中，信息接收者并不能不偏不倚地接收所有信息，他们往往倾向于选择性接收，即接收他们想听或想看的内容，而忽视或排斥不符合他们观点或意愿的信息。这种选择性接收的倾向源于人类固有的认知偏差和情感反应，可能导致严重的沟通障碍，进而影响团队合作和组织效率。

接收障碍的形成有多种原因。个人的主观偏见和先入为主的观念是导致选择性接收的主要因素之一。人们倾向于根据自己的经验、信仰和价值观来判断信息的真实性和重要性，这种主观偏见可能导致他们只愿意接收与其观点一致的信息，而忽视与其意见相悖的内容。例如，在一个团队中，成员们可能更倾向于支持与他们已有想法相符的建议，而不愿意听取可能挑战他们观点的意见。这种主观偏见的存在，往往成为沟通中的无形障碍，阻碍了信息的有效传递。

许多人在接收信息时，往往受到情感的影响，选择性接收令他们感到舒适或愉快的内容，而回避让他们感到不适或不安的信息。这种情感上的选择性接收，可能使得沟通者无法获得完整的信息，从而无法做出正确的决策。在组织中，这种情况尤其普遍，因为员工可能不愿意向上级报告负面信息，担心会引起不良反应或影响自身利益。

在中国历史上，唐代宰相魏徵的故事生动地诠释了选择性接收信息导致沟通障碍的典型案例。魏徵以敢于向皇帝直言进谏著称，他常常据理力争，毫不畏惧地指出唐太宗的错误，即使唐太宗因而大发脾气，魏徵也不为所动。魏徵病逝后，唐太宗感叹道："魏徵一死，我失去了一面镜子。"这个典故说明了"忠言逆耳"的道理，即在沟通中，人们往往选择性接收，而魏徵的存在帮助唐太宗避免了因选择性接收而导致的偏差。这一故事凸显了接收障碍对沟通和决策的深远影响。

在职业环境中，接收障碍不仅会导致信息失真，还可能引发团队内部的矛盾和冲突。选择性接收可能使团队成员之间难以达成共识，因为每个人接收到的信息可能截然不同。当组织中的员工只愿意接收自己认可的信息时，沟通中的信息失衡会导致团队的合作受阻，甚至可能影响组织的决策质量和效率。

（二）情绪障碍

情绪障碍是职业沟通中一个不可忽视的障碍，它指的是沟通双方因情绪的影响而导致的沟通不畅或误解。在沟通过程中，信息发送者和接收者的主观情绪会直接影响沟通的效果。当激动、愤怒、焦虑等负面情绪占据主导地位时，沟通往往会变得扭曲，难以达成有效的交流和理解。在职业环境中，情绪障碍不仅会阻碍信息的准确传递，还可能引发团队内部的冲突，影响团队合作和组织效率。

情绪障碍的形成原因有多种，其中之一是沟通中的情绪失控。当沟通者在情绪激动的情况下进行沟通时，他们的语言往往会变得夸张，甚至带有攻击性。这种情况下，沟通双方可能更倾向于捍卫自己的立场，而不是冷静地讨论问题。

例如，在团队会议中，如果讨论变得激烈，沟通者可能会开始相互指责，甚至出现吵架。吵架作为一种较为激烈的沟通方式，常常导致双方夸大用语、放大情绪，从而阻碍了正常沟通，影响了真实信息的传递。

情绪障碍还可能源于沟通中的不信任和防御机制。当沟通双方之间缺乏信任时，他们可能会在沟通中持有防御态度，这种态度可能导致沟通中的情绪化反应。沟通者在这种情况下可能更加关注保护自己，而不是开放地交流。这种防御机制可能会使沟通双方难以坦诚相待，导致沟通过程充满敌意和紧张情绪。在团队环境中，这种情绪障碍可能导致团队合作受阻，团队成员之间难以建立有效的合作关系。

情绪障碍的另一个原因是沟通中的情感敏感性。在职业环境中，沟通者可能会因为个人情感受到伤害或感受到压力而变得敏感。这种敏感性可能导致他们在沟通中过度解读他人的言辞或行为，甚至产生不必要的情绪反应。例如，当上级给予员工负面反馈时，员工可能因为情感上的敏感性而产生抵触情绪，从而阻碍有效的沟通。

（三）组织结构障碍

在现代企业中，组织结构障碍是职业沟通中的常见问题，指的是由于企业组织架构过于庞大或中间层次过多，导致信息在传递过程中出现失真或损失，最终影响沟通的效率和准确性。组织结构障碍的出现与企业规模、管理层级、沟通方式等多种因素相关，而这种障碍对企业运营和管理决策的影响是深远的。

组织结构障碍的形成原因之一是企业组织架构的复杂性。在大型企业中，组织结构往往呈现出多层级的特点，从董事会、总经理、部门主管、团队领导到一线员工，信息需要经过多层传递。这种多层级的结构导致信息在传递过程中容易出现失真或损失。管理学者尼克斯的调查研究发现，当信息从董事会传递出来，经过多层传递后，一线工人接收到的信息仅为原始信息的20%。这一结果表明，随着组织层级的增多，信息的准确性和完整性大幅下降，沟通效率也相应降低。

信息在多层级组织结构中传递时，出现失真的原因有很多。其中之一是信息的过滤和简化。每一层的管理者在接收信息后，可能会根据自身的理解和需求对信息进行过滤和简化，这可能导致信息的关键部分被忽略或扭曲。例如，总经理在接收董事会的指示后，可能会根据自己的判断进行调整，然后将简化后的信息传递给部门主管，这一过程中的信息简化可能导致关键信息的丢失或误导。

组织结构障碍还可能源于沟通链条的长度。随着组织层级的增加，沟通链条也随之拉长。沟通链条越长，信息在传递过程中受到干扰的风险就越大。这种干扰可能来自沟通中的误解、误读、语言障碍或文化差异。每一层级的管理者在传递信息时，可能因个人偏见或误解而改变信息的含义，这种信息扭曲最终会导致一线员工接收到的信息与原始信息相去甚远。

组织结构障碍对企业的影响是多方面的。它可能导致沟通效率低下，影响组织的运营和管理决策。当一线员工无法获得准确和完整的信息时，他们在工作中可能会作出错误的判断，导致生产效率下降或产品质量问题。信息失真可能导致团队合作受阻，部门之间难以有效协作，从而影响整个企业的效率。

组织结构障碍可能导致员工士气低落。员工在工作中往往希望获得清晰明确的指示和指导，如果他们接收到的信息含糊不清或不完整，他们可能会感到困惑和无所适从。这种情况可能导致员工士气低落，甚至影响他们的工作积极性和投入度。长此以往，员工的流失率可能增加，团队的凝聚力也会受到影响。

（四）空间距离障碍

空间距离障碍是职业沟通中不可忽视的障碍之一，它指的是由于信息发送者和接收者之间的物理距离过远、接触过少，导致沟通不畅甚至产生误解。在现代企业环境中，随着经济全球化和远程办公的普及，空间距离障碍变得愈发明显。无论是企业内部的跨部门沟通，还是与客户、合作伙伴的跨区域合作，空间距离带来的障碍都有可能严重影响沟通的质量和效率。

空间距离障碍的一个主要原因是信息在远距离传递过程中受到的限制。在面对面沟通时，沟通者可以通过眼神接触、肢体语言、表情等非语言信号来加强沟通，但在远程沟通中，这些重要的沟通元素往往缺失。当信息发送者和接收者距离较远时，他们可能只能通过电话、邮件、视频会议等方式进行沟通，这些方式在传递信息时可能会因为技术问题或时间差而受到干扰。此外，远程沟通可能缺乏互动性，导致信息接收者无法及时反馈或提问，从而增加了沟通障碍的风险。

异地恋是空间距离障碍的典型例子。异地恋者在沟通上主要依靠电话和网络，但这些方式无法完全替代现实中面对面的沟通。在电话和网络沟通中，语气和语调可能因网络延迟或通话质量而受到影响，这可能导致信息的误传或误解。比如，一句话在电话中可能被误解，因为双方看不到对方的表情或肢体语言，而这些非语言信号通常在面对面沟通中起到重要作用。如果双方没有及时澄清误解，可能会导致沟通中的矛盾和冲突。

在职业环境中，空间距离障碍的影响更为显著。在全球化的企业中，员工可能分布在不同的地区甚至不同的国家，团队成员之间的物理距离可能非常远。这种情况下，沟通中的障碍可能导致团队合作受阻，信息传递不畅，甚至影响项目的顺利进行。例如，一个全球化团队可能需要通过视频会议进行沟通，但由于时差、网络质量等原因，沟通可能无法顺利进行，这可能导致团队成员之间的误解和不信任。

二、职业沟通障碍的应对策略

（一）用心倾听

用心倾听是职业沟通中至关重要的技巧，是确保信息准确传达和建立良好人际关系的关键。倾听不仅是被动听取对方说的话，更是一种主动的、富有艺术性的行为。卡耐基曾经说过，“认真倾听人家的名字，下次见面能叫出来，等于给别人一个巧妙的赞美”。这句话强调了倾听在沟通中的重要性。懂得倾听的人往往能够在沟通中捕捉到关键信息，从而在各种职业场景中作出更好的决策。

在面对面交谈时，倾听技巧显得尤为重要。在这种情境中，沟通者需要通过用心倾听，确保自己准确接收对方的观点和意图。用心倾听可以帮助沟通者建立更深入的人际联系，增进相互理解，并为接下来的沟通奠定基础。在商业谈判、团队合作、客户服务等场合，倾听技巧的运用不仅能够提高沟通效率，还可以创造积极的氛围。

用心倾听的一项关键要素是不打断。在与他人交谈时，打断可能会给人一种不尊重的感觉，打断对方的思路也可能导致信息传达的不完整。倾听时，应尽量避免打断对方，即使有想要插话的冲动，也要克制，直到对方表达完自己的观点。通过避免打断，沟通者可以确保对方的观点得到了充分表达，同时也能体现出对对方的尊重。

用心倾听还要求沟通者不要争辩。在职业沟通中，争辩往往会让双方陷入争执的僵局，阻碍有效沟通。用心倾听时，沟通者应尽量保持开放的心态，即使不完全认同对方的观点，也要尽量避免与对方争辩。在商业谈判中，沉默往往是一种强有力的策略。让对方先说，倾听他们的需求和观点，能够帮助沟通者抓住谈判中的关键点，从而在谈判中占据上风。

用心倾听还包括不要批评。批评在沟通中往往会产生负面影响，可能导致对方产生防御心理，进一步阻碍沟通的顺畅进行。在倾听时，沟通者应避免过早下结论或发表批评性言论，而是应专注于理解对方的观点和情感。在客户服务中，倾听客户的反馈而不加批评，可以有助于建立更好的客户关系，并为解决问题提供机会。

全神贯注是用心倾听的另一项重要原则。在面对面交谈时，沟通者应全神贯注于对方的语言和肢体语言，避免分心或分神。全神贯注不仅能够确保信息的准确接收，还能够传达出对对方的尊重和重视。在团队会议中，全神贯注地倾听每个成员的意见，有助于促进团队合作，增强团队凝聚力。

为了确保用心倾听的效果，沟通者应表现出适当的兴趣。通过点头、微笑、眼神接触等方式，沟通者可以向对方传达积极的信号，表明自己在认真倾听。这样的互动不仅有助于维持沟通的顺畅，还可以使对方更愿意分享观点。在客户服务中，表示兴趣可以帮助建立客户信任，增强客户忠诚度。

适当追问是用心倾听的另一种表现。通过适当追问，沟通者可以进一步深入了解对方的观点，并确保自己对信息的理解是准确的。在团队讨论中，追问可以激发更多的思考，引发更深入的讨论。在商业谈判中，追问可以帮助沟通者明确对方的需求，从而制订更有效的策略。

（二）简化语言

简化语言是应对职业沟通障碍的一种关键策略，它强调在沟通过程中使用简明、清晰、直接的语言，以确保信息的准确传达和沟通的有效性。在职业环境中，语言复杂、信息过载、表达含糊等问题可能导致沟通障碍，从而影响团队合作、客户服务以及商业谈判等关键业务环节。简化语言不仅有助于提高沟通效率，还可以增强沟通的理解性，减少沟通过程中的误解和信息失真。

在沟通中，语言的简化可以通过多种方式实现。沟通者需要在沟通前进行充分准备，以确保他们对所要传达的信息有清晰的思路和明确的目的。如果沟通前没有作好准备，沟通者可能会在交谈中显得漫无目的、思路混乱，这会严重影响沟通的效果。销售人员在与客户交谈时，如果没有明确的目标和重点，可能会让客户感到困惑甚至失去兴趣。因此，简化语言的第一步是作好充分的准备，确保沟通有条不紊。

简化语言要求沟通者在表达时使用简单、直接的语言，避免复杂的术语和冗长的描述。在职业环境中，复杂的术语和冗长的描述可能会让信息的接收者感到困惑，甚至导致信息的误传。沟通者应尽量使用日常语言，避免使用过多的专业术语或行话。如果需要使用术语，沟通者应确保对方能够理解，并在必要时给予解释。在销售中，简化语言显得尤为重要。销售人员如果将企业的所有资料一字不漏地传达给客户，可能会导致信息过载，客户可能无法吸收如此大量的信息。

简化语言的另一个关键方面是聚焦沟通的重点。沟通者应明确自己要传达的核心信息，并确保在沟通过程中突出这些重点。在商业谈判中，抓住关键点是取得成功的关键。如果沟通者在谈判中偏离主题，可能会导致谈判陷入僵局或失去方向。在客户服务中，简化语言可以帮助沟通者更好地理解客户的需求，并在最短的时间内提供解决方案。顾客的注意力往往只有十分钟左右，如果沟通者在这段时间内无法抓住对方的心，生意可能会失去机会。

简化语言还要求沟通者避免不必要的信息过载。在职业沟通中，信息过载是常见的问题，它会导致信息的接收者感到不堪重负，从而影响沟通的效果。沟通者应尽量简化信息，只提供与沟通主题相关的内容，避免引入过多无关的细节。销售人员在与客户交谈时，应该专注于客户的需求和痛点，而不是泛泛地介绍企业的所有产品和服务，这样可以确保沟通的效率和目标性。

（三）提升表达能力

提升表达能力是克服职业沟通障碍的重要策略之一。表达能力的强弱直接影响沟通的效果和效率。在职业环境中，沟通者需要具备清晰、准确、有说服力的表达能力，以确保信息能够准确传达，并在各种情境下达成有效的沟通。表达能力不仅是说话的技巧，更是一种综合素质，涉及语言组织、情感传递、说服技巧等多方面。虽然有些人天生具备较强的表达能力，但大多数人可以通过训练和实践提升自己的表达能力，成为职场中的沟通高手。

在提升表达能力的过程中，有几个关键点可以帮助沟通者克服职业沟通障碍。首先，沟通者应避免使用方言和俗语。方言和俗语可能在特定的文化和地域背景下具有独特的含义，但在职业沟通中，它们可能会妨碍对信息的理解，甚至导致误解。为了确保沟通的清晰度，沟通者应尽量使用标准语言，避免使用地方性表达。在国际化的职场环境中，方言的使用可能会阻碍跨文化沟通，影响团队合作。其次，数字的运用可以增强语言的生动性和说服力。在职业沟通中，沟通者需要传递信息和观点，而数字往往是最具说服力的工具。通过使用具体的数字，沟通者可以让自己的语言更加生动，增强表达的可信度。例如，在销售中，销售人员可以通过数字来展示产品的优势和价值，这比空泛的描述更能打动客户。在团队会议中，使用数字可以让讨论更加具体，避免模糊不清的表达。

看谈话类节目是提升表达能力的有效方法之一。通过观察和学习优秀主持人或嘉宾的交谈技巧，沟通者可以获得关于如何在沟通中有效表达的启示。谈话类节目中的主持人通常具有强大的语言组织能力和应变能力，他们可以在不同情境下保持沟通的流畅。通过观看这些节目，沟通者可以学习如何有效地控制谈话的节奏，如何运用幽默，如何应对复杂的沟通情境等。

说话有目的也是提升表达能力的关键。在职业沟通中，沟通者需要确保自己的表达有明确的目标，避免东拉西扯。说话时应有的放矢，集中在沟通的主题上，并在必要时引导对方回到正轨。在商业谈判中，沟通者应明确自己的谈判目标，并在沟通中保持专注。在团队会议中，主持人应确保讨论围绕着会议的议题进行，避免偏离主题。通过保持明确的目的，沟通者可以增强表达的效率，改善表达的效果。

多与人交谈可以帮助沟通者扩大社交圈，增加说话的机会。这有助于提高沟通者的语言驾驭能力，并建立自信。通过与不同的人交谈，沟通者可以接触到不同的观点和思维方式，这可以提高他们的语言表达能力。在社交活动中，沟通者可以锻炼自己的沟通技巧，学习如何在不同情境下有效表达。在职业环境中，扩大社交圈可以帮助沟通者建立人脉网络，促进职业发展。

第三节 职业沟通在职业发展中的作用

一、提升工作效率

职业沟通在职业发展中扮演着至关重要的角色，而提升工作效率是其主要作用之一。在现代工作环境中，沟通效率与工作效率密切相关，良好的沟通可以加快信息流通，减少误解，促进团队协作，最终提升整体工作效率。

职业沟通有利于团队合作。在一个有效沟通的团队中，成员之间的信息交流更加顺畅，这有助于团队在短时间内明确目标、制订计划，并迅速分配任务。通过有效沟通，团队成员可以更好地理解彼此的角色和职责，减少因沟通不畅导致的重复工作和错误。在团队合作中，良好的沟通还可以增强团队凝聚力，减少内部冲突，确保团队能够高效运作。通过及时沟通，团队可以迅速应对变化，调整策略，从而保持高效的工作节奏。

职业沟通可以简化工作流程。在工作流程中，沟通是确保信息准确传递的重要环节。有效沟通可以帮助企业简化流程，减少不必要的中间步骤，降低信息失真的风险。通过沟通，员工可以及时获取所需信息，避免因信息不对称而导致的拖延和误解。尤其在跨部门合作中，良好的沟通可以降低部门之间的壁垒，确保信息在各部门之间顺畅流通，从而加快项目进度，提升工作效率。

职业沟通可以优化资源分配。在企业中，资源的合理分配对工作效率有着直接影响。通过有效沟通，管理者可以更好地了解团队的需求，并根据实际情况进行资源分配。沟通可以帮助管理者掌握团队的工作负荷，确保每个成员的任务分配合理，避免资源的浪费和分配不均。通过沟通，团队还可以更好地协调资源，确保在关键项目中充分利用资源，最大化提升工作效率。

职业沟通在提升工作效率方面还包括快速解决问题和及时反馈。在工作过程中，问题的出现是不可避免的，有效沟通可以快速识别和解决问题。通过沟通，员工可以迅速向管理层反馈问题，确保问题得到及时处理，避免对工作效率产生负面影响。及时的反馈机制还可以帮助团队调整工作策略，改进流程，从而进一步提升工作效率。

职业沟通可以促进创新和创意迸发。在一个开放、有效沟通的环境中，员工更容易分享创意和建议，从而推动企业的创新发展。通过沟通，团队可以集思广益，探索新的思路和方法，这不仅有助于解决问题，还可以激发员工的创造力，提升工作效率。在一个良好的沟通环境中，员工的参与感和积极性也会提升，这对于提升工作效率和团队士气有着积极作用。

二、促进职业发展

职业沟通在职业发展中扮演着关键角色，不仅影响工作效率，还直接关系到个人职业生涯的成长和成功。良好的职业沟通能力可以帮助个人在职场中建立稳固的人际关系，拓展职业机会，并在组织中获得更多的认可和晋升机会。

职业沟通有助于建立稳固的人际关系。在职业生涯中，人际关系的质量往往决定了个人的发展空间。通过有效的沟通，个人可以与同事、上司、客户等建立良好的关系。良好的沟通能力可以让个人在团队中更加融洽，增强团队凝聚力，从而获得更多的支持和合作机会。在跨部门合作中，沟通能力可以帮助个人与不同部门的同事建立联系，扩大自己的人际网络。这种广泛的人际关系对于职业发展的帮助是不可估量的，它可以为个人提供指导、资源和机会。

职业沟通可以提高个人的影响力。在职场中，影响力往往决定了个人的领导能力和在组织中的地位。通过有效的沟通，个人可以更好地表达自己的观点和想法，赢得同事和上司的支持。有效的沟通还可以帮助个人在团队中成为意见领袖，推动团队向前发展。在团队会议和项目讨论中，良好的沟通能力可以帮助个人获得更多的话语权，从而在组织中提升影响力。影响力的提升不仅有助于职业发展，还可以为个人带来更多的领导和管理机会。

职业沟通还可以帮助个人获得职业机会。在职业发展中，机会的获取往往与沟通能力密切相关。通过有效的沟通，个人可以与行业内的专业人士建立联系，获取行业动态和就业信息。良好的沟通能力可以帮助个人在求职过程中表现出色，从而获得更多的面试机会和工作邀请。此外，在职业发展过程中，沟通能力可以帮助个人与上司进行有效沟通，争取更多的晋升机会和职业发展空间。

有效表达想法是职业沟通的重要方面，也是促进职业发展的关键。通过有效沟通，个人可以在团队中自信地表达自己的观点，并推动团队达成共识。沟通能力可以帮助个人在项目提案、团队讨论、客户交流等场合有效表达，从而获得更多的认可和机会。在职业生涯中，清晰、准确地表达自己的想法是推动职业发展的重要能力，它可以帮助个人在组织中脱颖而出，获得更多的关注。

职业沟通还可以促进个人成长。在职业生涯中，个人的成长往往需要不断学习和进步。通过有效沟通，个人可以获得反馈和建议，帮助自己不断改进和提高。沟通能力可以帮助个人向上司和同事寻求指导，从而获得更多的职业知识和经验。此外，良好的沟通环境可以帮助个人培养学习的动力，通过与他人的沟通，学习新的技能和知识。个人成长的不断推进将直接促进职业发展，为个人的职业生涯奠定坚实的基础。

三、提升职业形象

职业沟通在职业发展中发挥着多重作用，而提升职业形象是其中的重要方面之一。职业形象是指个人在工作场所和职业生涯中展现的专业态度、行为和沟通风格。良好的职业形象可以增强他人的信任和尊重，为职业发展带来更多机会。

职业沟通有助于塑造专业形象。在职业环境中，专业形象是个人职业素养的重要体现，决定了他人对你的看法和评价。通过有效沟通，个人可以展现出专业的态度和行为，这不仅包括口头交流，还包括书面沟通、非语言交流和工作习惯。通过清晰、准确的沟通方式，个人可以传达出一种专业感，这有助于赢得同事和上司的信任。良好的职业沟通还可以体现出个人的职业道德和责任感，从而进一步提升职业形象。

职业沟通可以帮助个人在团队和组织中建立积极的人际关系。良好的职业形象往往与个人在团队中的声誉和关系密切相关。通过有效沟通，个人可以与团队成员展开良好的互动，展现出合作精神和团队意识。有效沟通可以帮助个人在团队中建立稳固的人际网络，这不仅有助于团队合作，还可以为个人职业发展提供支持。通过积极的沟通方式，个人可以在团队中赢得尊重，提升职业形象。

职业沟通还可以体现出个人的领导能力和影响力。在职业发展中，领导能力往往与职业形象紧密相连。通过有效沟通，个人可以在团队中展现领导能力，推动团队朝着共同目标前进。有效沟通可以帮助个人在团队讨论和项目管理中发挥影响力，这不仅可以提升个人在组织中的地位，还可以为职业发展创造更多机会。在团队合作中，沟通能力强的人通常会被视为可信赖的领导者，这有助于提升职业形象。

职业沟通还可以帮助个人建立专业声誉。在职业环境中，专业声誉是个人职业形象的重要组成部分，它决定了他人如何看待你的专业能力和工作表现。通过有效沟通，个人可以在职场树立良好的声誉。沟通能力强的人往往更容易赢得他人的信任，这可以帮助他们在职业生涯中获得更多机会。通过与行业专家、客户和其他专业人士的沟通，个人可以进一步提升自己的专业声誉，从而促进职业发展。

职业沟通可以体现出个人的诚信和正直。诚信是职业形象的基石，它决定了他人对你的信任程度。通过诚实、开放的沟通方式，个人向他人展现出一种可信赖的形象。良好的职业沟通可以帮助个人建立诚信的声誉，这在职业发展中具有重要意义。通过保持沟通的透明度和诚实，个人可以赢得他人的尊重，从而进一步提升职业形象。

四、提高自信心

职业沟通在职业发展中扮演着多种角色，其中提高自信心是一个不可忽视的作用。自信心是指个人对自己能力和价值的信念，它在职业生涯中至关重要。拥有自信心的人往往更愿意接受挑战，表现更积极，并在团队和组织中更有影响力。有效的职业沟通可以帮助个人提高自信心，从而推动职业发展。

职业沟通可以增强个人的表达能力，从而提高自信心。表达能力是职业生涯中不可或缺的技能。通过有效沟通，个人可以清晰、准确地表达自己的观点和想法。在职业环境中，沟通能力强的人往往更容易自信地参与讨论和决策。在团队会议、项目讨论、客户交流等场合，个人通过自信的表达方式，可以展现出自信心和专业能力。这种自信的表达不仅能增强个人的自信心，还能赢得他人的尊重和认可，为职业发展奠定基础。

职业沟通可以促进团队合作，进而提高自信心。在团队合作中，良好的沟通可以帮助个人与团队成员建立良好的关系。通过积极的沟通，个人可以增强团队意识，成为团队中积极的一员。有效沟通可以帮助个人在团队中获得支持，减少因沟通不畅导致的误解和冲突。这种团队合作的成功经验可以增强个人的自信心，让他们在未来的职业生涯中更加自信地面对团队合作的挑战。

职业沟通还可以帮助个人赢得认可，从而提高自信心。在职业生涯中，获得他人的认可和赞赏是提高自信心的重要因素。通过有效沟通，个人可以在工作中表现出色，从而赢得同事和上司的认可。无论是通过良好的工作表现还是在团队合作中展现领导能力，职业沟通可以帮助个人在组织中获得更多的认可。这种认可不仅能增强个人的自信心，还能为职业发展创造更多机会。

职业沟通还可以帮助个人应对职业生涯中的挑战，从而提高自信心。在职业环境中，挑战是不可避免的，而有效沟通可以帮助个人应对这些挑战。通过沟通，个人可以寻求支持和帮助，解决工作中的问题。良好的沟通能力可以帮助个人在面对挑战时保持冷静，并找到解决方案。通过克服挑战，个人可以增强自信心，为未来的职业发展奠定坚实的基础。

职业沟通还可以帮助个人建立积极的职业形象，从而提高自信心。积极的职业形象可以增强个人在职业生涯中的信心和影响力。通过有效沟通，个人可以在组织中树立专业的形象，展现出诚信、正直和责任感。这种职业形象的建立可以增强个人的自信心，并为他们在职业生涯中赢得更多机会。

第四节　提升高校学生就业沟通能力的方法

一、沟通技能培训

沟通技能培训是提升高校学生就业沟通能力的重要方法之一。沟通能力是当今职场中至关重要的技能，它不仅关系到求职过程中的自我展示与面试表现，也直接影响到学生在职业生涯中的发展与成就。为了确保高校学生能够在就业市场中脱颖而出，并在未来的工作环境中顺利沟通和协作，高校应当通过有效的沟通技能培训，帮助学生掌握沟通的核心原则和技巧。

沟通技能培训的首要目标是帮助学生掌握基本的沟通技巧。沟通不是简单地说话和听话，而是一种综合能力，包括口头表达、书面表达、非语言沟通以及倾听等方面。在求职过程中，学生需要在简历、求职信、面试等环节中展现出良好的沟通能力。通过沟通技能培训，高校可以帮助学生学习如何在简历中清晰、简洁地展示自己的优势，如何在求职信中准确表达对职位的兴趣，以及如何在面试中自信、有效地回答问题。

沟通技能培训还应包括面试技巧。面试是求职过程中至关重要的环节，学生在面试中的表现直接影响他们是否能够获得工作机会。在沟通技能培训中，高校可以模拟面试场景，帮助学生熟悉面试的流程和要求。培训内容可以包括面试中的常见问题、如何回答行为性问题、如何应对压力面试等。此外，培训还可以帮助学生练习非语言沟通技巧，如眼神接触、手势、面部表情等，这些细节在面试中往往扮演着重要角色。

除了面试技巧，沟通技能培训还应包括团队合作与沟通。在现代职场中，团队合作是不可或缺的，高校学生需要掌握与团队成员有效沟通的能力。沟通技能培训可以通过小组项目、团队活动等方式，帮助学生培养团队合作的能力。在这些活动中，学生可以学习如何在团队中有效表达自己的观点，如何倾听他人的意见，以及如何解决团队中的冲突。通过这些实践活动，学生可以在沟通中建立自信，学会在团队中发挥自己的作用。

沟通技能培训的另一项重要内容是书面沟通。在职业环境中，书面沟通同样重要，涉及电子邮件、报告、备忘录等形式。高校应通过培训，帮助学生掌握书面沟通的基本原则和技巧。培训可以包括如何撰写正式的商业邮件、如何编写简洁的报告，以及如何在书面沟通中避免错误和误解。通过这种培训，学生可以在职业生涯中更有效地进行书面沟通，确保信息的准确传达。

沟通技能培训还应注重跨文化沟通。在全球化的职场环境中，跨文化沟通是学生需要掌握的重要技能之一。培训可以帮助学生了解不同文化之间的沟通差异，学习如何在跨文化环境中进行有效沟通。通过学习不同文化的习惯、价值观和沟通方式，学生可以更好地适应国际化的职场环境，并在跨文化团队中建立有效的沟通关系。

高校在实施沟通技能培训时，应考虑学生的多样化需求。不同的学生可能在沟通能力上有不同的强项和弱点，高校应通过个性化的培训，帮助每个学生找到最适合自己的沟通方式。此外，培训还应注重实践，通过模拟面试、团队活动、实习等方式，让学生在真实的职业环境中锻炼沟通能力。通过实践，学生可以更好地掌握沟通技巧，并为未来的职业生涯作好准备。

二、组织模拟面试

模拟面试是提升高校学生就业沟通能力的有效方法之一。面试在求职过程中扮演着关键角色，它不仅考察学生的专业能力，还评估他们的沟通技巧、应变能力和文化契合度。组织模拟面试可以为学生提供一个安全的环境。他们可以在其中练习面试技巧、克服紧张情绪，并获得有针对性的反馈，从而提高他们在真实面试中的表现。

模拟面试的核心目标是让学生熟悉面试的流程和要求。在求职过程中，许多学生因缺乏面试经验而感到紧张和不安，这可能导致他们在面试中表现不佳。通过模拟面试，高校可以让学生在模拟情境中体验面试过程，帮助他们熟悉面试的各个环节。从面试的准备、初始问候、回答问题，到最后的总结，模拟面试可以让学生提前了解面试的整个流程，减轻他们在真实面试中的紧张感。

在模拟面试中，学生可以练习各种面试技巧。面试涉及许多不同类型的问题，包括行为性问题、情境性问题、专业知识问题等。通过模拟面试，高校可以让学生练习如何有效回答这些问题，并学习如何在面试中展现自己的优势。例如，对于行为性问题，学生可以学习使用 STAR 法则（情境、任务、行动、结果）来组织答案，这种方法可以帮助他们清晰、有条理地回答面试问题。此外，模拟面试还可以帮助学生练习非语言沟通技巧，如眼神接触、手势、面部表情等，这些细节在面试中往往具有重要作用。

模拟面试的另一个重要方面是提供及时反馈。在模拟面试中，学生可以获得来自面试官和观察者的反馈，帮助他们了解自己的优点和需要改进的地方。反馈包括他们在回答问题时的表现、非语言沟通技巧、语言表达能力等方面。通过及时反馈，学生可以纠正错误，增强自信，为真实面试作好准备。反馈还可以帮助学生了解面试中可能遇到的陷阱和挑战，指导他们如何应对这些情况。

模拟面试还可以帮助学生克服紧张情绪。许多学生在面对面试官时会感到紧张，这可能导致他们无法正常发挥。通过模拟面试，学生可以在相对轻松的环境中练习应对压力，并找到克服紧张情绪的方法。在模拟面试中，学生可以练习深呼吸、放松技巧以及如何在面试中保持冷静，这些技巧可以帮助他们在真实面试中更自信地表现。

在组织模拟面试时，高校应确保面试的真实性和多样性。为了让学生获得更真实的体验，模拟面试应该模拟真实的面试场景，包括面试官的角色、面试问题的设计，以及面试的流程。高校可以邀请专业的面试官或行业专家来担任模拟面试的面试官，为学生提供更接近现实的体验。此外，模拟面试应涵盖多种面试类型，包括一对一面试、群面、电话面试、视频面试等，以确保学生在各种面试情境中都能表现出色。

为了让模拟面试更有效，高校应提供事前准备和事后反思。在模拟面试前，学生应获得关于面试准备的指导，包括如何研究公司、如何准备简历和求职信，以及如何准备面试中的常见问题。事后反思是模拟面试的重要部分，它可以帮助学生总结经验教训，制订改进计划。高校可以通过小组讨论、个人反思等方式，帮助学生深入反思模拟面试的过程，从而获得更大的进步。

三、提供公共演讲机会

公共演讲是提升高校学生就业沟通能力的重要方法之一。公共演讲不仅能培养学生的表达能力和自信心，还可以帮助他们提高在公开场合与大多数人沟通的能力。在就业市场上，沟通能力是被高度重视的软技能之一，尤其在面试、团队合作、项目展示等场合。通过提供公共演讲机会，高校可以为学生提供一个锻炼沟通能力的舞台，让他们在实践中不断提升自己的沟通技巧和自信心。

公共演讲机会的首要目标是帮助学生克服在公开场合讲话的恐惧。许多学生在面对众人时会感到紧张和不安，这可能导致他们在表达时出现语无伦次、思路混乱等问题。通过提供公共演讲机会，高校可以让学生在安全、包容的环境中逐步克服恐惧，培养在公开场合自信表达的能力。在这些演讲活动中，学生可以学习如何控制紧张情绪，通过深呼吸、调整姿势、保持眼神接触等方式，逐渐掌握在公共场合自信表达的习惯。

在公共演讲中，学生可以练习各种表达技巧。公共演讲涉及清晰的口头表达、有效的非语言沟通，以及如何与观众互动。通过参与公众演讲，学生可以学习如何组织和表达观点，如何运用语调、速度和停顿来增强演讲的效果。在这些演讲中，学生可以尝试不同的演讲风格，找到最适合自己的表达方式。此外，公共演讲还可以帮助学生提高非语言沟通能力，学习如何运用肢体语言、手势、面部表情来传达信息。

提供公共演讲机会还可以帮助学生提高在团队和组织中的沟通能力。在现代职场中，团队合作是不可或缺的，许多项目需要在公开场合展示和讨论。在这些场合中，公共演讲能力显得尤为重要。通过参与公共演讲活动，学生可以练习如何在团队中有效表达自己的观点，如何与团队成员合作，以及如何在公开场合展示项目成果。公共演讲机会可以帮助学生模拟真实的职场情境，让他们在实践中不断提高自己的沟通能力。

高校在提供公共演讲机会时，可以组织多种类型的演讲活动。校内演讲比赛是提升学生演讲能力的有效方式，比赛不仅能激发学生的竞争意识，还可以提供自我展示的机会。高校可以邀请专业评委或行业专家来评判比赛，为学生提供专业的反馈和指导。除了演讲比赛，高校还可以组织演讲训练营，帮助学生集中提升演讲技巧。在训练营中，学生可以学习如何准备演讲、如何克服紧张情绪，以及如何在公开场合有效表达自己的观点。

公共演讲机会还可以帮助学生建立人际关系网络。通过参与公共演讲活动，学生可以结识来自不同背景和专业的同学，建立广泛的人际网络。在演讲活动中，学生可以与其他演讲者互动，分享经验，学习彼此的演讲技巧。这种人际关系的建立不仅对学生的职业发展有帮助，还可以为他们的未来职业生涯提供支持和指导。

四、参与团队合作项目，培养团队沟通能力

参与团队合作项目是高校学生培养团队沟通能力的重要方式之一。在现代职场中，团队合作是不可或缺的技能，员工需要在团队中有效沟通、协作，才能实现共同目标。对高校学生而言，参与团队合作项目可以帮助他们在实践中学习和锻炼团队沟通能力，从而为未来的职业生涯作好准备。下面将深入探讨团队合作项目对提升高校学生团队沟通能力的重要性，以及如何通过参与这些项目来培养学生的沟通技巧。

团队合作项目的核心目标是帮助学生学会在团队中进行有效沟通。在这些项目中，学生需要与团队成员共同完成任务，沟通在其中扮演着关键角色。团队沟通不仅包括口头交流，还涉及书面沟通、非语言沟通，以及通过各种协作工具进行的信息传递。通过参与团队合作项目，学生可以体验真实的团队工作环境，学

习如何与不同性格、不同背景的团队成员合作，并找到最佳的沟通方式。

在团队合作项目中，学生可以练习多种沟通技巧。口头沟通是团队合作的重要部分，学生需要在团队会议、讨论和决策过程中有效表达自己的观点。在这些场合中，学生可以学习如何清晰、简洁地表达自己的想法，并在讨论中积极倾听他人的意见。团队合作项目可以帮助学生练习非语言沟通技巧，如眼神接触、肢体语言、面部表情等，这些细节在团队合作中往往具有重要作用。

书面沟通也是团队合作项目中的重要环节。在现代团队合作中，书面沟通通常涉及电子邮件、项目报告、团队协作平台等形式。参与团队合作项目可以帮助学生学习如何撰写清晰、准确的书面沟通内容，并确保信息的准确传递。通过这些项目，学生可以了解在团队环境中如何进行有效的书面沟通，以及如何避免因沟通不畅导致的误解和混乱。

团队合作项目还可以培养学生的领导能力和协作精神。在团队合作中，学生可能需要承担不同的角色，有时是团队领导，有时是团队成员。无论角色如何，团队合作项目都可以帮助学生学习如何在团队中发挥作用，如何协调团队成员之间的关系，以及如何解决团队中的冲突。通过这些项目，学生可以在实践中锻炼领导能力，并学会在团队中进行有效沟通。

高校在组织团队合作项目时，应确保项目的多样性和实用性。项目应涵盖不同类型的任务，如学术研究、社会服务、创新创业等，以帮助学生获得多方面的沟通经验。高校可以通过与企业、非营利组织等外部机构合作，为学生提供真实的团队合作机会。在这些项目中，学生可以体验到真实的团队工作环境，并与行业专家互动，获得宝贵的经验。

第十二章　高校学生就业心理与职业发展支持系统

一个心理健康、稳定的个体更容易在职场中保持积极的态度和高效的工作状态。这种稳定性有助于个体更好地利用职业发展支持系统提供的资源和服务，实现个人职业目标。面对职业发展的不确定性和风险，个体需要具备适应变化和应对挑战的心理韧性。职业发展支持系统可以通过提供培训、指导等服务来帮助个体提升心理适应能力，从而更好地应对职场变化。职业发展支持系统可以帮助个体进行职业规划，明确职业目标和路径。这有助于个体建立清晰的职业愿景，减少职业困惑和迷茫，从而增强职业发展的信心和动力。当个体面临职场压力、职业倦怠等心理问题时，职业发展支持系统可以提供心理咨询和支持服务。这些服务可以帮助个体缓解心理压力，调整心态，提高应对职场挑战的能力。职业发展支持系统还可以提供培训和提升机会，帮助个体提升职业技能和综合素质。这种提升有助于个体在职场中保持竞争力，实现个人价值和职业成长。

第一节　职业发展支持系统的构建与运作

一、分析职业需求

职业发展支持系统的构建与运作是确保员工在职业生涯中获得持续成长和发展的关键。为了有效构建和运作职业发展支持系统，分析职业需求是至关重要的一步。通过分析职业需求，组织可以了解员工的技能、经验、兴趣以及职业发展目标，从而制订符合员工需求的职业发展计划。

分析职业需求需要从员工的当前技能和经验入手。了解员工现有的技能和经验可以帮助组织确定员工的职业发展起点，并制订相应的培训和发展计划。通过技能评估、绩效考核和员工自我评估，组织可以获取关于员工能力的详细信息。这些信息对于识别员工的优势和劣势至关重要，为职业发展支持系统的构建提供了基础。

分析职业需求应考虑员工的职业兴趣和发展目标。每个员工都有不同的职业兴趣和目标，组织需要了解员工的职业动机，以便为他们提供合适的发展机会。通过员工访谈、问卷调查和职业指导会议，组织可以获取员工的职业兴趣和发展目标。了解这些信息可以帮助组织在职业发展支持系统中提供个性化的支持，确保员工在职业生涯中感受到发展的方向和动力。

在分析职业需求的过程中，还应考虑组织的业务需求和发展战略。职业发展支持系统的构建应与组织的业务目标相结合，确保员工的发展方向与组织的整体战略相一致。通过分析组织的业务需求，了解未来的发展方向，组织可以确定员工需要具备的关键技能和知识。这有助于确保职业发展支持系统的目标与组织的发展战略保持一致，为员工提供有助于组织发展的培训和发展机会。

分析职业需求还应包括对行业趋势和市场需求的了解。行业的发展趋势和市场需求可能会影响员工所需的技能和知识。通过分析行业报告、市场研究和竞争对手的状况，组织可以了解未来的技能需求，从而在职业发展支持系统中提供相应的培训和发展计划。这样可以确保员工具备行业所需的技能，保持竞争力，为组织带来更大的价值。

分析职业需求应包括员工的学习偏好和风格。不同的员工可能有不同的学习偏好和风格，组织需要了解这些差异，以便提供适合员工的培训和发展机会。通过了解员工的学习风格，组织可以在职业发展支持系统中提供多样化的培训方式，如在线课程、面对面培训、导师指导等。这样可以确保员工在职业生涯中获得最佳的学习体验，从而更有效地提升技能和知识。

二、建立培训与发展计划

建立培训与发展计划是职业发展支持系统构建与运作的关键环节之一。培训与发展计划旨在帮助员工不断提升技能、知识和职业素养，以适应不断变化的职场需求，并推动个人与组织的共同发展。通过建立完善的培训与发展计划，组织可以确保员工获得所需的教育和培训，从而在职业生涯中实现持续成长。

组织应根据业务需求和员工的职业发展需求，确定培训与发展计划的目标。目标可以包括提升员工的专业技能、增强团队合作能力、培养领导力等。明确的培训目标有助于确保培训计划的针对性和有效性，从而避免资源浪费和方向偏离。在制订目标时，组织应考虑员工的职业发展阶段，确保培训计划能够满足不同层级和部门的需求。

不同的员工可能有不同的学习风格和偏好，单一的培训方式可能无法满足所有人的需求。通过多样化的培训方式，组织可以确保培训与发展计划的灵活性和适应性。常见的培训方式包括课堂培训、在线课程、导师指导、实地培训、工作坊、研讨会等。组织应根据员工的需求和培训目标，选择合适的培训方式，以确保培训的有效性和参与度。

每个员工的职业发展需求都是独特的，个性化的培训内容可以帮助员工获得更大的发展空间。组织可以通过技能评估、员工访谈等方式，了解员工的个人需求和职业发展目标，从而制订个性化的培训计划。个性化的培训内容可以帮助员工更有效地获取所需的技能和知识，并增强他们参与职业培训的积极性。

培训与发展的效果需要通过持续的反馈和评估来验证。组织应定期对培训计划进行评估，了解员工的反馈和意见，以便进行必要的调整和改进。评估包括培训的效果、员工的参与度、培训对职业发展的影响等方面。通过持续的反馈和评估，组织可以确保培训与发展计划始终保持高效。

职业发展支持系统不仅包括培训与发展计划，还涉及员工的职业规划、绩效管理、晋升与激励等方面。通过将培训与发展计划和职业发展支持系统的其他部分相结合，组织可以确保培训计划与员工的职业发展路径保持一致。这有助于确保培训与发展计划的连贯性和整体性，从而为员工的职业发展提供更好的支持。

培训与发展计划的最终目的是帮助员工实现职业成长，增强他们对组织的忠诚度和满意度。通过提供有吸引力的培训机会和明确的职业发展路径，组织可以激发员工的积极性，确保他们在职业生涯中不断成长，从而提高员工满意度。这种员工满意度的提升将直接推动组织的发展和成功。

三、构建知识分享与合作机制

构建知识分享与合作机制是职业发展支持系统中的关键环节之一。知识分享与合作机制旨在鼓励员工在组织内部分享知识、经验和技能，从而促进团队合作、增强创新能力，并推动整体职业发展。通过建立有效的知识分享与合作机制，组织可以创造一个学习型环境，激发员工的创造力和协作精神。

知识分享与合作机制的构建需要营造开放和包容的组织文化。在开放的组织文化中，员工愿意分享自己的知识和经验，而不是将其视为私有资产。这种文化需要鼓励交流与合作，避免部门之间的壁垒。组织可以通过举办知识分享会、讨论会、工作坊等方式，促进员工之间的互动。通过这些活动，员工可以分享他们的成功经验和教训，互相学习，从而加强团队合作。

在现代组织中，技术是知识分享的重要驱动力。组织可以使用内部知识库、协作平台、在线论坛等技术工具，方便员工分享知识和进行协作。这些工具可以让员工随时随地访问知识资源，并与同事进行交流。通过提供便捷的技术支持，组织可以鼓励员工主动分享知识，促进团队合作。

在大型组织中，不同部门和团队可能掌握不同的专业知识和技能。构建知识分享机制可以通过跨部门和跨团队的合作来实现。组织可以鼓励员工参与跨部门项目，促进不同部门之间的知识流通。通过跨部门合作，员工可以接触到不同领域的知识，拓展自己的技能，并建立更广泛的人际网络。这种跨部门的协作有助于提高组织的创新能力，推动整体职业发展。

导师制是一种有效的知识分享方式，经验丰富的员工可以通过指导新员工或较年轻的同事，分享他们的知识和经验。组织可以为新员工指定导师，帮助他们尽快适应工作环境，并获得所需的知识和技能。指导计划也可以用于培养未来的领导者，通过与资深员工的互动，培养他们的领导能力和职业素养。

为了鼓励员工积极分享知识，组织可以将知识分享和合作行为纳入绩效考核和激励体系。通过对积极分享知识的员工给予奖励和认可，组织可以进一步推动知识分享文化的形成。这样的激励措施可以激发员工的分享热情，促进团队合作，并推动职业发展支持系统的有效运作。

为了确保知识分享与合作机制的有效性，组织应定期评估其运作情况。评估包括员工的参与度、知识分享的频率、跨部门合作的效果等方面。通过持续的评估，组织可以发现知识分享机制中的问题，并采取措施进行改进。这样可以确保知识分享与合作机制始终保持高效，为职业发展支持系统提供坚实的基础。

四、建立晋升与认可机制

建立晋升与认可机制是职业发展支持系统中的关键环节之一。晋升与认可机制的作用在于激励员工努力工作、追求卓越，并为他们的职业发展提供明确的路径和方向。在一个有效的职业发展支持系统中，晋升与认可机制能够提高员工的积极性，增强组织的吸引力和留任率，从而促进整体职业发展。

员工在职业生涯中希望看到清晰的晋升方向，这有助于他们设定职业目标并为之努力。组织应为不同职位、部门和职级建立明确的晋升路径，确保员工了解从初级职位到高级职位的晋升流程和要求。明确的晋升路径不仅可以为员工指明职业发展的方向，还可以激励他们在工作中不断追求卓越。

为了确保晋升与认可机制的公平性和有效性，组织需要建立科学的绩效评估体系。绩效评估应考虑员工的工作表现、团队合作、领导能力等多方面的因素，并根据绩效评估结果进行晋升和认可。通过绩效评估，组织可以识别高潜力员工，为他们提供晋升机会。这样的机制可以激励员工努力工作，增强组织的竞争力。

认可是晋升机制的重要补充，它可以通过多种形式来体现。组织可以设立各种奖励和荣誉，表彰在工作中表现优秀的员工。认可可以是正式的，如颁发奖状、奖金或晋升，也可以是非正式的，如在团队会议中表扬、发送感谢邮件等。多样化的认可方式有助于增强员工的积极性，促进团队合作，并提高组织的员工满意度。

透明度是确保晋升与认可机制公正的重要因素。组织应公开晋升和认可的标准，让员工了解晋升的流程和条件。公正性则要求组织在晋升和认可过程中不受偏见和歧视的影响。通过确保透明度和公正性，可以增强员工对组织晋升与认可机制的信任，这有助于提升组织的诚信度和员工职业发展的可持续性。

每个员工的职业发展需求和目标可能不同，组织应确保晋升与认可机制与员工的职业发展计划相一致。通过了解员工的职业发展目标，组织可以提供个性化的晋升和认可机会，确保员工在职业生涯中得到充分的支持。这样的机制可以增强员工的职业发展动力，促进组织的整体发展。

晋升与认可不仅是奖励表现优秀的员工，更是帮助员工在职业生涯中成长的重要手段。组织可以通过晋升和认可机制，为员工提供持续的职业发展机会，帮助他们在职业生涯中不断进步。这样的机制可以提高员工的职业满意度，增强他们对组织的忠诚度，从而推动组织的长期发展。

五、反馈与改进

反馈与改进是职业发展支持系统构建与运作的关键环节之一。反馈机制的主要目的是收集员工和组织在职业发展过程中的意见和建议，并通过有效的改进措施，确保职业发展支持系统不断优化，以更好地满足员工和组织的需求。

建立反馈与改进机制需要提供多样化的反馈渠道。为了确保反馈的完整性和有效性，组织应为员工提供多种反馈渠道，确保每个人都有机会表达意见。这包括年度绩效评估、员工满意度调查、匿名反馈表、员工访谈等。多样化的反馈渠道可以帮助组织收集不同层面、不同视角的反馈，从而为改进职业发展支持系统提供全面的信息。

反馈与改进机制应确保反馈过程的开放和透明。开放和透明的反馈过程有助于增加员工对反馈机制的信任，鼓励他们积极参与反馈。组织应确保员工在提供反馈时感到安全，避免因反馈而遭受报复或负面影响。透明度要求组织公开反馈的流程和处理方式，让员工了解他们的反馈将如何被处理。通过确保反馈过程的开放和透明，组织可以建立员工与管理层之间的信任，增强职业发展支持系统的公正性。

反馈与改进机制还应包括及时的反馈处理与回应。收集反馈只是第一步，关键在于如何处理反馈并进行改进。组织应确保反馈得到及时处理，并向员工提供明确的回应。及时的反馈处理可以帮助组织迅速解决问题，避免因沟通不畅而导致的矛盾和冲突。明确的回应可以让员工知道他们的反馈得到了重视，这有助于增强员工对职业发展支持系统的信任和参与积极性。

在反馈与改进过程中，持续改进是关键。组织应将反馈视为改进职业发展支持系统的机会，而不是简单的绩效评估工具。通过持续改进，组织可以不断优化职业发展支持系统，确保其始终符合员工和组织的需求。持续改进还可以促进组织的学习与创新，帮助组织适应不断变化的职场环境。在这个过程中，组织应鼓励员工参与职业发展支持系统的设计和改进，以确保改进措施的有效性。

第二节　高校学生就业支持服务的机制与模式

一、高校学生就业支持服务的机制

（一）就业导师制

就业导师制是高校学生就业支持服务机制中的重要组成部分。就业导师制旨在为学生提供个性化的就业指导、职业规划和技能提升，通过与经验丰富的导师建立联系，帮助学生更好地为求职过程作准备，规划职业生涯，并在就业市场中取得成功。

就业导师制的核心目标是为学生提供个性化的就业指导。在求职和职业规划过程中，许多学生可能面临方向不明确、缺乏经验和自信等问题。就业导师制通过为学生分配导师，让他们获得专业的指导和建议。导师通常是经验丰富的校友、行业专家或高校教师，他们可以根据学生的兴趣、能力和职业目标，提供个性化的建议。这种个性化的指导有助于学生找到合适的职业方向，并更有信心地面对求职挑战。

就业导师制还可以帮助学生建立职业人际网络。职业人际网络在求职和职业发展中起着重要作用，而就业导师制可以为学生提供建立职业人际网络的机会。通过与导师的互动，学生可以获得与行业内专业人士建立联系的机会，从而扩大自己的职业人际网络。导师可以将学生引荐给业内重要的联系人，提供有关就业机会的信息，并帮助他们了解行业趋势。这种职业人际网络的建立可以为学生的职业生涯提供持久的支持。

就业导师制还可以帮助学生提升就业技能。在求职过程中，学生需要具备多种技能，包括撰写简历、面试技巧、职业沟通等。就业导师制通过与导师的密切互动，为学生提供技能提升的机会。导师可以帮助学生改进简历、模拟面试、提供反馈等，从而提高学生的求职技能。此外，导师还可以帮助学生识别技能上的不足，并给出相应的培训和发展建议。这种技能的提升可以显著提高学生在就业市场中的竞争力。

就业导师制的另一个重要作用是为学生提供职业发展的指导。在职业生涯中，许多学生可能面临职业方向的选择和职业规划的困惑。就业导师制使学生可以通过与导师的定期交流，帮助学生制订职业规划，设定职业目标，并提供实现这些目标的指导。导师可以根据自己的经验，为学生提供职业发展的建议，帮助他们找到适合自己的职业路径。这种职业发展的指导有助于学生在职业生涯中保持方向感，并为未来的成功作好准备。

（二）就业反馈与改进机制

就业反馈与改进机制是高校学生就业支持服务的重要组成部分。这一机制旨在通过收集、分析和应用就业相关的反馈，持续改进高校的就业服务，以更好地满足学生的需求，提升学生的就业竞争力。就业反馈与改进机制的有效构建和运作，可以帮助高校不断优化就业服务，增强学生在就业市场中的竞争力，推动学生的职业发展。

就业反馈与改进机制的核心目标是收集学生和用人单位的反馈，从而改进就业服务。反馈可以提供关于学生在求职过程中遇到的问题、用人单位对高校毕业生的评价，以及就业服务的有效性等重要信息。通过收集和分析这些反馈，高校可以了解学生的就业需求，识别就业服务中的薄弱环节，并采取相应的改进措施。

为了确保就业反馈与改进机制的有效性，高校应提供多样化的反馈渠道。多样化的反馈渠道可以确保反馈的完整性和广泛性，确保每个学生和用人单位都有机会表达意见。反馈渠道包括就业跟踪调查、就业服务满意度调查、用人单位反馈表、校友访谈等。通过多种渠道收集反馈，高校可以获得关于就业服务的全面信息，确保改进措施的针对性和有效性。

就业反馈与改进机制还应确保反馈过程的透明度和信任度。透明度可以帮助高校建立与学生和用人单位之间的信任，确保反馈机制的公正性。高校应公开反馈的流程和处理方式，让学生了解他们的反馈将如何被处理。信任度要求高校确保反馈过程不受偏见和歧视的影响，避免因反馈而对学生产生负面影响。通过透明度和信任度，高校可以鼓励学生和用人单位积极提供反馈，促进就业服务的持续改进。

在就业反馈与改进机制中，及时处理反馈和进行改进是关键。高校应确保反馈得到及时处理，并根据反馈实施改进措施。及时处理反馈可以帮助高校迅速解决就业服务中的问题，确保学生在求职过程中获得最佳支持。高校还应根据反馈结果，调整就业服务的内容和形式，确保服务的针对性和有效性，这种及时的反馈处理与改进可以推动高校就业服务的不断优化。

反馈机制不仅应覆盖就业服务的各个方面，还应与高校的职业发展支持系统相结合。通过将反馈结果与职业发展规划、职业指导、就业培训等相结合，高校可以确保就业服务的整体性和连贯性。此外，高校还可以将反馈机制与毕业生跟踪调查相结合，了解毕业生在职业生涯中的发展状况，确保就业服务的长期有效性。

就业反馈与改进的最终目的是帮助学生实现职业成功，增强他们对高校的认可度和满意度。高校可以通过改进就业服务，提供更具针对性和实用性的支持，从而增加学生的职业发展机会。持续的就业反馈与改进还可以帮助高校保持与就业市场的紧密联系，确保就业服务与市场需求相适应。

二、高校学生就业支持服务的模式

（一）集中式

集中式就业支持服务是一种高校学生就业支持服务的模式，在这种模式下，高校将各种就业支持服务集中于一个部门或中心，提供综合性、多样化的就业服务。集中式模式旨在为学生提供集中的就业支持资源，以帮助他们顺利完成求职过程，实现职业发展目标。

集中式就业支持服务的主要特点是集成化。通过将就业支持服务集中在一个部门或中心，高校可以在这里提供全面的就业服务，包括职业指导、职业规划、就业培训、实习与就业机会、就业咨询、简历与面试辅导等。集成化的优势在于学生可以在一个地方获得多种服务，避免因服务分散而导致的资源浪费和信息不对称。通过集中式模式，高校可以更有效地组织就业服务，为学生提供更便利和高效的支持。

这种集中式就业支持服务模式可以提供更好的资源整合。在集中式模式下，高校可以将就业支持服务的资源集中起来，确保服务的质量和效率。集中化可以帮助高校更好地协调各种服务，避免重复和冗余。通过资源整合，高校可以提供更广泛的就业支持服务，满足不同学生的就业需求。此外，集中式模式还可以促进与校友和用人单位的合作，为学生提供更多的就业机会和资源。

在集中式模式下，学生与就业支持部门之间的沟通更加顺畅，学生可以更方便地获取所需的信息。集中化的就业支持服务可以促进高校与用人单位之间的沟通与合作，为学生提供更多的实习和就业机会。此外，集中式模式还可以促进高校内部各部门之间的协作，确保就业服务与教学、研究等环节的紧密结合。

在集中式模式下，高校可以更容易收集和分析就业相关的数据，从而更好地了解学生的就业需求和就业市场的变化。通过数据分析，高校可以及时调整就业服务策略，确保服务的有效性和针对性。数据驱动的就业支持服务可以帮助高校为学生提供更个性化的职业指导，推动学生的职业发展。

（二）分散式

分散式就业支持服务是一种高校学生就业支持服务的模式，在这种模式下，就业支持服务分布在不同的部门、院系或单位，为学生提供针对性更强、更加灵活的就业服务。分散式模式旨在根据学生的专业和个性化需求，提供更加贴近学生实际的就业支持。这种模式在高校就业支持服务中具有重要意义，尤其在大规模高校或多学科高校中，分散式模式可以更好地满足不同学生的需求。

分散式就业支持服务的主要特点是灵活性。在这种模式下，就业支持服务分散在各个院系、学科或部门，每个单位根据自身的专业特点和学生需求，提供相应的就业支持。这种灵活性有助于高校为学生提供更加个性化、专业化的就业服务。例如，工科院系可能侧重于技术技能培训和工程类就业机会的介绍，而人文学科则可能更关注文案写作和出版行业的就业指导。这种针对性的服务可以帮助学生更好地满足行业需求，提高他们在就业市场中的竞争力。

分散式就业支持服务还可以提供更好的专业化支持。在分散式模式下，每个院系或学科都可以根据自身的专业知识和行业联系，为学生提供专业化的就业服务。专业化支持包括职业指导、行业趋势分析、专业技能培训、实习机会介绍等。通过分散式模式，学生可以获得更加专业化的就业指导和资源，这有助于他们更好地适应特定行业的就业需求。此外，专业化支持还可以帮助学生建立与行业专家和校友的联系，为他们的职业发展提供更多机会。

分散式就业支持服务的另一个优势是与教学和学科的紧密结合。在分散式模式下，就业支持服务可以更容易地与教学和学科发展相结合。每个院系或学科的就业支持服务可以直接与教学内容和学科发展需求对接，为学生提供更加相关的就业指导。这种紧密结合有助于确保学生在就业支持服务中获得与他们的专业学习相辅相成的指导，从而增强他们的职业发展能力。

为了确保分散式就业支持服务的有效运作，高校需要建立强有力的协调机制。分散式模式虽然具有灵活性和专业化的优势，但它也可能导致服务的碎片化和不一致。因此，高校应建立有效的协调机制，确保不同院系和学科的就业支持服务之间的沟通与合作。通过协调机制，高校可以确保就业支持服务的整体连贯性和质量，同时避免资源的浪费和重复。协调机制还可以促进院系之间的知识共享，推动就业支持服务的持续改进。

分散式就业支持服务模式的成功实施还需要确保资源和专业能力。每个院系或学科的就业支持部门应具备足够的资源和专业能力，以提供高质量的就业服务。高校应为各院系提供必要的资源支持，并确保就业支持人员具备专业知识和技能。此外，高校还应为就业支持部门提供培训和专业发展机会，以确保服务的质量和专业性。

参考文献

[1] 李胜强．就业压力下情绪及生命意义对大学生职业决策方式的作用 [M]. 上海：上海交通大学出版社，2016.
[2] 吴克明．中国大学生就业问题研究 [M]. 济南： 山东人民出版社，2015.
[3] 杨芷英．思想政治教育心理学 [M]. 北京：中国人民大学出版社，2014.
[4] 钱焕琦，刘启珍．中国大学生心理健康教育 [M]. 南京：南京师范大学出版社，2007.
[5] 马建青．大学生心理健康教程 [M]. 3版．杭州：浙江大学出版社，2021.
[6] 马建青．高校心理健康教育与思想政治教育结合30年的研究 [M]. 杭州：浙江大学出版社，2021.
[7] 俞国良．心理健康教育前沿问题研究 [M]. 北京：北京师范大学出版社，2021.
[8] 孙长缨．当代大学生就业研究 [M]. 北京：高等教育出版社，2008.
[9] 谢爱磊，覃云云，刘群群．“后知后觉”与“随波逐流”：精英高校农村籍大学生就业能力管理的反身性叙事 [J]. 华东师范大学学报（教育学版），2024, 42(7):15-27.
[10] 莫忧．善用科学思维方法促进大学生高质量充分就业 [J]. 中国高等教育，2024(12):55-60.
[11] 刘保中，臧小森．多元化与内卷化：大学生就业意愿变化的趋势分析(2015—2023年)[J]. 北京工业大学学报（社会科学版），2024, 24(5):21-33.
[12] 徐淑娟，赵明芳．压力传导机制在大学生职业生涯教育中的应用研究 [J]. 江苏高教，2024(6):83-87.
[13] 张定国．新就业形态下动物营养与饲料专业大学生就业创业存在的问题及对策研究 [J]. 中国饲料，2024(10):152-15.
[14] 杨中超，岳昌君．非认知能力对家庭第一代大学生就业结果影响更大吗？ [J]. 国家教育行政学院学报，2024(5):74-84.
[15] 许静，甘崎旭，廖星凯．就业还是升学：经济政策不确定性对本科生毕业意向的影响 [J]. 黑龙江高教研究，2024, 42(5):138-148.

[16] 王爽，文江峰．高校大学生就业教育的创新与探索 [J]．山西财经大学学报，2024, 46(S1)：266-268.
[17] 徐蓉，田启明．大学生就业市场的现状、问题与对策 [J]．山西财经大学学报，2024, 46(S1):269-271.
[18] 龙俊红．协同治理视角下饲料企业的就业结构性矛盾及对策思考 [J]．中国饲料，2024(8)：84-87.
[19] 史秋衡，孙昕妍，金凌虹．大学生高质量就业能力的形成逻辑及战略导向 [J]．教育发展研究，2024, 44(7):1-8.
[20] 蒋晓蝶，阚明坤，王芳．大学生就业能力的分类特征及范式变革 [J]．教育发展研究，2024, 44(7):9-16.
[21] 李玲玲，梁晶晶，许洋．大学生就业价值取向形成机理及优化机制 [J]．教育发展研究，2024, 44(7):17-25.
[22] 祝军，周红．数字经济背景下高校毕业生就业观念的实证研究 [J]．中国青年社会科学，2024, 43(2):83-97.
[23] 周双喜，谢延浩．大学生就业能力培养中高校的"有限责任" [J]．黑龙江高教研究，2024, 42(1):147-153.
[24] 杜剑涛．智能时代职业院校培育大学生就业核心竞争力：动因、挑战与策略 [J]．当代教育论坛，2024(2):87-94.
[25] 庄强．大学生返乡就业创业实现路径研究 [J]．中国农业资源与区划，2023, 44(12):211, 230.
[26] 梅均．大学生职业生涯规划课程思政理念融入探析 [J]．中学政治教学参考，2023(48):102.
[27] 李春玲．风险与竞争加剧环境下大学生就业选择变化研究 [J]．中国青年社会科学，2023, 42(5):19-29.
[28] 刘保中，臧小森．转型理论视域下未就业大学毕业生的就业心态与生活状态分析 [J]．中国青年研究，2023(9):51-60.
[29] 韩铖. 高校特殊职业教育现状及完善路径研究 [J]. 教育与职业，2023(16):95-100.
[30] 赵明，陈小满．激活内生性动力：化解贫困大学生就业困境的路径选择 [J]．江苏高教，2023(8):104-108.
[31] 蔡乐才，徐斯雄，郭少飞．新时代地方高校毕业生高质量就业的逻辑依据及创新理路 [J]．江苏高教，2023(8):109-113.
[32] 史秋衡，任可欣．我国大学生就业能力内涵及其影响因素探析：基于应用型高校与研究型高校的对比 [J]．华东师范大学学报（教育科学版），2023, 41(8):1-12.
[33] 熊国瑾．重大突发事件下我国促大学生就业政策文本量化研究 [J]．中国高校科技，2023(7):88-94.
[34] 孙慧，袁珊．个体化视角下高校大学生的就业心态及职业选择 [J]．青

年探索，2023(4):45-54.
[35] 李长熙，张伟伟．我国大学生就业研究知识图谱（2003-2021年）：基于CiteSpace的计量分析[J]．当代青年研究，2023(4):100-112.
[36] 吕建强．就业能力：高等职业教育研究的一个重要生长点[J]．职教论坛，2023,39(7):17-25.
[37] 朱其伟，曾丽娟．思政教育对于学生就业指导之重要性探析[J]．中学政治教学参考，2023(24):115.
[38] 王培石．推动高校毕业生工作高质量发展的探索[J]．中国高等教育，2023(12):50-53.
[39] 邢成建，郑岚戈，李益智，等．大学生就业心理影响因素：一般自我效能感的中介作用[J]．中国健康心理学杂志，2023,31(3):413-417.
[40] 高婷婷．职业偏好视角下大学生就业结构失衡的破解路径[J]．教育与职业，2023(3): 68-75.
[41] 杨玲．高职学生就业心理与心理健康融合研究[J]．中国学校卫生，2023,44(1):165-166.
[42] 魏敏娜．不同年级大学生就业预期与就业指导研究[J]．江苏高教，2023(1):93-97.
[43] 郭亮．论“以人为本”理念的大学生职业发展教育[J]．学校党建与思想教育，2022(24):76-78.
[44] 郝广龙．高等教育普及化时代的学情及其应对[J]．当代教育论坛，2023(1):17-24.
[45] 芮超．思政教育与就业指导融合探究[J]．中学政治教学参考，2022(39):115-116.
[46] 郭铁颖，唐志国，陈香宇，等．大数据视野下教育信息化管理系统构建与对策研究[J]．情报科学，2022,40(10):137-146.
[47] 范俊强，黄雨心，徐艺敏，等．就业焦虑：毕业前大学生心理压力及其纾解[J]．教育学术月刊，2022(9):75-82.
[48] 王一杰，曾麒丹，刘娜，等．残疾大学生就业心理健康量表的构建[J]．中国健康心理学杂志，2021,29(10):1550-1555.
[49] 王晓曦．基于心理资本的河北省高职学生就业心理调适研究[J]．职业技术教育，2021,42(24):51-55.
[50] 谢颖，陈雪蕾，戴小红．高职护生就业心理资本训练的干预研究[J]．护理学报，2021,28(3): 63-68.
[51] 杜嫣艳，宫婷婷．基于心理资本的应用型本科生就业能力提升纵向研究[J]．职教论坛，2020,36(11):172-176.
[52] 吕云婷．引导青年形成积极就业心理[J]．人民论坛，2019(14):120-121.
[53] 唐瑶．“新常态”下对我国大学生就业的审视及思考[J]．黑龙江高教研究，2019,37(3):61-64.

[54] 张赫楠. 应用型地方农业高校畜牧兽医类专业大学生就业心理问题研究：基于心理资本的视角[J]. 黑龙江畜牧兽医，2018(24):224-227.
[55] 赵剑辉. 高职学生就业能力提升的路径探析：以长春金融高等专科学校为例[J]. 职业技术教育，2018, 39(35):48-51.
[56] 李国强. 愤懑与希冀：社会转型时期沙特王国青年研究[J]. 中国青年研究，2018(12): 109-115.
[57] 姚晓辉. 高职院校学生职业生涯规划与就业取向分析[J]. 教育与职业，2018(20):81-83.
[58] 范莉莉. 残疾大学生职业生涯规划现状调查研究[J]. 教育理论与实践，2018, 38(24):18-20.
[59] 高振强，王志军. 大学毕业生就业偏好实证分析[J]. 高教发展与评估，2018, 34(1):39-49.
[60] 魏鹏程. 大学生就业心理现状及其影响因素探讨[J]. 继续教育研究，2017(7):107-109.